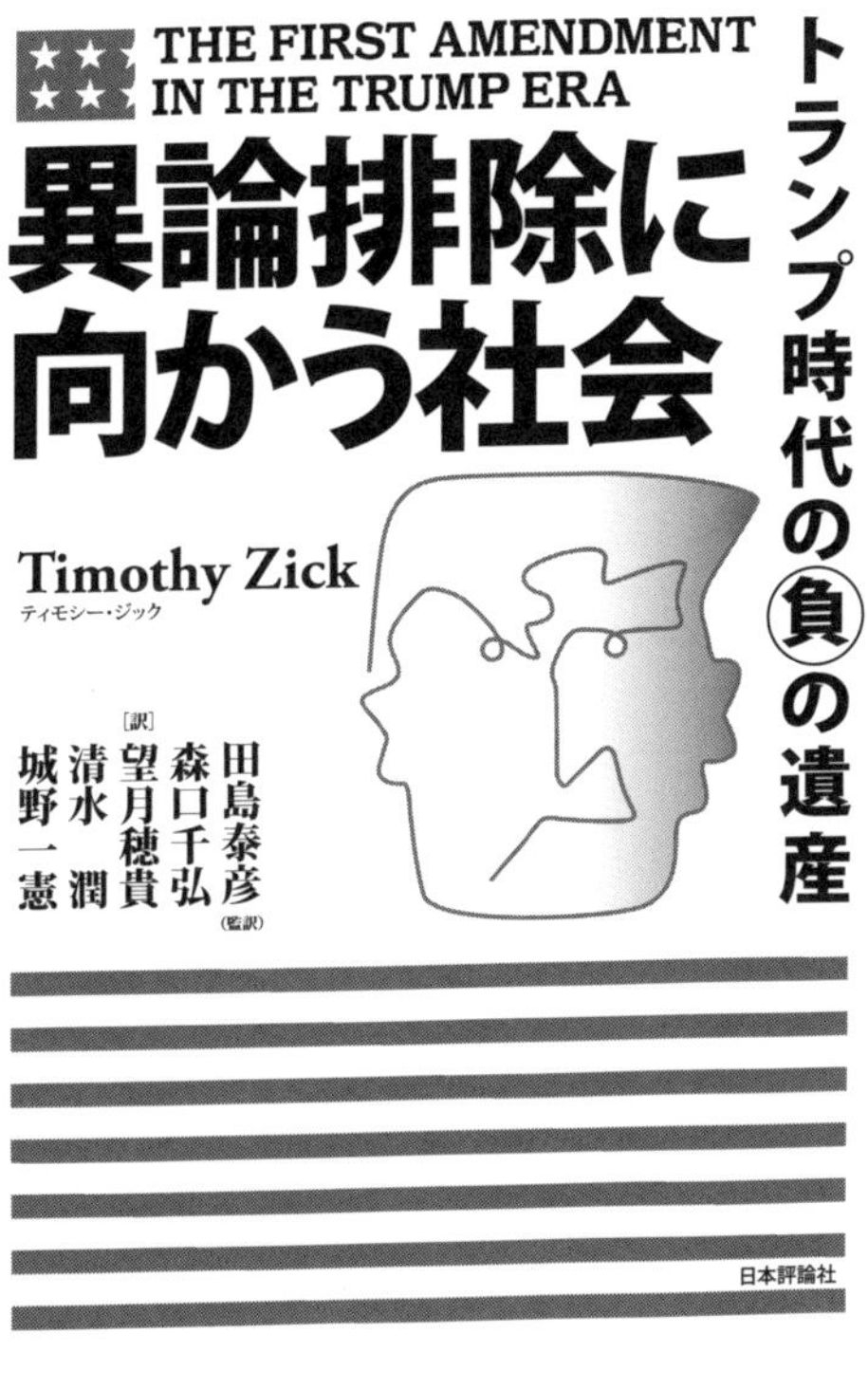
THE FIRST AMENDMENT
IN THE TRUMP ERA
異論排除に
向かう社会
トランプ時代の負の遺産
Timothy Zick
ティモシー・ジック
田島泰彦（監訳）
［訳］
森口千弘
望月穂貴
清水　潤
城野一憲
日本評論社

異論排除に向かう社会――トランプ時代の負の遺産

＊「プレス」と関連の訳語についてのことわり

本書では「プレス」という言葉が頻繁に登場する。これは、原著に記されている〝press〟に対応する語で、本書ではそのまま片仮名で「プレス」と訳した。新聞・雑誌などをはじめ報道などを含意している。一般にそのまま片仮名書きする場面が増えてきたこともあり、本書でもそのようにした。

また他の言葉との関連で、「プレスの自由」（press freedom など）、「自由なプレス」（free press）（いずれも報道の自由や出版の自由などを含意している）や、「組織プレス」（institutional press）（報道機関など含意している）なども表記している。

訳者

【目次】

謝　辞

本書は私にとって非常に異色な企画である。私のこれまでの著作に比べて、「学術的な」色合いがかなり薄いものであり、それゆえ本書のテーマについては、より広い範囲の読者との論議につながるよう望んでいる。本書でも、現在進行中の重要な時事問題について著述するとき、多くの著作者たちが直面するのと同様の試みを行っている。その意味では、本書のなかでときに批判もしているスピードの速いニュースサイクルの産物でもある。

一部こうした試みのゆえもあり、本書のもとになる原稿が様々な学会で広く検討され、提出されるということはなかった。むしろ、それ以外の場で論評してくれた方々に感謝したい。彼らは本書の口調、内容および目的の観点から考えるべき多くのものを与えてくれた。そのアドバイスに加えて、本書の企画は同僚や友人との多くの会話による恩恵を被っている。ある人たちは自由な言論とプレス問題における専門知識を有しており、またある人たちはこうした主題自体への変わらぬ関心を抱いてきた。私の関心に耳を傾け、修正一条*に関連するトランプ時代の彼ら自身の印象を教えてくれた。こうしたすべての方々に感謝する。

また、多くのジャーナリストと記者にも感謝したい。彼らは本書の核心を形作っている修正一条問題を粘り強く追求してきた。修正一条の規範、価値および権利に対するトランプ大統領による一斉攻撃に遅れることなくついていくのは、かなり困難な課題である。この分野におけるメディアの仕事は他の分野と同じように、自由で独立したプレスを保持することの必要を明らかにすることである。

そして、財政的援助と激励をいただいたウィリアム・アンド・メアリー大学ロースクールにも感謝したい。

最後になるが、注意深く原稿をチェックしてくれた研究助手のチャンタヤ・コスタに感謝することも忘れてはならない。もし間違いがあるとすれば、もちろんそれは私自身によるものである。

ティモシー・ジック

＊〈アメリカ憲法修正一条：

Congress shall make no law respecting an establishment of religion, or prohibiting the free exercise thereof; or abridging the freedom of speech, or of the press; or the right of the people peaceably to assemble, and to petition the Government for a redress of grievances.〉

序章

ドナルド・トランプの大統領体制における遺産の重要な部分は、修正一条の自由なプレスと言論の伝統に対する影響だろう。本書が現在を表示する「トランプ時代」の現状では、自由なプレスと言論への多大な挑戦が引き起こされている。現職大統領の数多くの表明によってプレスと言論に重大な影響が及んできたトランプ時代は、修正一条のプレスと言論の核心に挑戦してきた。そのなかには、自由で独立したプレスの維持の必要、公職者への強硬でときに辛辣な批判、および有効な自己統治を求める抗議や異論の重要性が含まれる。候補者や大統領としてのトランプの行動や提案には個人的で自由な言論とプレスの権利にも関わりがあるものもあるのだが、本書ではこうした全体的な原理や価値に広く焦点を当てる。そうはいっても、全体的なものと特定のものは関連している。修正一条の基盤の歪曲は、個人の自由なプレスと言論の自由の損失につながっていきやすいからだ。その他多くの事柄のなかで、こうした点もまたトランプ時代の遺産の一部足りうるかどうかについては、まだはっきりしないだろう。

トランプ時代

トランプ時代は、修正一条の核心的な原理と価値が挑戦を受けた初めての時代というわけではない。トランプ大統領はプレスと言論に関する規範、伝統および権利を無視する最初の大統領ではなかったし、最後の大統領でもない可能性がある。とはいえ、トランプ時代は独特な修正一条問題を生じさせてきた。

どのような方法であれ、トランプ大統領体制とは何であったのかは最終的には歴史が類別するのだろうが、その最もまれな特質の一つは、大統領とプレスとの関係、および大統領と個人たる異論者との関係についての公然とした、しばしば軽蔑的な性格である。こうした関係の難しさと機能不全はリアルタイムで十分に示されてきた。トランプ大統領はソーシャルメディアを使って、記者、メディア事業体および異論者を脅し、バッシングし、さらに報復してきた。我々の自由なプレスと言論のための制度や伝統に対して加えられる損害を評価し、それ以上に重要なことに、そうした制度や伝統の基盤に精通するという両方の目的のために、我々はトランプ時代における修正一条の教訓に注意深く留意すべきである。

前述したように、本書が示す「トランプ時代」は、大部分がその名の通りトランプの産物である。だが、アメリカ国民として直面している修正一条への挑戦は、一人のいかなる政府の公職者よりも広範で、深淵である。トランプ時代はまた、その一連の特徴ないし属性についてはトランプ大統領以前にすでにあったと説明できるかもしれないし、そうした特徴・属性はトランプ時代よりも長く続く可能性もある。そのような特徴・属性には次のものが含まれる。組織プレスの急激な衰退、コミュニケーションの大規模なデジタル化、言論の自由の便益についての世代的不確実性、人種的その他の考え方をめぐる社会的・文化的分岐の深化、強硬で否定的な党派性、「ポスト真実」文化の生起、憎悪的表現の蔓延。しかしながら、トランプ大統領はこうした状況を利用し、しばしばその否定的効果を悪化させてきた。

本書が目的とする一つは次の通りである。すなわち、最初は候補者としての、後にアメリカ合衆国大統領としてのドナルド・トランプの言明、行動および対応が、修正一条の価値と権利を疑問視し、または脅かしてきた非常に多くの場面を列挙することである。こうした出来事のいくつかは多くのニュース報道の対象になったが、他のものはほんの少しの注目しか得られなかった。トランプ時代のあいだ、ニュース報道はある煽動的な言明ないし行動から次の事柄へと飛び移ってきた。一定の「ニュースサイクル」――これが正しい語句であるとするならばだが――に生ずる大量の出来事ゆえに、ひと房の髪と間違えて修正一条の森を見過ごしてしまうのは容易なことだ。

本書は、プレスおよび言論の自由と大統領の相互関係を描くだけでなく、それらの潜在的含意をも吟味している。現在の修正一条問題を適切な文脈に据えるために、本書はアメリカ史の教訓に注意を払い、それを応用する。

トランプ時代についていうと、我々は前からこの時代にいたかのように想定する傾向がある。かくして、ドナルド・トランプは「……をする最初の大統領ではない」と注意して、解説者はしばしば修正一条やその他の事項について言及しはじめるだろう。後にみるように、自由なプレスと言論に関する大統領の言明、行動および政策は確かに歴史的に類似のものが多い。しかしながら、トランプ大統領と現在の時代について特有で独特な点もまた多い。

例えば、前任者たちと異なり、トランプ大統領はプレスを損なうことについて公然と人々に自慢し、しばしばソーシャルメディアを通して自らの批判者を黙らせようとした報復行動、または黙らせるよう意図した報復行動を公然と表明している。本書は、歴史的に類似しているものとそうとはいえないものとを区別するようにしたい。区別のうえで、あるものは大統領自身の独特さと関係しているし、他のものは現在の時代の状況に関係し、さらに別のものは先の両方に関係している。

自由なプレスと言論に対する挑戦

トランプ大統領体制は一連の重要な修正一条問題にスポットライトを当ててきた。二〇一六年の大統領選挙中、すでに重大な問題の予兆があった。トランプ候補は選挙集会の群衆に対し抗議者を「痛めつける」よう奨励した[1]。テロ言論に対処するため、彼は「インターネットの一部を封鎖すること」について語った。トランプ候補は国の名誉毀損法を「いかさま」と呼び、「（新聞が）意図的に否定的なひどい虚偽の記事を書く場合には、我々は新聞を提訴し、勝訴で多額な金銭を得られるように、我々の名誉毀損法を広げる」[2]と誓約した。

多くの解説者や役人が観察してきたように、ドナルド・トランプが言明を行う場合、そのままの通りにあるいはまじめにいつみなすべきか、またはそもそもそうみなすべきかどうか自体については、いつも明らかであるとは限らない。しかしながら、抗議者を襲い、インターネットの言論を検閲し、公職者に対する批判の責任を制限する法を「広げる」提案がそのままの通りに考えられるものではないと想定したとしても、提案の背後にある心情はとても困惑させるものであって、深刻に受け止めるに値する。

トランプが大統領に選挙で選ばれて以降、修正一条に対する挑戦の性質と範囲はより明白になってきた。トランプ大統領はメディアとプレスに対する公然たる熾烈な「戦争」を行ってきた。様々な場面で、彼と彼の顧問たちは組織プレスを「アメリカ人民の敵」や「反対党」と呼んできた。大統領は個人である記者ないし放送ネットワークを「非愛国的で」、「正気でなく」、「腐敗していて」、「インチキで」、「不正直で」、「破綻した」、「まぬけな」、「敗者」と述べてきた。

この「戦争」は単にレトリック上のものにとどまらない。例えば、トランプ政権の役人は、ホワイトハウス記者による「不真面目な」質問ないし否定的な報道を理由に、当該記者を記者会見やその他の公式行事に入場させないようにしてきた。トランプ大統領はメディアを罰するために大統領官邸ないし他の政府部局の権限を用いて脅してきた。彼は、メディアの報道に対して放送免許は審査され、取り消されなければならない可能性があると、示唆してきた。彼は上院情報委員会に対してトランプ政権に関しての否定的なニュース記事を調査するよう促してきた。大統領はまた、連邦議会がアマゾンの連邦税納付状況を「調べる」べきであるとも示唆してきた。アマゾンはジェフ・ベゾスに所有されている会社で、同氏は批判的な新聞社であるワシントン・ポスト（大統領はアマゾン・ワシントン・ポストと呼んでいる）も所有している。トランプ大統領はアマゾンに課される配送料金を二倍にするよう合衆国郵政総裁に強く迫った。伝えられるところでは、彼は総裁と会い、そうした行動方針を奨励ないしは命じてきた。

大統領としてのトランプはしばしば「名誉毀損法を注視する」と誓約してきた。その明白な目的は、自らの職務上の行為に対する批判者を自ら裁判で訴えやすくさせるためである。大統領はまたプレスによる匿名情報源の使用には痛烈に批判的であり、ある場面ではそうした情報源を暴き、訴追するよう脅してきた。国家の安全に関わらない文脈であってでさえもそうしてきた。

自ら称したプレスに対する「戦争」の一環として、トランプ大統領は「フェイクニュース」という語句を再定義し、大衆化しおよび武器にしてきた。本来、意図的にねつ造された内容を表すこの語句を、トランプ自身やその政権に関するあらゆる否定的な報道を表すように、彼は使用してきた。

トランプ大統領は自らの意図をためらうことなく示してきた。彼はあるインタビューで組織プレスに対する自分の攻撃は意図的で、戦略的なものだと語った。そうした攻撃は、プレスの信頼を傷つけ、人々がメディアに反対するよう仕向けるべく計画したものだと述べた(3)。こうした戦略には効果があるという証拠がある。プレスに対する人々の支持はいまや歴史的に低下している。共和党を自認する者の四〇パーセント以上が「悪い行動に従事している」一定のメディア各社を封鎖する権限を大統領に付与すべきだろうとある世論調査は示している(4)。回答者の七〇パーセントは記者が故意に虚偽の情報を公表した場合、記者を裁判で訴えることをより容易にすべきことに賛同した。最もぞっとすることに、ギャラップの世論調査は共和党員の四九パーセントがいまや組織プレスを「アメリカ人民の敵」と考えていることを示している。

すべての大統領は否定的なプレス報道を嫌う。プレスは「不公平」だと激しく不満を抱いてきたトランプのような大統領も何人かいる。大統領の何人かは、さらに進んで記者や批判者を黙らせる措置をとってきた。しかしながら、「……する最初の大統領ではない」との意見には注意しなければならない。口調と内容ともに、トランプ政権は概して現代のこれまでの他の政権とは異なる類のプレスに対する「戦争」を行ってきたし、修正一条につき他の政権とも異なる関係を保っている。プレスを「アメリカ人民の敵」と公然とレッテルを貼ること、プレスの信頼を傷つける明白で意図的な取組み、批判的な報道を罰し、ないしは抑止する大統領権限の使用という脅しは、すべて現大統領体制の独特な特質である。さらに、トランプ以前の大統領と「戦争」したプレスは現在の脆弱で弱化した組織プレスよりもっと強大だった。

様々な理由から、ジャーナリストや記者は組織プレスに向けられた攻撃が重要であることに焦点を当ててきた[(5)]。しかしながら、さらに広範な「異論に対する戦争」ともいうべきものに向かって考えていくうえでは他にも多くの側面がある。トランプ時代への修正一条の挑戦を十分に認識し理解するために、我々はこの戦争のあらゆる前線を考慮する必要がある。

大統領としてトランプは批判者を罰しようとする不穏な性向を表明してきた。彼の名誉毀損法を「広げる」誓いは、こうした一般的な態度のほんの一つの印に過ぎない。トランプ大統領はまた、彼自身や彼の政権に対する一定の批判が「煽動的」であり処罰に値すると示唆して、ツイートを投稿し、声明を出してきた。彼は個々の批判者を検閲ないし抑圧する具体的な措置をとってきた。例えば、トランプ大統領はジョン・ブレナン前ＣＩＡ（中央情報局）長官のセキュリティ・クリアランスを取り消した。前長官はトランプ大統領とその政権の国家安全保障政策を公然と批判してきた。大統領は、自分を個人的に批判し、ないしは政権の政策を疑問視する他の前政府役人に関しても同様の行動をとると脅してきた。

トランプ大統領は、政府または国家に対する「忠誠」だけでなく、彼自身に対する「忠誠」も求めてきた。政権内の顧問首脳の何人かは秘密保持協定に署名したと大統領が主張した旨を示唆する報道がある。そうした協定は私的部門では普通なことだが、連邦政府では前代未聞だ。報道では、役人は大統領、大統領の事業、または政権で活動する大統領以外の者を批判することが協定で禁止されているという。このことは、指定された秘密情報の共有――これは、連邦の法と規則によって扱われている行為なのだが――に対する制限をかなり踏み越えている。協定は批判を抑圧するもう一つの手段になっており、この場合には、連邦の業務から離れた政府の役人も対象とされている。

異論に対する大統領による別の対応は、いかなる批判をも「不忠」、「大逆」ないし「煽動」とみなす傾向を同様に示している。例えば、トランプ政権で働く匿名の政府高官がニューヨーク・タイムズ紙で批判的な論説を公表したとき、トランプ大統領は「国家の安全」への懸念を理由に同紙が当該人物を特定して「引き出す」よう提案した。大統領はまたグーグルのアルゴリズムの「調査」も提案した。彼によれば、当該アルゴリズムは（何の証明はないものの）トランプやその政権にとって圧倒的に「悪い」検索結果を示しているとされる。そうした調査の明白な含意は、大統領ないしその政権について好意的に反映させるもっと「積極的な」検索結果を含めるよう、政府が私的企業に命じるべきだろうということであって、このことは強制された言論にさらされない修正一条の権利を侵害しうる行為である。トランプ大統領が人々の批判に対していかに神経質になっているのか示していくなかで、サタデーナイトライブという喜劇ショー番組を（おそらくどこかの省庁によって）調査すべきであるとまで彼は提案してきた。大統領のパロディを放送するのは「感情を害するもの」だからというのである。

アメリカの歴史を通して、戦時中は特に、煽動、反逆、および不忠は攻撃され、処罰されさえした。アダムズ大統領は一七九八年煽動罪法に従って多くの批判者を投獄した。同法は政府の役所や役人を批判する情報の公表を処罰する連邦法だった。第一次世界大戦への合衆国の参戦についての批判者を検閲しようとして、ウイルソン大統領は二番目となる一九一八年煽動罪法を支持し、連邦議会はこれを制定した。

しかしながら、現代の修正一条の原理はそのような標的とされる異論の抑圧に寛容になったり、あるいはそれを許容したりはしない。実際、連邦最高裁判所は、政府や公職者に批判的な言論の抑圧は「修正一条の中心的な意味」に直に反するとの結論を下した(6)。

確かに、トランプ大統領のツイート、言明および行動は、昔の「煽動的名誉毀損」犯罪を復活させようともくろんでいるわけではない。しかしながら、大統領のそうした言動は、政府に対する批判は許されないだろうし、そうした批判は調査、規制ないしその他の否定的な結果に帰着するかもしれないという明白な合図である。アメリカの歴史において初めてではないが、政府は偽って異論と不忠とを同一視している。そして、最近の時代には目撃できなかった規模で、また戦時というより比較的平和時に、もう一度、政府は批判者を攻撃し、脅かしている。

トランプ時代の修正一条の挑戦は、組織プレスの自由や大衆的な批判者の検閲に関する懸念の範囲を越えている。より一般的にいえば、人々の異論が攻撃され、公式の正統性や服従が強要されてきた。かくして、アメリカ合衆国国旗を焼却した個人は投獄され、合衆国の市民権を失うべきだとトランプ大統領は提案した。これは、国旗の償却を保護する修正一条のあからさまな侵害となる制裁だろう。

トランプ大統領はまた、広く知られているようにナショナル・フットボール・リーグ（NFL）の選手たちと熾烈な争いをしてきた[*1]。警察による虐待と考えているものに抗議するため、選手たちは国歌演奏のあいだ静かにひざまずいたからである。大統領はこうした異論者を不忠で愛国的でないといった。確かに、国歌が演奏されるときすべてのアメリカ人は、できれば胸に手を添え気をつけの姿勢をとるべきだと、大統領は自ら考えていることを明らかにした。トランプ大統領はNFLチームのオーナーに対して、国歌演奏中うやうやしく起立しなかった選手を解雇ないし罰金を科すよう勧めた。試合前のセレモニーのあいだどんな形の抗議をも認めてしまったという理由で、大統領はNFLを公然と非難した。かくして、トランプ大統領は、そのような抗議が続いている場合には反トラスト法上のNFLの免除が「調査される」べきだと提案してきた。この声明が出て間もなく、驚くべきことではないが、NFLはその抗議方針の変更を発表した。

正統性を求める大統領の志向は、祝祭日の挨拶や忠誠宣誓における神への言及にまで及んでいる。アメリカ人は祝祭日に「メリークリスマス」というだろうと、彼は人々に確約してきた。先のくだりは、いわゆる「クリスマス戦争」に対する明らかな対応である。さらに、トランプ大統領は、アメリカ人がその点を強調していることを示唆したうえで、宣誓における「神のもと」という言葉に人々が注意を向けるよう努めてきた。この場合、大統領はある種のキリスト教ナショナリズムに訴えかけてきた。彼は政治的、人口統計的マイノリティに対して、「真の」アメリカ人はそうした特定のマイノリティによる選好や見解とも適合するやり方で自己表現するだろうと確約してきた。

こうしたエピソードは、ナショナリズム、宗教、および政治の問題についての正統性の強制化をめぐる歴史的な対立を反復している。大統領は明らかにある種の表現を奨励することができるし、愛国主義やそれ以外の事柄に関する彼自身の見解も表明できる。しかしながら、政府が公式見解を表明するよう他者に強制することを、修正一条は明確に禁じている。西バージニア州教育委員会対バーネット事件（一九四三年）で、連邦最高裁は公立学校の子どもたちに合衆国国旗に敬礼し、忠誠宣誓を暗唱するよう要求する州法を無効とした。よく知られているように連邦最高裁は次のような結論を示した。「我々の憲法上の星座のなかに恒星というものがあるとすれば、それは次のことを示している。つまり、いかなる役人もその地位を問わず、政治、ナショナリズム、宗教またはその他の意見事項において何が正統なものでなければならないかを命じ、もしくは市民に対して言葉ないし行動によって

＊1 〈NFLの選手たちの抗議と象徴的表現：特定の状況下で起立をする、膝をつく、旗を掲げる、あるいは、焼却をするといった、言葉によらない方法でのメッセージの伝達は、象徴的表現（シンボリック・スピーチ）として、修正一条によって保護される。二〇一八年にNFLは、試合開始前の国歌の演奏時に起立することを選手に義務づける規則を検討したが、導入は見送られた。二〇二〇年六月にNFLのコミッショナーは、選手たちによる平和的な抗議を支持するという見解を表明している。〉〈本書の＊印は、訳者による注記である。以下も同様である。〉

その信仰を告白するよう強制してはならない」と[7]。アメリカ合衆国国旗を「冒涜した」人たちに刑罰を科した州と連邦の法律を無効にしたとき、裁判所は同様の中核的な「反正統性」原理に依拠した[8]。

「忠誠」を求める政府の要請はまた、この反正統性原理にも関係している。連邦最高裁も認めてきたように、雇用の条件として国家ないし憲法への忠誠を要請している法律は、「正統性の覆いのもと」大学の教室や政府の役所に「暗い影を落としている」[9]。前にも記したように、トランプ大統領の忠誠要請はときにその性格の点で彼自身や彼の家族に関連する、より個人的なものであるように思われる。しかしながら、その効果は同じである。つまり、服従の圧力は、愛国主義的な忠誠要請と同様の「正統性の覆い」になるのである。

要するに、トランプ大統領は、公式的正統性の押し付けをめぐる全国的な論争を繰り返し、問題の中心に据えてきた。現在の修正一条理論のもとでは、ナショナリズム、宗教、ないしその他の問題に関する見解を受け入れ、または発言するよう政府が何人にも要請し、あるいは強制することはできない。この原理は、圧倒的な多数派または政府の支持を受ける専横的な少数派が、政治社会に自分たちの見解を押し付けることを禁じている。

トランプ大統領はさらに、自ら人々の抗議やデモを好ましく思っていないことを明らかにしてきた。彼は政治的抗議を「不快」といい、抗議は認められるべきでないとツイートしてきた。大統領選挙でトランプは「法と秩序候補」として立候補した。大統領になった初めの頃のいくつかのエピソードは、「法と秩序」という彼のブランドが人々の議論に否定的な影響を及ぼしただろうことを示した。実際に、トランプ政権下の司法省による最初の公式活動の一つは、トランプの選出に抗議するために大統領就任式に参加した数百もの個人を起訴することだった。多くの集団のなかにいる公判中の抗議者は「暴動の共謀」法理の対象になると検察官は考えた。この法理では、個々の違法行為に関する実際の証明は必要とされないと考えられた。公判に先だって、抗議者が就任式のためのデモ参加者を調整する目的で利用したウェブサイトからのコンピュータ記録を捜査官は捜索した。事案は最終的には却下されたのだが、これは最初にグループ分けされた抗議者に対する論拠の立証を検察官ができなかった後でのことだった。連邦検察官はまた、ジェファソン・セッションズ司法長官の指名承認公聴会に参加した一人の抗議者を告発した。その女性は、セッションズの市民権に関する質問に対する回答に大声で笑った後、違法な抗議を理由に逮捕された。裁判官が有罪を退けた後、司法省は最終的に告発を却下する前に、事件を再審理とすべきかどうか検討した。

オバマ前大統領によって採用された政策をひっくり返して、トランプ政権は州や地方の警察が連邦基金を利用できると命じた。基金は暴動鎮圧への装備や他の防護警備器具を警察に支給することを可能にしている。トランプ就任への抗議や他の目立ったデモの結果、いくつかの州は人々の抗議を取り締まる法律を用意した。そのような措置には、交通妨害への罰則引上げや、不注意な運転者による道路上の抗議者との衝突責任を免除する規定が含まれる。こうした提案は大統領自身の「法と秩序」の政策や表明と一致している。

示威行進、ピケット、およびデモも含む人々の表明活動はアメリカ革命に勢いを与えた。人々の抗議や主張はまた憲法の創設を促進した。それ以来、公共財産のアクセスを確保し、またデモ、抗議、および人々の異論に関わる他の方法を目的とするその他の修正一条の保護を確保するため、多くの争いがなされてきた。公共の安全と秩序の必要を持ち出して、政府は長いあいだ公共財産のアクセスや大衆の抗議を統制し、管理してきた。市民的自由論者は、人種隔離、婦人参政権の制限、戦争、およびその他の公共的関心事について批判的な言論のために呼吸空間を求めることで押し返してきた。

過去においては、アクセスの闘いは主として公道、公園、および歩道にその焦点が当てられた。話し手や集会はこうした場所の一定のアクセスを確保した。デジタル時代にあっては、抗議者や他の話し手は、政府のウェブサイトや公的なソーシャルメディアのページのような現代のパブリック・フォーラムを利用することを要求してきた。トランプ大統領のツイッターのページは、デジタル時代における公職者へのアクセスに関して象徴的な重要論点になってきた。自分の個人的な見解を伝え、重要な政府の政策を表明するという両方の目的から、大統領は前代未聞のやり方でツイッターやソーシャルメディアを使用してきた。大統領のツイッターへの否定的なコメントを投稿した多くの批判者を大統領がブロックしたとき、批判者は修正一条の権利を侵害したとして大統領を裁判で訴えた。連邦地裁は、トランプ大統領のツイッターのコメント欄は「パブリック・フォーラム」と結論づけるとともに、批判者をブロックしたことは修正一条を侵害すると判示した[10]。現在上訴中のこの事件は、ソーシャルメディアを使用している公務員と交流し、コミュニケーションをとる市民の能力にとって重要な含意をもつだろう。

またトランプ時代では修正一条と憎悪的で侮蔑的な言論との関係についての教訓が強調されてきた。そのことは、ある種特有な複雑さを示す異論の一側面である。アメリカ合衆国では、人種、民族またはその他の特質に基づき個人を侮蔑もしくは不快にさせることを理由として政府が言論を検閲しまたは罰することはできない。表明された感情や意見はとても不快で傷つけるものではあるが、修正一条は一般にそうした言論を伝える権利を保護している。こうしたアプローチは例外的である。他の先進民主主義国は一定種類の憎悪的で侮蔑的な言論を違法としている。法は確立しているものの、修正一条が「ヘイトスピーチ」を守るべき程度につきアメリカ人は引き続き論争している。

トランプの体制と政権は「ヘイトスピーチ」問題をいくつかの点で前面かつ中心に据えてきた。大統領自身がメキシコ人、女性、障害者やその他の人たちについて憎悪的で侮蔑的な言論を伝達してきた。よく知られているように、二〇一七年夏のバージニア州のシャーロッツビルにおけるオルタナ右翼の集会で、「両方の側に」立派な人たちがいるとトランプ大統領が言ったとき、彼は「ヘイトスピーチ」が生み出しうる重大な危害を強調した。一定の形をとる憎悪的で侮蔑的言論を理由に学生たちを罰した大学の言論政策を当時のジェファソン・セッションズ司法長官が公然と批判したとき、彼はそのように伝達したものと関係している危害に言及することができず、またはそうした危害を認識することができなかった。実際、彼は、危害ある「ヘイトスピーチ」からある種の救済を求めた学生たちを優しくたしなめて、事柄を政治問題化した。

トランプ政権は現代の修正一条理論と合致する自由言論保護的な立場をとってきた一方で、同政権は「ヘイトスピーチ」にとっての修正一条の保護を説明し、ないし同保護を守るうえでとても貧弱な仕事しかしてこなかった。言論の自由と平等との交差および侮蔑的な言論と異論との関係について、市民や官僚を教育するという明確で重要な機会を、同政権は逸してきた。その代わりに、多くの重要問題と同様、同政権は「ヘイトスピーチ」を政治問題化してきた。大統領は「ポリティカル・コレクトネス」*2左派の人たちを嘆いてきた。彼らは、修正一条のもとで与えられてきた保護にもかかわらず、そうした憎悪的表現を非難しているからである。「ヘイトスピーチ」の政治問題化の推進を求めて、大統領は学内での自由な言論やその他の修正一条の権利を保護する権利を大学に要請する大統領命令を発した。これは、公立大学ではすでにそうした措置をとることが要請されているし、私立大学も一般にそうした措置をとるよう努めている。

以上の例が示しているように、トランプ時代における修正一条の論争と挑戦は、言論の自由やプレスの自由に関する多くの歴史的教訓を含意している。こうした教訓は、修正一条の自由な言論とプレスの自由にとっての主要な正当化と関わり合っているし、そうした正当化により特徴づけられている。修正一条の自由なプレスと言論の権利は、市民の自己統治を促進し、真理の探求を助長し、政府権限の濫用をチェックし、話し手の自律を保護する(11)。トランプ時代のあいだ、それぞれのこうした機能が、ときに独特で厄介なやり方で挑戦を受けてきた。

議論が示しているように、修正一条に関する大統領と政権の態度や同条に対する大統領・政権の一般的なアプローチについて、本書はかなり批判的である。まとめると、大統領による公の言明や行動は、修正一条の原理、価値および権利についての知識とそれらへの尊敬を悲惨なほど欠いていることを示している。権威主義を自称するトランプ大統領のブランドは、修正一条に対する並外れた危険を投げかけている。しかしながら、大統領の言動は文字通りには受け止められてはいないとしても、我々が最も大事にする修正一条への関与のいくつかを考慮する機会、もしくは再考慮する機会を多くの場合、トランプ時代は提供している。後に続く各章で強調されている教訓は、以前と同様に現在の時代でも関連があるものであり、おそらくそうした関連がより強くなっている。

結局、本書の主張は特定の個人や公職者を支持もしくは反対するということではなく、むしろ修正一条の自由なプレスと言論の保護を守ることにある。トランプ政権が我々の修正一条の伝統と制度の世話役として実行してきたやり方に関して省察を加えるよう読者に願いたい。我々はこの国の歴史と政治における危機にある。つまり、中核的な修正一条の価値、制度および権利に対する人々の考慮が消散していると思われる危機である。したがって、このことは、我々がいかにして我々の修正一条を守り、維持することができるかを考察するうえで最も適切なときなのである。

話し手および対象としての大統領

本書では一般に憲法上の専門用語や法律上の専門用語をできるだけ避けようとしているが、前もって一、二の問題は扱っておく必要がある。第一の問題は、私的言論の規制者としての政府の職務と、話し手ないし伝達者としての政府の役割との区別に関連する。また、修正一条の自由なプレスと言論の規定に大統領は含まれるのかどうかという問題に関係している。

＊2 〈ポリティカル・コレクトネス：人種や性別などについての偏見や差別を伴わない表現を用いること。報道だけではなく、文学や芸術、創作も含めた表現にも一定の修正を求める。〉

政府および公職者は言論の規制者としても話し手としても、両方で活動することができる。政府が市民の言論を規制する場合には、修正一条はそうした行為に全面的に適用される。一つの中心的な要件は、政府が規制する私的言論の内容に関して政府は中立でなければならないということである。しかしながら、修正一条の「政府の言論」理論は、私的言論の規制者としてというより、話し手として政府および公職者が行動する場合には、修正一条の内容・中立ルールによって拘束されないと認めている[12]。

この内容・中立ルールの例外の理由は複雑だが、代議政体の原理まで遡る。連邦最高裁は、有権者が政策や議題に関して政府が伝達することに不満な場合には、次の選挙で代表者を変更することができると判示した。したがって、トランプ大統領が名誉毀損法、ＮＦＬ、労働協定ないし「アメリカ第一主義」政策について自らの見解を伝達する場合には、彼は典型的に「政府の言論」の形で、ないしおそらく私的言論の形で（いずれかであるかは特定の文脈による）行っていることになるだろう。大統領がいずれかの資格で伝達を行う場合には、中立的である必要はない。

対照的に、大統領が批判を抑圧するために職務上の権限を利用し、または他者の言論を規制する場合には、修正一条が全面的に適用される。規制者として、大統領は伝達されたメッセージないし見解に同意できないという理由、またはトランプないしトランプ政権に批判的であるという理由で、言論を抑圧ないし処罰することはできない。公職者および市民として、大統領は自らの見解を表明する資格がある。しかしながら、大統領が述べたことが規制的効果をもつ、ないしはそうした効果に通じる場合には、修正一条が適用される。伝達行為と規制行為の区別は、本書で論じられる一連の問題と関係している。

第二に関連する問題は、私的なプレスないし言論活動の規制として制限を課す大統領の行為の法的結果に関わる。大統領は修正一条の文言に形式的には拘束されず、その文言に違反しても責任はありえないと論ずる研究者はあまりいない。条文では、「連邦議会は……法律を制定してはならない」で始まっている。こうした文言の文理解釈によれば、連邦議会だけが自由な言論、プレスおよびその他の修正一条の権利を侵害する責任があると考えられうることが示唆されている(13)。

狭い解釈を支持する文理上および歴史上の議論は興味深く、ある種の長所がないわけではない。しかしながら、連邦最高裁は修正一条が政府の立法部だけに適用するとは決して解釈してこなかった。さらに、大部分の研究者は修正一条が連邦政府の三つすべての部門を拘束すると解釈してきた。多数派の見解に従って、本書も修正一条は大統領の行為に適用され、ときにそれを制限すると考えている。

以上の二つの問題は訴訟関係者や研究者にとって重要だろうが、本書で吟味する修正一条の教訓にとっては中心的なものではない。一般に、そうした教訓は大統領が規制者として、ないし話し手として行動しているかどうかに焦点を当てているわけではない。そうした教訓はまた、大統領が個人の修正一条の権利を侵害してきたかどうか、あるいは大統領の職務上の資格に基づきそうした侵害を理由に話し手、記者、ないし他の個人が大統領を裁判で訴えることができるかどうかに関わるものでもない。むしろ本書の焦点は、トランプ時代が言論の自由とプレスの自由の価値、原理、および目的の侵蝕として特徴づけられてきた程度がどのようなものなのかという点だ。

各章の要約

構成上、本書はトランプ時代に生じた六つの別個であるが関連する修正一条問題に焦点を当てている。各章が示すように、これらはトランプ時代に始まったものではない。しかしながら、トランプ時代の独特な状況はそうした問題を強調し、悪化させてきた。

第一章は自由で独立したプレスの脆弱性と必要性を論じる。現在の政権による歴史的に異例なメディアとの「戦争」について詳論した後、修正一条のプレス条項を歴史的および憲法的視野のなかに設定し、現代の組織プレスが直面する多くの挑戦について論じる。また、真に自由で独立したプレスの核心的な役割と不可避的な行き過ぎについて考察する。そして、もし民主主義自体が生き残らなければならないとするならば、その行き過ぎにもかかわらず自由で独立したプレスは保護され、維持されなければならないと論じる。トランプ大統領により公然と宣告された「プレスに対する戦争」は独特なものではあるが、プレスを攻撃して挑戦した初めての執行府のトップというわけでは決してない。公職者に関連するものも含め虚偽や名誉毀損的な言明にとっての修正一条の適切な範囲については重大な問題があるとはいえ、懸念を提示する大統領の主要な目標は批判的なニュース報道を抑圧することにある。プレス条項の現在の解釈はプレス組織の生き残りのための致命的なストレス・テストになっていて、自由で独立したプレスを保護する法と規範への潜在的な崩壊と結び付いている。世界の最近の出来事が示しているように、我々は自由で独立したプレスの存在を当然のことと考えるべきではない。

第二章は「煽動」の概念や、効果的な人々の異論と煽動との関係を吟味する。ジョン・アダムズ大統領は、一七九八年の煽動罪法を利用して自らへの批判者と政治的反対者を訴追し投獄した。このエピソードは最終的には次のような連邦最高裁の判断に至ることになる。つまり、連邦最高裁によると、「修正一条の中心的な意味」はどのように批判が辛辣で不快であってもアメリカ人は公職者を批判する自由がなければならないと結論づけられた。政府は「煽動的」表現を長いこと抑圧していたので、その教訓はほとんど学ばれてこなかった。現在の政府もこの方式の例外ではない。もっとも、煽動は歴史的には主として戦時中に標的になってきたという意味からいうと批判者の追跡は一部例外的ではある。連邦および州の当局者が煽動的名誉毀損罪を復活しようと提案してきたわけではないものの、トランプ政権の批判者は持続的に非難を浴び、大統領と政権を批判したかどで明白な影響を被ってきた。公の批判者を罰するという権威的な衝動は拡張する執行権力の必然的な副産物であり、トランプ大統領は執行府の独立の範囲を積極的に押し広げてきた。公務行為への批判者を罰し、または報復することは、修正一条の「中心的意味」と中心的教訓を無視することである。そのことは公共の関心事についての表現を萎縮させ、自己統治の可能性を減じ、異論を抑圧する。

第三章は「反正統性原理」について吟味するが、そこでいう原理とは、政治、文化、ないし忠誠の領域でどのような思想または意思表示が受け入れられるのかを政府が強制ないし指示することはできない、というものである。試合前の抗議をめぐるNFLの選手およびチームオーナーとトランプとのあいだの公開の紛争、国旗焼却を犯罪とし、国旗焼却者の国籍を剥奪する彼の提案、忠誠に関する彼の無理強い、これらすべてが反正統性原理に関わっている。修正一条は政府がしきたりや服従を強制することを許さない。そうした反正統性原理は話し手の自律と異論の自由への尊敬に基づいている。大統領の言明や行為は、アメリカ人が異論の平和的な方式、および愛国心、社会正義、人種に関する多様な意見の伝達に寛容となり、包み込みさえすることにもう一度異議を唱えてきた。

第四章は言論と集会を促進するための公共財産へのアクセスの維持に関する修正一条上の教訓を吟味する。話し手と集団は「パブリック・フォーラム」と称されるものを利用すべく修正一条の権利を確保・維持するため長期かつ激しく闘ってきた。パブリック・フォーラムとは、政府が所有ないし管理しているが、修正一条の権利を行使する目的で人々のために委託されている場所のことである。トランプ時代の「法と秩序」という議題が、政治的抗議に対する大統領のあからさまな侮辱とも結び付いて、人々の異論にとっての十分な呼吸空間の確保についての懸念を復活させてきた。トランプ時代の「法と秩序」の政治が再び修正一条の権利の行使を厳しく制限することに至るだろうという心配な兆候がある。加えて、自らのツイッター上のページから批判者をブロックするトランプ大統領の取組みは、連邦最高裁が「現代の広場」と呼んだものに異論者たちがアクセスしようと求める公共空間をめぐる次の大きな闘いを予兆している。こうした空間で批判者をブロックすることを大統領や他の官僚に認めることは、デジタル時代における公職者や公的な代表者へのアクセスに関して重大な懸念を引き起こす。

第五章は「ヘイトスピーチ」に関するトランプ時代の論争を検討する。大統領は憎悪的で侮蔑的な表現の提供者であり擁護者でもある。同章では「ヘイトスピーチ」にとっての修正一条の保護に関する手引きを示した後、「ヘイトスピーチ」と結び付く危害、およびヘイトスピーチ保護のための主要な正当化につき吟味する。トランプ政権はこの種の内容に関連する修正一条の現状維持を強く支持する立場をとってきた。しかしながら、同政権は、「ヘイトスピーチ」が引き起こす危害を含め、関連する複雑な事情を認めないで、一般に「ポリティカル・コレクトネス」に関する無精な比喩に依拠し、争点を政治問題化させようとしてきた。トランプ政権は、「ヘイトスピーチ」の危害を最小化するとともに、そうした言論になぜ寛容でなければならないのかを人々に教育できないできたことによって、ヘイトスピーチの損害でひどい目にあわせたうえに侮辱を加えてきた。総じて、このアプローチは大学のキャンパス上も含め政治的言説に否定的な影響を及ぼしてきた。大学のキャンパスでは、最近の多くの勃発事件は憎悪的な見解や思想の伝達に焦点が当てられてきた。同章ではなぜ「ヘイトスピーチ」が大部分保護される言論なのかを吟味する。それとともに、言論の自由と、「ヘイトスピーチ」が蝕む安全と平等の尊厳を維持する必要性についてアメリカ人を教育するために、トランプ政権や他の政権はどの程度発言力を利用することができるのかも述べる。

第六章はそれまでの各章で論じてきた主題のすべてに関連する概念である異論について述べる。異論はそれ自体修正一条の関心事の中心的なものである。同章が示すように、トランプ時代は様々なやり方で異論を制限ないし抑圧する取組みによって特徴づけられてきた。同章では異論の意味についての簡潔な議論から始める。次に、異論の伝達に関連する様々な民主的・社会的価値について扱う。アメリカ革命は異論が民主主義の不可欠な要素であることを明示した。しかしながら、それ以降、アメリカ人は異論を一貫して支持してきたというわけではないし、または常に寛容にさえなってきたというわけでもない。異論の文化を涵養し、維持することはアメリカの民主主義にとって大変重要である。しかしながら、トランプ時代に異論への軽蔑は政府の上層部から生じてきた。しかし、このことは政府内だけの問題ではない。反・異論への態度はアメリカの政界全体でいっそう広がっている。多くの障害や制約にもかかわらず、異論者はいつも権威主義的な衝動を打ち負かすよう手助けしてきた。政治的に二極化し、デジタル化でサイロ化され、制度的に挑戦を受け、絶え間なく動揺している、そういう政界が現在の権威主義的な勢力に効果的に抵抗することができるかは、トランプ時代の中心的な問題の一つであり、もしかすると唯一の問題かもしれない。第六章は異論を育てるためにとられうるいくつかの措置についての議論で閉める。

第一章　自由で独立したプレス

我々は、プレスがときとして憲法によって与えられた自由を著しく濫用したという認識をもっている。すべての人は、そのようなプレスの過剰を残念に思うに違いない。あるべき姿としては、プレスの責任は、プレスに与えられた自由と公衆の信託と表裏一体であるだろう。けれども、我々の歴史の最も早い段階から、自由な社会が維持されるために活発で自由な報道への依存があり、そのために、この自由な社会はある程度の濫用を許容してきたのである。[(1)]

トランプ時代における最も重要な修正一条についての教訓の一つは、自由で独立したプレスの脆弱性と必要性と関連している。多くの理由から、トランプ時代は組織プレスにとって特別に不安定な時代である。トランプの選挙以前から、プレスの独立と自由は、多くのジャーナリストも含めたほとんどのアメリカ人が自覚していたであろう以上に、憲法および法律のもろい基盤のうえに成り立つものであった。大統領による組織プレスとの「戦争」、このなかにはプレスが「アメリカ国民の敵である」というトランプによる頻繁な攻撃を含むが、プレスの自由への長期的なダメージを与える脅威をもたらしてきた。エビデンスの示すところによれば、大統領は彼の「戦争」に勝利しつつあると思われる。近年の世論調査は、共和党支持者のほぼ半数が、メディアを「アメリカ国民の敵」であるとみなしていることを示している。

ドナルド・トランプが大統領候補となるはるか以前に、コンテンツのデジタル化、収益の減少、好ましくない市場条件、公的な支援の低下、その他の目下の情勢は、組織プレスをすでに蝕んでいた。トランプはメディアが抱えていた様々な問題を加速させ、悪化させた。大統領候補、後には大統領として、トランプはプレスに対して、絶え間なく、公然たる、激しい「戦争」を繰り広げた[(2)]。トランプは記者やジャーナリスト個人に対して、彼らのことを「フェイク」、「ぞっとする」、「むかむかする」と言い表しながら、きつい言葉を投げかけた。すでに触れたように、トランプ大統領は頻繁に組織プレス（少なくとも、それらのなかのいくつか）を「アメリカ国民の敵」と述べている。大統領は特定の記者やメディア各社に対して、収監、処罰その他の報復をほのめかしてきた。ホワイトハウスは、いく人かの記者に対して、彼らの記事の批判的な内容を理由として、公的なイベントへのアクセスを拒否した。大統領は、郵便料金の値上げや独占禁止法などの手段を通じて、メディアのオーナーや報道各社に対する処罰ないし報復のために彼がもつ権限を使うと脅しをかけている（実際のところすでに使われている）。彼は繰り返し、彼自身のような公職者への名誉毀損に適用されるルールを変えること、あるいはルールの変更を検討することを繰り返し約束している。これには、大統領のような公職者が、プレスやその他の批判者たちを提訴することを容易にしようという意図が込められている。まさにこの本が出版に向けた準備をしているときのことだが、トランプ政権はウィキリークスの創設者であるジュリアン・アサンジを、防諜法のもと、外交公電やその他の機密情報を公開したとして告発した[*1]。この行動は組織プレスにとって重要な含意をもちうるものである、というのも、組織プレスは同様にリークされた機密や秘密の情報を出版するためである。

プレスの機能にすでに影響を与えている多くの要素に加えて、大統領に忠実な独自の声やメディアによる執拗な攻撃が、組織プレスの将来に関わる深刻な懸念を生じさせてきた。二人のプレスの自由の研究者は最近、次のように述べている。「広く信じられていることとは対照的に、我々の懸念はトランプが自由なプレスの手足をもぐような権力行使の最初の一歩を踏み出すことではなく、むしろ、長い時間をかけて進行してきたプロセスの最後のステップを踏ませるかもしれないことである」(3)。

我々は、プレスの自由がグローバルな規模で不安定になった時代を生きている。ここ数年で、記録的な数の記者が殺された——その多くは命の危険が常在する戦場で殺されたのではない。ポーランドからブラジル、ハンガリー、サウジアラビアに至る世界中の国々で、政府は批判的なプレス組織や個人の記者を徴集しようとしたり、あるいは制約し、黙らせようと試みてきた。この国がプレスの自由と独立の指針であると長く考えられてきただけに、合衆国で生じることは、世界的な影響力をもつ。

＊1 〈ウィキリークスとジュリアン・アサンジ：ウィキリークスは、機密情報のアーカイブ化や分析を行い、匿名の内部告発を支援するウェブサイトで、二〇〇六年にジュリアン・アサンジによって創設された。アサンジは、二〇一〇年にアメリカの外交文書がウィキリークスで公開された事件について訴追されていたが、二〇一九年に司法省はスパイ防止法違反の罪状を追加した。〉

独裁的な指導者は、アメリカ大統領の合図を受けて、「フェイクニュース」（と彼らがみなす報道）を罵倒し、プレスへの検閲に向けて動き出している。その間、合衆国においては、プレスとの「戦争」が、アメリカの民主制それ自体の活力と健全さについて重大な懸念を引き起こしている。

トランプ大統領とプレスへの「戦争」

すでに示したように、大統領候補者および一期目の大統領任期のいずれの時期でも、トランプは組織メディアと個人の記者の両方に対して執拗な批判を繰り返してきた。もちろん、歴代の大統領は常にネガティブなプレスの報道に不平をいってきた。フランクリン・ローズベルト、ジョン・F・ケネディやリチャード・ニクソンを含め、いく人かの大統領はプレスに対する単なる不平不満を一歩踏み越え、プレスによる批判に対して報復したり、報復すると脅したりした。アメリカ人がこのことに気が付いたのは、報復や脅しが行われたずっと後のことである。対照的に、トランプ大統領はプレスに対して公然と攻撃と報復を行うことに、確固たる自信をもっている。トランプはツイートや選挙集会の様態をとる集まりでこれらの行為についていつも自慢する。トランプ大統領とは対照的に、彼以前のどの大統領もプレスに対する「戦争」を宣言することもなければ、プレスを「アメリカ国民の敵」と繰り返し言及することもなかった。

これらの側面において、トランプ大統領が宣言したプレスとの「戦争」の特徴と範囲は、実際に歴史的にみて独自のものであった。プレスの独立と自由について重大な懸念を理由として、ライターやその他の文筆・メディア業の業界団体であるペン・アメリカは近年、トランプ大統領に対してプレスに対する「戦争」をやめるよう求める修正一条に関わる訴訟を提起した(4)。訴状の申立てには、大統領はこれまでにどの程度プレスの独立を侵害し、その自由を制約してきたかについての、気の滅入るような要約を書き記されている。ペン・アメリカの法的な申立てによれば、トランプは「修正一条を侵害し、憲法を支持するという彼の誓約を破っている。そのことは、政権の役職者に対して、大統領が望まない形で記事を書く記者に対して、報復のための行動をとり、現実味のある公然たる脅迫をするために政府の諸権力を用いるようにするための一連の指令を通じてなされた」(5)。申立ての記すところによれば、大統領選への出馬表明から、彼の二年の任期を通じて、大統領は一三〇〇以上ものメディアについての批判、侮辱、脅迫のツイートを発してきた。それらは取材を委縮させ、プレスの自由を阻害しているかもしれないけれど、大統領のツイートは訴訟の根拠となるものではない。むしろ、申立てでは、大統領が以下のような報復行動を行ったと主張する。

- 大統領に十分な敬意を示していないと感じた記者に対して、ホワイトハウスの記者資格を一時停止すること
- CNNやNBCでの報道も含め、公の論評活動に従事する政府の元公職者に対して、現在の政権に対する批判を表明したことを理由に、セキュリティ・クリアランス*2を取り消したり、取り消すと脅迫すること
- アマゾンの筆頭株主兼CEOであるジェフ・ベゾスが、トランプ政権について大統領が不愉快に感じる

報道をしているワシントン・ポスト紙のオーナーであることを理由として、オンライン販売業者のアマゾンに対して郵便料金のレートを引き上げ、罰するための大統領令を下したこと
・タイム・ワーナーの子会社であるCNNと、CNNのトランプ政権へのニュース報道に対してトランプが敵意をもっていたことを理由として、司法省に対して、タイム・ワーナーとAT&Tとの垂直統合を異議申立てするよう命じたこと
・NBCやその他のテレビ局の放送免許を、大統領に好意的でない報道への報復として、取り消すと脅迫すること(6)

修正一条は大統領がメディアを批判することを許容しており、報道の内容に基づいた批判も許される。けれども、ペン・アメリカの申立てがいうように、「大統領はプレスを自由に批判することができるけれども、プレスを処罰し、抑圧するために合衆国政府の権力や権威を用いることはできない」(7)。

これは、序章で説明した、話し手としての政府と規制者としての政府の区別である。この区別は、自由で独立したプレスについての修正一条の保護の極めて核心的な部分を切り取るものである。当局によるプレスへの報復が修正一条に違反することはだれの目にも明らかである。連邦最高裁の判例法理のもとでは、プレスやその他の話し手が、政府の公職者に対する批判を出版する広範な自由をもつこともまた、明白である(8)。我々がトランプ時代に直面する一つの極めて重要な問題は、修正一条の核心は、現代のプレスが機能する条件に十分に耐えるほど堅固なものなのかということだ。

自由で独立したプレスの憲法的基盤

メディアと組織プレスは、トランプ時代においては特別な問題に直面している。これらの問題は、トランプ大統領の選出のはるか以前に招来した、プレスの権利と自由に関わる反動に対して生じたものである。現在のプレスの状況をよりよく理解するためにまず必要なのは、合衆国憲法のもとで「プレス」に対して与えられている保護の特質と範囲に関わる重要な背景事情について検討することである。この考察は、修正一条のメディアへの保護について現在の議論にみられる内容よりも、はるかに狭いプレスの概念を示す。特に、修正一条が明示的に組織プレスを保護し、広範で特別な憲法上の権利を与えているという従来の考え方に疑義を呈することとなる。現実には、プレスの「自由」に数えられるものの多くは憲法上の権利であるというよりは、当局の恩恵による機能である。そして、大統領職にあるトランプは、当局による恩恵は狭めることができ、その恩恵を与える側の裁量で廃止することすらできると示している。

アメリカ人は、政治的な議論や論評においては、憲法の文言を自分たちの見解を支持するものとして挙げることを好む。したがって、修正一条のテキストから始めよう。「プレス」の擁護者は、修正

＊2 〈セキュリティ・クリアランス：機密情報へのアクセス権限で、後任者の相談役になったり、諮問委員会に入ったりすることがあるため、退職者に対してもしばしば付与される。〉

一条が明示的に政府が「プレスの自由」を奪うことができないと示している事実によって、いくばくか安心することができる。

けれども、この章の後半で議論するように、プレス条項は企業としてのメディアに言及するものとしても、組織メディアに対して特別な権利を与えるものとしても解釈されてこなかった。プレス条項は個人の権利を保護し、これらの権利は一般的に、大衆がだれでも享受できる権利と同一の範囲のものである。実際、ある論者が述べるように、「実定法的な問題として、プレス条項は実のところプレスの自由を保護する際にむしろ脇役でしかない」[9]。

一般に、プレス条項は組織メディアやプロのジャーナリストの特別な職域に関わるものとしては解釈されてこなかった。むしろ、連邦最高裁はプレス条項を人民が情報を収集し、出版し、配布するための保護を提供するものとして解釈してきている[10]。すなわち、憲法的にいえば、ケーブルテレビのニュース専門局、新聞、ブロガー、ソーシャルメディアの広告、たった一人が発行するパンフレットですら、すべて「プレス」なのである。ある著名な修正一条の研究者がこの解釈について述べるところによると、「プレス」はテクノロジーであり、産業ではない[11]。我々がこれからみていくように、このような「プレス」についてのポピュリスト的観念は、組織プレスに何らかの重要な保護を与える。けれども、これらの保護はプレス条項それ自体とはほぼ無関係である。

建国期の視点からすれば、プレスを「テクノロジー」とみなす解釈には意味がある。一八世紀において、メディア組織と職業的ジャーナリストは存在していなかった。修正一条の採用と関連する記録はわずかしかないけれども、建国者は、憲法案の採用に好意的な主張をしていた書物である、『ザ・

フェデラリスト』＊3の出版と配布をアメリカの自由な言論とプレスの伝統の一部とみなしていた可能性がある。

　連邦最高裁のプレス条項に関する初期の考え方からは、判決が「プレス」についてこのような広い意味を採用していたことがわかる。例えば、一九三〇年代から四〇年代にかけて下された判決は、パンフレットやリーフレットの発行者、新聞の発行人、書籍の出版者その他について、自由な言論と自由なプレスに関わる問題を提起するものとして扱っていた[12]。

　連邦最高裁はいくつかの理由からこの広い解釈を魅力的だとみなしていたと思われる。建国者は彼ら自身、頻繁に「プレスの自由」と「言論の自由」を互換的に用いており、このことは幾人かの研究者らによる、二つの権利は実質的にもう一方の権利と重なり合っているのだ、という結論を導いた[13]。さらに、プレス条項をすべての人民に属する個人的な権利であると解釈することは、連邦最高裁が、誰が、あるいは何が「プレス」として権利を保障されるのかについての線引きを行うという困難な問題を避けることを可能にした[14]。特別な一群の人や組織を選び出すことは、いかなる出版主体がプレス条項のもとで保護される価値のあるものだと考えられるかについて定義する状況に政府を置くこととなる。このような行為は、修正一条が禁ずるプレスの許可制の施行との関係で緊張状態を強いるこ

＊3〈ザ・フェデラリスト：アレクサンダー・ハミルトン、ジェイムズ・マディソン、ジョン・ジェイという建国者三人によって記されたとされる論文集。アメリカ合衆国憲法批准を推進するもので、建国者の憲法に対するスタンスを知るための極めて重要な書籍とされている。フェデラリストは新聞への投書などを集めた意見集であり、建国者がプレスの効用を信じていたことの証左として引かれている。〉

ととなっただろう[15]。

たしかに、プレスの自由のこのような理解に誰もが賛同するわけではない。ポッター・スチュワート判事は、プレス条項は重要な構造的機能と関わる特定の制度的権利を保障していると述べた。彼の主張によれば、自由な言論条項は個人の表現の権利を保護しているのに対して、プレス条項は「第四階級」の組織としての権利を保護している[16]。スチュワート判事の解釈は、著名な初期の修正一条の研究者からの賛同を得てきた[17]。より近年には、研究者はプレス条項を言論の自由と異なるものとする解釈を提示してきた。プレスの自由に組織的な要素を認めたいくつかの判例と相まって、である[18]。けれども、連邦最高裁はこれらの制度的解釈の採用に傾くそぶりをみせてきていない。実際、連邦最高裁は結局プレス条項に固有の利益を示してきておらず、ここ数十年プレスに関わる主要な判例はない。

したがって、一般的に、プレス条項は自由な言論と互換可能なものとして取り扱われてきた[19]。プレス条項は「言論条項のもとで保障される自由を補完するものであり、その本質的範囲に含まれる」[20]。より一般的には、プレスの自由は、言論、集会、請願などのその他の修正一条の権利を含む「表現の自由」システムの一部なのである[21]。まとめると、プレス条項の実際の地位と射程は、プレスの自由は明確な文言上の承認によって保障されているという主張と大きく対立するものである。

修正一条の「プレス」の権利

連邦最高裁はプレスを完全に無視してきたわけではない。この章の後半でさらに議論するように、連邦最高裁の判例は頻繁に、自由な、組織としてのプレスと関わる多くの価値を称賛している。けれども、既述のように、連邦最高裁は独立したプレスに特別に適用されるような特有の法理や権利について決して判示してこなかった。一般的に、制度としてのプレス——職業的ジャーナリストや企業体としてのメディア——は、言論の自由条項のもとで他の「話し手」が享受できる以上の修正一条の権利を有しない(22)。

プレス条項と典型的に結び付く権利としては、出版の事前抑制からの自由が含まれる。事前抑制とは、コンテンツが配布されることを禁じる命令や差止めのことを指す、出版後の責任の負荷と対比される。実際、言論とプレスの権利の初期の解釈は、こうした保護に事実上限定されてきた。ウィリアム・ブラックストン[*4]は、アメリカ憲法についての初期の議論に広い影響を与えた解説書である『イギリス法釈義』において次のように書き記している。すなわち、プレスの自由は「出版について事前の規制をしてはならない、という意味であり、それが出版された際に刑事上の訴追から自由であると

＊4 〈ウィリアム・ブラックストン（1723-1780）：イギリスの法学者で、コモン・ローの体系をまとめた『イギリス法釈義』は、現代でも裁判所が引用することがある。コモン・ロー上の権利としてブラックストンが提示した権利の多くは、建国期のアメリカの権利の章典にも導入されている。〉

いうことではない」として、プレスの自由を限定している[23]。レナード・レヴィーの影響力のある初期のプレスの自由に関わる著作は、歴史的な記録がこのようなブラックストンの解釈を支えているとして賛同する[24]。二〇世紀の初頭には、連邦最高裁はこの狭い解釈の支持者であった[25]。

プレスの自由がはるかに堅固なものと考えることに慣れたアメリカ人は、建国者たちがプレスの権利についてそのような狭い理解をとってきただろうことにより衝撃を受けるかもしれない。記録はまばらであるものの、我々はプレスの自由が建国者たちの中心的な関心事であったことを知っている[26]。修正一条を起草し、批准した世代は、アメリカ革命は自由で独立したプレスなしには生じえなかった可能性があることを鋭く自覚していた。修正一条の文言の草稿を書いた際に、建国者たちは初期の州憲章*5から多くの借用をしている。それらはすべてプレスの自由のためのものである。対照的に、明示的に言論の自由のために借用されたものはたったの一つであった[27]。

さらに、建国者たちはプレスの自由を民主的な機能にとって重要な役割を果たすものとみなしていた可能性がある。権利章典についての第一人者であるアキル・アマー教授は、建国期において、言論、集会、プレス、請願の権利はすべて新たな中央政府に付与される権力を制限するという基本的な目的のためにあると指摘する[28]。アメリカ革命のあいだに示されたように、コミュニケーション、集会、出版、政府への請願の権利は、一般的な市民が専制と政府の暴政に抵抗することを可能にしてきた[29]。

繰り返すが、これらの権利は組織ないし会社にではなく、人民に帰属する権利である。けれども、すぐに明らかになるように、人民のプレスの自由は厳しく制限することが可能である。例えば、第二章で詳細について議論するのだが、多くの建国者たちが参加した第五回議会は一九七八年外国人及び煽動罪諸法を施行した。〈諸法のなかの一つである〉煽動罪法は大統領や、議会も含むその他の政府組織を批判する出版に対して刑罰を科した。ジョン・アダムス大統領への批判を出版してきた新聞出版者やその他の人たちは、この法のもとで起訴され、投獄された。連邦最高裁はこの法の合憲性を審査することは一度もなかったけれども、下級裁判所では煽動罪法に対する修正一条や他の憲法に基づく主張を棄却した。後年、ジェファソン大統領はこの法のもとで有罪になった人たちを恩赦し、議会は支払われた罰金の返還を許可した。けれども、アメリカの長い歴史において、「煽動」的な出版を罰することが修正一条を侵害することが完全に明らかにされたことはない。

煽動罪法の問題は、プレス条項の存在とプレスの自由の民主主義にとっての重要性の認識にもかかわらず、建国者の世代が大統領や政府への批判者を投獄することを認めたことを示している。いまではあまり知られていないけれども、このエピソードは、建国者は現代のアメリカ人が慣れ親しんでいるプレス条項の権利についての広い理解を共有していなかったことを示している。このエピソードはまた、建国者が革命の時代のいくつかの重要な民主主義に関わる教訓、特にそれらが自由で独立したプレスの必要性に関わる部分について、完全に自家薬籠中のものにできていなかったことも示している。「プレス」というものが何であれ、出版者が単に政府を批判したことによって投獄されうるのなら、「プレス」は重要な機能を果たすことはできない。

*5 〈州憲章（邦憲法）：アメリカは連邦国家であり、連邦を構成する州（ステイト、コモンウェルス）は、それぞれ独自の憲法をもつ。マサチューセッツ州憲法やニュー・ハンプシャー州憲法のように、連邦憲法よりも長い歴史をもつものもある。〉

煽動罪法がなくなった後ですら、新聞や出版者は自由に政府や政府の公務員を批判することはできなかった。州の名誉毀損法、公職者についての事実と異なった内容の出版に民事の、場合によっては刑事的な責任を負わせる法は、頻繁に新聞社などを処罰するために用いられた。これらの法は一般に無過失責任の形態で課された。すなわち、これらの法は、誤った所説を公表したことのみをもって、個人の評判への損害を推定していた。これらの法はまた、出版者に対して、事実についてのすべての主張が真実であることの証明責任を課していた。公務員に関する批判的な記事が問題となった場合、この要件は過度な負担となりうる。

一九三〇年代に入るまでは州に対して適用することができなかったため、修正一条は州の名誉毀損訴訟において効果的な抗弁ではなかった[*6]。この状況は一九六〇年代までに根本的に変化したが、この時代に連邦最高裁が州の名誉毀損法であっても修正一条の自由な言論とプレスに関わる条文に適合しなければならないと判示したのである。ニューヨーク・タイムズ対サリヴァン判決で、連邦最高裁は、公務上の職務と関連する行為についての、虚偽とされる発言を理由に訴追された場合、政府の公職者は、発言が「現実の悪意」——発言内容が虚偽であることを知っていたか、重大な事実の見落としがあった場合——を伴ってなされたことを証明する挙証責任を負い、それができない限り、発言によって受けた損害を回復することはできないと判断した[(30)]。真実性は公職者をめぐる事例ではもはや抗弁ではなく、原告は発言が虚偽であり、かつ「現実の悪意」があることを証明する負担を負う。合わせていえば、これらのルールは、トランプ大統領が、彼自身のような公職者の評判について過小な保護しか提供していないとして、繰り返し再考し「拡大する」と誓ったルールである。

連邦最高裁が現実の悪意という、特別な法的責任のルールを創出した理由は、自己統治と真実の探求という原理に根ざしている。連邦最高裁は、「煽動罪法は一度も連邦最高裁で審査されたことはないけれども、その妥当性についての追求は、歴史という法廷において勝利を収めてきた」[31]と述べる。連邦最高裁がいうところによれば、歴史的に生じた様々な出来事は「煽動罪法は、政府や公職者への批判に対して課す制約を理由として、〈修正一条に〉適合しないという広いコンセンサスがあることを示している」。連邦最高裁は、煽動罪法、そして煽動的な名誉毀損一般についての罪と関わるこの国の経験は、何よりもまず、修正一条の中心的な意味についての国民意識を結晶化してきた[32]。その「中心的な意味」とは、アメリカでは公職者を批判する自由を有し、少なくとも狭い制約にしか服さないということである。連邦最高裁が強調するのは、「批判が激しく、いら立ちを生むような攻撃や、ときには不快な鋭い攻撃を含む」場合であってすら、そうであるということである。

　連邦最高裁は、事実についての虚偽の発言が公職者の評判を傷つけることは知悉している。けれども、公職者に対する誤った発言ですら、公衆の議論にとって何らかの価値を加えるかもしれないというのが連邦最高裁の理由づけである。特に、同じ問題に関する真実を述べる発言と衝突した場合に、そのようなことが生じやすい。いずれにしても、誤った発言は、連邦最高裁の有名な描写を借りれば「抑制されず、完全で、開かれている」ように意図された公衆の討論にとって不可避的な側面である。

＊6 〈合衆国憲法は原則として連邦にのみ適用され、州には適用されない。しかしながら、二〇世紀初頭以降、連邦最高裁は人権条項のうちいくつかは連邦のみならず州にも適用されるとする「編入理論」を導入している。〉

連邦最高裁はこのように理由づけていたのである[33]。すべての誤った発言に対して出版者の責任を担保することは、公職者やその行動に対する批判に対して恐怖と臆病という影を落とし、つまるところ人民に対する公職者の説明責任を維持しようとする努力に水を差す[34]。

サリヴァン判決は記念碑的なものであった。連邦最高裁は、煽動罪法を最終的に葬り去ったように思われる。さらに、公職者への活発で批判的な記事を公表する権利を承認してきた。けれども、それまで連邦最高裁がとってきた通常のプレス条項への扱い方との一貫性もみせ、組織メディアに対する名誉毀損基準の制限は行わなかった。その代わり、連邦最高裁は広い意味での言論の自由、とプレスの自由を記述した。他の判例と同様に、この判決は企業体のメディアに対してのみ適用される特別な責任ルールを生み出しはしなかった。名誉毀損のルールは、被告が巨大な企業メディアであるか、たった一人のパンフレットの出版者かを問わず、適用される。

修正一条のもとでの、出版の事前抑制からの保護と名誉毀損責任の限定に加えて、今日、組織プレスは多くのそれ以外の権利を享受している。もっとも、それらのすべては自由な言論条項の特性に基づくものではあるのだが。この条項は一般に、政府が、内容に基づいて出版制限をすることを禁じている。また、プライバシーの侵害や意図的な精神的苦痛を与えることに対する責任を制限してもいる[35]。これまでのところ、プレスによって合法に入手された真実の情報の出版は、保護されてきている。他の「話し手」と同様に、新聞や放送企業は、自由な言論の権利に基づくこれらの権利、あるいはそれ以外の権利をも、享受する。

いく人かのプレス研究者は、これらの一般的な修正一条の保護が重要である一方で、組織プレスが問題となる限り、修正一条の諸保護だけでは、実際には不完全であると主張してきた。例えば、現在の判例法理のもとでは、一般大衆の人々がする以上に、組織プレスは政府の財産、議事録、情報により広くアクセスすることはできない[36]。したがって、ソーニャ・ウェスト教授は、連邦最高裁はプレス条項を「ニュースを収集する」権利とみなすべきであると主張する[37]。さらにいえば、一九七〇年代の前半には、連邦最高裁はプレス条項が機密情報源に関わる情報についての政府の要求から記者を保護するものではないと判断した[38]。連邦最高裁が組織プレスを憲法上の「特別」なものであるとみなす見地を否定するという文脈で、先例と一貫性をもつ。

プレスの自由への法的な支援と法的でない支援

すでに説明したように、現代の自由で独立したプレスへの基盤として、修正一条が保障する独自の、ないし特別なプレスの権利に期待をかけることはできない。むしろ、研究者たちが説明するように、自由で独立したプレスは、「法的な特権や保護と、法的でないそれとの寄せ集め」に、その基礎をおいているのである[39]。

例えば、多くの州が、機密情報の情報源についての召喚に対抗するための、限定的な特権をプレスに認める州法を有している[40]。けれども、これらの、あるいは他の組織プレスの保護は多様なものとなっている。修正一条によって命じられたものでないため、これらの特権は通常の立法プロセスを通じて修正され、廃止されうる。

法的でない組織プレスへの保護としては、組織プレスの財政基盤の強化や、プレスの自由への裁判所による支持、自由で独立したプレスの重要性に関わる公衆の態度、そして、協力的で、互恵的で、互いに敬意をもったプレスと政府の公職者との関係などが含まれる[41]。しかしながら、研究者が説明するように、近年はこれらのプレスを支える「支柱」が深刻に弱められ、侵食されてきている[42]。

新聞やその他のメディアは、購読料の低下や、その他の経済的・市場的な圧力によって打撃を被ってきた。一般的な経済的衰退は、国内外を問わず、ニュースの収集に影響を与えてきた。情報源の不足は、取材とニュースコンテンツの性質や特性に影響を与えてきている。裁判所において、このような衰退は名誉毀損やその他の主張に対して抗弁するためのプレスの能力すら制限してきた。

研究者が説明してきたように、プレスの権利に対する裁判所の支持も減少してきた[43]。その歴史の早い段階では、裁判所は恒常的に自由で平等なプレスがアメリカの民主主義に果たす重要性を謳ってきた。裁判所はメディアの編集その他の決定を尊重する方向に傾いていた。けれども、司法による組織メディアへの支持と敬譲が減少してきたことを示す実質的な証拠が、いまや存在する。

既述のように、ここ数十年のあいだに、連邦最高裁は極めてわずかな「プレス」に関わる事案しか審査の対象として受け入れてきていない[44]。一方、下級裁判所においては、判事たちはプライバシーやその他のプレスに関わる事例においてジャーナリスティックな判断に依拠する可能性は極めて低い。これらの事案は、しばしば、素材が「ニュース価値」をもつと考えられうるか、という修正一条によって保護される出版物か否かに大きな影響を与える決定を刺激するものである[45]。近年、データが示すところによれば、以前の時代と比較して、組織メディアは高い確率で名誉毀損訴訟に敗れてきており、コストも高くなっている。すでに議論したように、連邦最高裁は、長いあいだプレス条項を自由な言論条項と一体化させており、明示的あるいは特別なプレスの権利を認めることを拒絶してきた。連邦最高裁のプレスについての発言は、プレスの自由が問題となった判決に関わるものであれ、公的なイベントにおける判事によるものであれ、極めて積極的であったものが、はるかに懐疑的な方向に向かってしまってきている[46]。

組織プレスへの公的な支援は、いまや史上最低である[47]。自由なプレスを研究するロンネル・ジョンズとソーニャ・ウェスト両教授は次のように説明してきた。「一九七〇年代においては、三分の二以上のアメリカ人が、マスメディアに直接的にも、また理性的にも信頼感をもっていると報告されていた」[48]。この数はそれ以来、徐々に減少してきた。ジョンズとウェストは次のようにいう。「トランプ政権の初期に、プレスの信頼は、世論調査が始まって以来最低にまで落ち込んだ」[49]。実際、組織プレスへのポジティブな意見は、近年、歴史的な低さを誇るトランプ大統領への肯定的な意見すら下回るレベルで落ち着いている。その他の法的な状況と同様に、この現象には多くの理由がある。そのいくつかは、メディア自身の行為や報道に関係するものであり、深刻な批判に服するものである。別の理由として、数十年にわたり形成されてきた——そして最も最近のものとしてトランプ大統領によるものも含む——メディアに対する公衆の信頼を貶めようとするキャンペーンの産物がある。ジョンズとウェストが結論づけたように、「かつては強固なものだった、プレスの自由を長く維持してきた公衆の支持という支柱は、いまや少数派に転落してしまった」[50]。

最後に、ジョンズとウェストも述べるように、組織プレスと政府の公職者のあいだの関係として特徴的であった、相互的な信頼と共生もまた、実質的に侵食されてきている[51]。トランプ大統領のツイッターの使用によってはっきりとしたように、公職者は、彼らがかつてメッセージの伝達のためにそうしていたほどには、プレスをもはや必要としていない。関連して、組織プレスは、情報と事件へのアクセスのために公職者に依存していたのだが、いまや、アクセスのため、さらに相手次第の主張しかできない。今日、アメリカ人は主要なメディア発信者から受け取っている情報やニュースはますます少なくなっている。このことは、メディアの位置づけをさらに脆弱なものとしてきた。

憲法上、法律上、そして法的でない点においても、組織メディアは、そのメンバーも含めた多くのアメリカ人が認識しているよりも、我々の立憲的民主政体の一部分として、もろく、不確かである。プレス条項は組織プレスに特別な権利を付与していない。言論の自由条項は、特別なメディアの権利を代わりに受け入れてくれるものではない。組織プレスが機能する法的、法的ではない環境は、メディアの権利、決定、機能に対していよいよ敵対的である。これらの傾向が証明するように、我々が将来的に自由で独立したプレスを常に保持できているのか、確固とした保障はどこにもない。これらの悲観的なプレスの現実はすべて、トランプ政権とその時代より以前のものである。けれども、トランプ大統領のメディアの機能と規範を攻撃しようという執着は、組織プレスのもろさを悪化させる懸念を孕む。トランプ時代に我々はメディアの憲法的、法的、そして非法的な環境が著しく改善するところを目にする可能性はほとんどないだろう。実際、物事は悪い方向へと向かいそうだ。一つの懸念は、トランプ時代が組織プレスの背景を破壊するアリの一穴になりそうであることである。いま一度、ジョンズとウェストの言葉をみてみると、「広く信じられていることとは対照的に、我々の懸念は、トランプが自由なプレスの力を刈り取っていく最初のステップを踏むであろうということではなく、むしろ反対に、長く進行してきたプロセスの最後の一歩を彼が踏み出す、ということである」(52)。

必要だが不完全なプレス

アメリカの歴史が示すところによると、自由で独立したプレスは民主主義が機能するために必要不可欠なものである。けれども、トランプ時代に、この教訓が党派的な憎悪と文化的分断によって失われるかもしれない、という危機が生じている。一方の「サイド」はプレスを「人民の敵」とみなしているように思われ、もう一方の「サイド」は、プレスは、トランプ大統領が頻繁に示唆するような非難の対象ではないとみなしている。真実は大抵、その二つのサイドのあいだに位置している。制度としてのプレスは自己統治、異論、民主主義のために必要なものだ。けれども、他の民主的制度と同様、プレスにも重大な欠陥がある。

少なくともアメリカ革命以来、プレスの自由はいくつかの基本的な民主的機能と結び付いてきた。組織プレスが固有に批判を受ける時代に突入したのであれば、これらに立ち戻ることが適切である。関連して、我々は、欠陥があるにもかかわらず、自由で独立したプレスを維持するために闘わねばならない理由を考えなければならない。一つ例を挙げれば、我々は憲法上の権利を、それが完全に、あるいは責任をもって行使される場合に限って保護するわけではない。例えば、言論の自由を考えてみてほしい。組織プレスの場合も同様であり、プレスの行き過ぎや偏向は、だからといってそれが中核的な民主的制度であるプレスを根絶する理由として用いられるべきではない。

すでに議論したように、ある時期の連邦最高裁は、プレスに対して特別な権利を認めなかったものの、自由で独立したプレスの価値を頻繁に称揚していた。ここでは自由なプレスの民主主義とその他の機能に関する連邦最高裁の言明をいくつか挙げておこう。

- 「『誰からも拘束を受けないプレスは重要な公の情報源であり』……情報を享受した大衆は、機能する民主主義にとって本質である」(53)
- 「各個人が、政府の活動を直接に監視するために限られた時間と、情報源しか有しない社会では、その人は、必然的に、政府の活動に関わる事実を便利な形で提供してくれるプレスに依拠することとなる」(54)
- 「プレスが提供する情報がなければ、我々のほとんどと我々の代表者の多くは、考えて投票することも、政府の運営についての意見を示すこともできない」(55)
- プレスは「政府の問題に対して公共の関心を喚起するための強力な触媒」(56)であり、「公共の問題に関わる議論において重要な役割を果たすため」に憲法によって「特別に選ばれた」団体である(57)。
- 自由なプレスは「政府の権力の濫用をチェックする独自の役割を果たす」(58)
- プレスは「しばしば政府に対する重要な制約として役立つだろう」(59)
- 「プレスは、政府職員による権力濫用に対する強力な解毒剤として、また、選挙で選ばれた公務員すべての人々に対して責任者によって選出された職員を維持するために憲法上選ばれた手段として役立つように設計された」(60)

・「プレスは、あらゆる種類の公人についてそのメリットと度量を検討する際に、自由を行使する」(61)

これらの言説の多くが、ロンネル・ジョンズがプレスの「全盛期」と指摘する時期に行われた(62)。その際、連邦最高裁は、自由で独立したプレスを、教育的機能、対話の促進機能、チェック機能といった、民主主義が良好に機能するために重要な事項と結び付けている。したがって、組織プレスは、重要な情報を収集し流布することで、公共の関心事について大衆に知らせることを助ける。そのことで、そのような問題に関わる議論を喚起し、促進する。スチュワート判事が「第四階級」と呼んだように、プレスは政府の権力濫用をチェックする。プレスは、選挙で選ばれた役人による不正行為、腐敗、およびその他の種類の職権濫用や不正行為を明らかにするのである。

これらプレスの機能はすべて、アメリカの民主主義や、関連する様々な修正一条の機能、とりわけ、市民の自己統治の促進、真理の追求、有効な異論などにとって、極めて重要である。これらの機能を果たすために、プレスは、編集上の判断に介入しようとする政府の試みから自由でなければならない。プレスは、ホワイトハウスのブリーフィングや刑事裁判のような、国民一般が民主的制度とプロセスについて理解するための情報を提供する公的な出来事に参加できなければならない。そしておそらく、最も重要なのは、プレスは政府の役人の行為についての情報を公表するために、幅広い範囲で自由でなければならない。このことは、政府が秘密にしておきたい情報について公表する権利を、当然に含まなければならない。プレスは政府の堕落、戦争における行為や不行跡、さらには公務員による犯罪的な悪事を暴露することで、自己統治、異論、民主的変革を推進してきた(63)。今後の展開の仕方によっては、アサンジの起訴は政府権力の濫用への基本的なチェック機能を侵害するかもしれない。プレスの出版する権利を保護するということについて、議論の余地がないわけではない。プレスは時に危険な組織としてみられ、扱われた。とりわけ、そうした時期に限られるわけではないが、特に出版が国家の統合を乱すような異論を伝えていた戦争や国家的な対立の時期に、この傾向が顕著であった。さらに、組織プレスは長いあいだ、極めて侵略的で攻撃的とみなされてきたテーマに関わる活動に従事してきた。トランプ時代において、これらの感情は最高潮に達し、大統領はアメリカの人民(そして世界中の人々)に対して、プレスが「いんちき」、「フェイク」、「人々の敵」であると述べることによって、プレスへの攻撃を先導した。これらのレッテル貼りは、大統領が認めていない報道や、大統領へのへつらい方が不十分である報道に対してなされる。

プレスへの信頼やその権力が濫用されようとも、組織プレスはまた、民主主義に不可欠な機能を持つために、一定の自由裁量が与えられてきた。連邦最高裁がニューヨーク・タイムズ対サリヴァン判決で述べたように、「修正一条の中心的な意味」とは、政府は、たとえ批判が鋭いもので、公務員の評判に対して悪影響を与えるようなものだった場合ですら、いや、むしろその場合こそ特に、権力をもつ人々への批判を封じ込めることはできないということである。連邦最高裁が示すところによれば、「ある程度の濫用は、すべてのあらゆるものの適切な使用と不可分であり、いかなる場合であっても、このことはプレスについても同様である」[64]。連邦最高裁はプレスの役割が極めて重要なものであると特徴づけており、したがって、プレスがときに稚拙な判断をしたり、「センセーショナリズム」に頼ったりしたとしても、「プレスはフリーハンドをもつことを求められる」[65]。

プレスの自由の費用対効果に関わる現実主義は、修正一条の伝統に長く立脚された特質である。修正一条の起草者であるジェイムズ・マディソンは、自由なプレスの立場から積極的に煽動罪法に反対した。けれども、彼はプレスの度を越した行為や濫用――それらの多くはすでに明白なものとなっていた――について目をつぶったわけではない。したがって、マディソンは次のように説明する。

「アメリカ合衆国の慣行では、有害な枝のいくつかを刈り込むことで良い果実を傷つけてしまうより、果実の豊かな成長に任せる方が良いとされている。そして、こういった政策の賢明さは、次のような人たちから疑問を呈されることはないのではなかろうか。すなわち、世界が理性と人間性によって得た、誤りと抑圧に対する勝利すべての恩恵を、ときに濫用がなされるプレスのみによるものだと考える人たち、あるいは自由で独立した国家としての地位を導き、彼らの政治システムを適切な形で改善するように導いた、合衆国が持つ多くの希望の光の源泉としてプレスのみを想定するような人たちである」[66]。

連邦最高裁の判決は、不完全かもしれないが、強力なプレスを維持することの重要性に関わるマディソンの熟考を反映してきた。例えば、一九三一年のニア対ミネソタ州判決[67]では、連邦最高裁は中傷的であると申し立てられた新聞・出版物に事前差止めを課す州法を無効とした。現在でも通用するような言葉で、判決は次のように述べる。

公人に対する無謀な攻撃、および公的な義務を果たすために忠実に努力している人々に偏見をもたらすための努力は、ひどい影響を及ぼすもので、世論で最も厳しい非難を受けるに値するものであるけれども、このような濫用は、我々の制度が形成された時期の特徴とされる濫用よりも程度が大きいものとはいえない。その間に、政府の行政機構はより複雑なものとなり、不正行為と汚職の機会は倍増し、犯罪は最も深刻な割合にまで成長し、不誠実な役人によって保護される散財や、生命や財産に対する根本的な安全保障に対して、犯罪集団や公務員の怠慢によって生じる危険性は、特に大都市において、警戒心と勇気あるプレスが真っ先に必要であることを強調している。(68)

特に、現在のプレスへの攻撃と照らし合わせると、マディソンや連邦最高裁が述べたことについては、詳細に引用し、注意深く検討する価値がある。一世紀以上前に書かれたことではあるけれども、これらの言明は、プレスの過剰、濫用、偏見があったとしてもなお、自由で独立したプレスは民主主義の実験にとって極めて重要であり続けるという中核となる前提と結び付く。マディソンや連邦最高裁は、プレスが公務員を粘り強く追及することによって重大なコストが生じることを率直に認めていた。彼らは、公務員を調査、報道し、そして究極的には公務員の信用を失わせその座から追放することを手助けさえしてしまうプレスという制度の固有の欠陥を無視したわけではない。マディソンや連邦最高裁は、(実際の、または可能性のある)偏見や、誤った報道、その他の濫用が政府の政治部門による誤りや濫用と同様に、「第四階級」においても自然に生ずるものであることを知っていた。けれども、言論の自由を含めた他の権利と同様に、プレスはそれが堅実に行使された場合に限って保護されるものではない。

もちろんプレスは、その結果も顧みず望むものを何でも出版する自由を有するというわけでは、決してない。マディソンは煽動罪法——これはプレスや政府への批判者に刑事罰を科す法律であるが——に対して反応していた。ニア判決は、公職者への批判を抑圧する手段として、事前抑制という「原罪」を含むものであり、事前抑制は長いあいだ、違憲であろうと考えられてきたものである。議論したように、煽動罪法が初めて正式に葬られるのは一九六〇年代を待たねばならない。その時期以前に、プレスは、事実誤認の記事やその他の攻撃的な出版物とされるものについて一般的に責任を負っていた。

時間の経過とともに、自由で独立したプレスによる利益を踏まえて、特に公務員の活動に関わる報道、出版、言論についてより多くの自由を認めるように、修正一条の自由なプレスと言論の法理が変化した。今日、これらの法理は、意図的でない誤り（すなわち、「現実の悪意」なしに公にされたもの）や政府に関する鋭く批判的な意見の公開、特定の機密ないし秘密情報の流布について、とりわけ配慮する。アダムス大統領ですら——彼は煽動罪法を批判者の処罰のために用いたのだが——ひとたび職を離れると心変わりした。アダムス大統領とトマス・ジェファソン——ジェファソンはアダムスが大統領だった際はプレスに対する鋭い批判者であったのだが——は最終的には自由で独立したプレスを維持する必要があるとする立場に回った(69)。実際、ジェファソンは自由で独立したプレスを「人の心を啓蒙し、その人を合理的・道徳的・社会的存在として向上させるための最もすぐれた道具」であるとして支持している(70)。

現代に話を進めると、大統領が頻繁に、自分自身や行政機関についてのプレスの報道について不満を述べている時代である。「我々は公平さを望んでいる」とトランプ大統領はのたまう。「銀行口座にお金が振り込まれたときのような笑顔で、間違ったことや故意の間違ったことをいってはならない。我々はみているぞ、そして、私が思うにアメリカの人々がみたいと望んでいるのは公平性なのだ」。名誉毀損法は州によって制定されており、したがって連邦政府は実際に「名誉毀損法を拡大」するとか、さもなくば（憲法の改正や連邦最高裁の先例の一般的な見直しなど以外の方法で）それを変えることはできない。けれども、プレスの自由は、特定の事例における連邦最高裁の修正一条解釈の変更や、プレスへの保護を提供する法律の廃止によって変更されうる。プレスは、公権力の反応をおそれるあまり、政府と公務員について報道する際に、「公平」な記事にするため、風向きを読んでその帆を調整すらするだろう。

すでに記したように、自由で独立したプレスを維持するコストは現実のもので、かつ重大なものである。ニューヨーク・タイムズ対サリヴァン判決では、公務員に関する事実についての虚偽の表明の公表であっても、出版者が虚偽であることを知っていた、または真実かどうかをまったく気にかけずに、無謀にも無視した場合を除いて、保護することを明らかにした。この判決で連邦最高裁が最終的に定立した名誉毀損の原則は、批判の的となってきた。トランプ大統領が「公平性」と呼ぶものを問題とするはるか以前から、研究者は「現実の悪意」基準は公務員が被る名誉への被害を保護するのに不十分であり、この基準は自由で独立したプレスの保護のために必要ないとする批判を行ってきた(71)。批判者はまた、名誉毀損の基準によって、有能な候補者予備軍が政治のアリーナに参入することを思いとどまらせてしまうと懸念する。

同時に、別の論者は名誉毀損の基準が——特に組織メディアに関して——被告の権利を保護するために十分であるとはいいがたいと主張する[72]。一部の論者は、これらの基準のもとで、プレスが高価で、おそらく法外な額の訴訟に服さしめるのはいまだに十分容易であると主張する。先に述べたように、プレスが被告となった場合、現在では以前の時代よりも名誉毀損訴訟で敗訴する割合が高く、場合によっては経済的な理由から自らを弁護することができないこともあるようである。

修正一条の名誉毀損の基準についての費用対効果を議論するということは、健全で意義のある民主的な行為である。トランプ大統領が「公正」について主張しはじめる以前に提起されていたのは、特定の種類の損害の回復を容易にし、撤回や謝罪などの名誉毀損に対する別の救済手段を採用することなどである。これらの提案は政府や政府の役人についての批判的意見を安易に黙らせることや、プレスに数百万ドルの賠償金を支払わせることを容易にすることを意図するものでもなかった。むしろ、それらの提案はプレスが政府の運営や政策、個人について事実を報道する際に生じる利益の均衡を見積ろうとする真剣な努力の賜物であった。

強力なプレス、それは政府へのチェックという機能を果たすものなのであるけれども、強力なプレス自体がある程度のチェックを受けるに値するという主張には、考慮する価値があろう。先の議論からみえるのは、プレスは大統領たちが人々に信じさせているほど、強力なものではない。しかし、全体的な脆弱性にもかかわらず、組織プレスは政治的および文化的に相当な力と影響力を保っている。現在のニュース環境では、プレスは、日ごとあるいは「ニュースサイクル」というよりむしろ、秒単位で発生する出来事について報道しようと試みているため、必然的に多くの間違いを犯すようになる。

したがって、分断されたデジタルメディアの状況でのニュース報道の幅広い方向性についてはもちろん、これらの間違いを予測し考慮に入れることが賢明である。

これらの問題を考慮に入れるということは、正直かつ有益なやり方でそれらを形成することが求められるということである。大統領の「不公正」という主張は二つの重要な面で、従来の議論とは異なる。第一に、トランプ大統領の「不公正」さは、彼自身や政府について批判的な意見への一般的な抑圧を目的とするものであり、その目的はより狭い領域での不注意や、事実を意図的に誤った報道を主たる対象とするものではないということである。第二に、大統領は組織メディアの行き過ぎや誤りを、名誉毀損の基準を「広げる」ために用いるのではなく、むしろプレス制度もろとも破壊する理由として使っているように思われる。

トランプ大統領はプレスを、「戦争」のさなかにいる彼とアメリカ人民の「敵」であるとみなしている。彼は、プレスの自由と独立に関わるコストのみをみている。大統領がいう「公正」さに関わる不満——そこには彼が批判者たちに対して用いてきた脅迫や報復も含まれるのだが——についての言葉や文脈が示唆しているのは、トランプ大統領自身や彼の政権をより好意的な認識で描くように強制するルールの変更を行おうとしているということである。このような見地からすれば、「公正さ」は、異論を述べる人たちの自由と独立を弱め、侵害するための幅広いアジェンダの一部である。

トランプ大統領は彼が望むもの、特に修正一条上の名誉毀損の基準について、注意深く取り扱うべきである。前述のように、プレスに適用される基準は、個人の話し手にも同様に適用され、当然、政府の役人にも適用される。大統領は間違いなくこのことを十分に知っている、なぜなら、彼はいくつかの名誉毀損訴訟の被告となってきたし、いま現在も被告であるのだから。私人たる市民、有名人、公務員に対して公にコメントを出すことを好むことからすれば、ほとんどのアメリカ人よりも、大統領の方が現在の修正一条の基準による利益のうえに立脚している。

もちろん、個人的な責任や動機が名誉毀損の基準やその他プレスへの制限の検討を左右するべきではない。このような欠点や欠陥にもかかわらず、組織プレスは抑圧的な政府のあり方に対して重要な防波堤となりうる。プレスの自由へのリアリズムや、報道への健全な懐疑は、民主的自己統治の本質的な要素である。けれども、マディソン、アダムス、ジェファソンその他がはるか昔に気がついたように、自由で独立したプレスがなければ民主主義それ自体が生き残ることはかなわない。

修正一条の「中心的意味」

連邦最高裁は修正一条の言論およびプレスの自由が保障する「中心的意味」は、市民は自由にコミュニケーションを行い、政府に関わる事実と意見を自由に受け取ることができなければならない、ということであると説明してきた。トランプ時代は、この中心的な修正一条の関心事、とりわけ組織プレスに関わる関心事へのいくつかの注目すべき難題を引き起こしている。すでに議論したように、これらの難題は政府や公務員の言説や政策からではなく、むしろ市場原理、裁判官の態度の変化、プレスへの公的な支援の減少、人々が公共の関心事についてのニュースと関わる作法からもたらされたものである。

教育的ないしその他の民主的な機能を提供するためには、プレスは自由で独立していなければならない。それはすなわち、公共の関心事について自由に報道し、プレスを取り込んだり検閲したりするだろう政府の役人から自由でなければならないということだ。意義ある自己統治というものは、このような自由な情報の流通に依拠するところが大きい。公共の関心事についての正直かつ積極的な報道は、公衆の情報共有を促進するものであり、そのことは政府への同意、異論の双方にとって重要なものである。

より称賛に値する、またはやる気のないプレスを維持しようとする目的のために、既存の修正一条の名誉毀損のルールを撤廃することは、民主的制度としてのプレスを根絶する第一歩だ。ダグラス判事がかつて述べたように、「修正一条の主たる目的は、都合の悪い情報を抑圧するために行われる政府の幅広い活動を禁止することであった」[73]。

より広く、トランプ大統領のいうプレスに対する自称「戦争」は、自由で独立したプレスの存在に対して、実際の脅威を引き起こしている。彼が提案する放送免許の取消し、メディアオーナーに対する郵便料金の値上げ、合法的に獲得した真実の情報を公表したことを理由とするプレスへの罰則、その他すべての報復的な手段は、すべて極めて深刻な修正一条の懸念を提起する。それらが公務員の報復的な行為というよりむしろ、メディアの自己検閲を生み出すことを意図していたとした場合でさえ、我々はこの萎縮効果について懸念すべきである。

最近のある論争は、現在生じている課題の性質を明らかにした。記者との丁々発止や批判さえ、長いあいだプレスと大統領の通常のやり取りの一部であった。しかし、ジャーナリストやメディア各社をその報道を理由として処罰するために執政権を用いるのは、普通ではない[*7]。CNNの記者が大統領記者会見の場のそこかしこでトランプ大統領と緊張関係に陥ったあとで、報道官がCNNの記者に発行した「ハード・パス」[*8]を取り消した際には、プレスの自由についてのまた別の規範が破られた。トランプ大統領は裁判所で、おそらくいくつかの理由によって、どの記者を指名するについての完全な自由裁量を有していると主張した。

既知のように、プレスは記者会見へのアクセスや記者証を受け取る権利を保障されているわけではない。けれども、ひとたびアクセスが提供されれば、プレスへの証明書を取り上げたり、ネガティブな報道や質問の内容に基づいて排除したりすることは、修正一条のプレスと言論の権利に関わる(74)。私が「関わる」というのは、この行為が修正一条を侵害するかどうかに関してわずかの判例法理しかないためである。先例の欠如はそれ自体、起こされた行動の異常な性質の証明となる。この事例や他の同様の事例が修正一条を侵害するか否かにかかわらず、そのような行動は政府の役人にアクセスし、質問をすることと関わる長く定立された規範を断ち切るものである。それらはまた、「敬意に欠ける」、ないし政府の役人に対して批判的な質問をする記者やプレスは、職務に対する報復を導くであろうという、公的な警告として機能する。

もちろん、先述のように、歴代の大統領は長くパンフレットや新聞、その他のメディアと緊張関係

＊7 〈シールド法：記者の取材源秘匿や証言拒否のための特権を認める法律をシールド法と呼ぶ。アメリカでは、州レベルでのシールド法が多く制定されている。〉

＊8 〈ハード・パス：ホワイトハウスの記者証の別称。〉

にあり続けてきた。ジョージ・ワシントンはプレスを「恥ずべき三文文士」と特徴づけた。トマス・ジェファソンは在任中の私信のなかで、「いまや、新聞の中身の何も信じられない」と書いている。ジェファソンは、「真実それ自体が、その薄汚れた媒介物に掲載されたことによって疑わしいものとなってしまうのだ」と不満を述べる。[75] すでに議論したように、第一回議会は政府への批判者を刑事訴追することを承認し、多くの出版者がその結果として投獄された。アダムズからニクソンまでの大統領は、私的な会話や私信のなかでプレスについて多くの陰口を叩いてきた。オバマ大統領の行政機関もまた、鋭い批判にさらされたが、それは特に、機密情報源の出所を明らかにするために記者に発行された召喚状と関連してのことである。

歴史を学ぶ者は、ことは実際のところ、より悪かったというかもしれない。煽動罪法のもとでは、出版物の発行人は批判的な報道を行ったために実際に投獄された。けれども、その時代は現代の自由な報道と自由な言論の原理にとっての適切なベンチマークとはならない。実際のところ、その時代というのは、連邦最高裁が修正一条の「中心的な意味」について説明するための原動力であったのだ。

いくつかの理由によって、現代のプレスに対する「戦争」は歴史的に独自性をもつ。トランプ大統領によるメディアの信用を失わせようとする公然とした、辛辣でかつ間断のない平時のキャンペーンは、歴史上、例がない。先述のように、いかなる大統領も、トランプ大統領がいくつかの状況で行ったように、プレスについて「アメリカ人民の敵」として公的に言及したことはなかった。このことは、ニュース報道を批判したり、プロのちょっとした間違いとされるものを批判したりする、ということを超える。このことが示すのは、組織プレスが単に信用する価値がないというだけではなく、違法で非愛国的な、合衆国とその人民の利益に反する悪の組織であるということである。同様に、大統領による記者やジャーナリスト個人に対する公的な論難は、組織プレスのメンバーが個人として標的となり、彼らに批判が集中したり、身体的に危険にさらされさえするかもしれないことを示している。

加えて、トランプ大統領が遂行する「戦争」は、単にプレスに対するものであるというのみならず、事実と真実それ自体に対するものである。トランプ大統領がそう理解するように、「フェイクニュース」はでっち挙げられたものではなく、むしろ政権自身が示す物語と一致しない、いかなるニュースもフェイクニュースとなる。この〈プレスとの〉「戦争」においては、我々が自身の目ですべてをみることができるような物事すら破壊しようと、「オルタナ・ファクト」が対抗策として用いられる。トランプ大統領がかつて結集した聴衆に対して述べたように、「あなたが見て、あなたが読んでいることは、実際に起こっていることとは限らない」のである。

プレスの維持

メディアに対する「戦争」と、「真実」それ自体に対する広範な争いは、それ自体、プレスや公共の討議に対する深刻な脅威である。この「戦争」に従事し、闘うことは、プレスを維持にとって重大事となるであろう。

けれども、我々はまた、メディアにも現在置かれた苦境についての責任の一端があることを認識する必要がある。組織メディアの信頼を損なおうとするトランプ大統領の戦略には、少なからず皮肉なものである。メディアという制度は間違いなく、選挙運動と、いまや行政機関に膨大な量の無料の伝達手段を与えることで、トランプ現象を作り上げるために重要な役割を果たした。新たな機能不全を起こしている共存関係が表れた。すなわち、メディア視聴者と読者を引き付けるためのコンテンツ作成においてトランプに依存し、トランプ大統領は同時に、政治的利益のためにプレスに対する彼の「戦争」を遂行する。

したがって、トランプ時代におけるプレスの「戦争」に対してメディアがどのように反応するのかということは、メディア自身の将来を決定する手助けとなるだろう。このことは、メディアの修正一条のもとの権利を守るというだけではなく、公衆からの信頼をも守らなくてはならないということだ。真実に対する「戦争」は、各党派がニュースや情報を集めるためにお気に入りのメディアのみをみて、その他すべての情報源に不信感を抱くようなメディア状況を促進してきた。このことは、自由で独立したプレスが次に進めなければならないある種の理性的な議論を不可能にしている。議論に加わる人たちは、移民、安全保障、医療などに関わる政策に関連する基底的な事実にさえ同意するができない。メディアが、平等でない事柄や立場を不誠実に同一視をしたり、報道の「バランス」をとるために嘘をついたり、公共の関心事に関連するニュースを排除してトランプ大統領のツイートを息せき切って解説するのなら、民主的な言説には役立たない。

このような行為から自由になるのは困難かもしれない。市場や経済的な関心は、ある程度報道を規定し続けるだろう。メディア状況は分断されたままとなる可能性が高い。けれども、批判や真実の追求を抑圧する過去の試みは、我々に重要な教訓を残してくれている。例えば、歴史家は煽動罪法による訴追に直面した際ですら、政府の不行跡や誤った行為についての報道は、「衰えないどころか、一層強まった」のである[76]。我々の植民地時代の先祖のように、近代のメディアは批判を沈黙させようとする政府の要求に屈服したり、オフィシャルな物語に一致させるために調査報道を控えたりするべきではないだろう。プレスのチェック機能を実行した咎による記者に対して報復しようとしたり、自由な報道の概念を弱体化させようとしたりする試みは、押し戻さなければならない。

反撃は重要なことだが、それだけでは十分ではないだろう。世論調査が示すように、メディアの信頼性に対する長い「戦争」、これはトランプ政権のはるか以前から始まり、現在に至って最高潮に達したものであるけれども、この「戦争」はメディアの信頼と評判という点からすると実質的な犠牲を強いてきた。組織メディアは政府の役人についての批判的な報道や絶え間ないファクト・チェック以上のことをしなければならないだろう。もし現在の財政、技術、その他の問題のなかで生き残りたいのなら、組織プレスはより弾力的・創造的である必要があるだろう[77]。サウンド・バイトな報道、ツイートの読解、スキャンダルの喧伝では、メディアに対する国民の信頼を取り戻すことはできない。

ここ数年で証明されたように、トランプ大統領が出すすべての公的な声明に恒常的に反応することは、致命的な罠といえよう。そうすることで、ツイッターのタイムラインから外れた問題や懸念を覆い隠してしまう。それらの問題や懸念は現実の人々と実際の生活に影響を与えるものだ。さらに、統治のあり方をエンターテイメントとしてしまうメディアの扱い方は、自分たちの政府が実際にどのように機能しているかについてますます知ることができなくなる大衆にとっての利益となってこなかった。教育者として、議論の先導者として、メディアは党派的な意図で真実を切り取ることへの、潜在的な解毒剤を提供しうるニュースや情報の市場を発展、育成しなければならない。この種の報道のための市場はあるし、いくつかのメディア企業はすでに解毒剤を提供している。しかしながら、これは到底十分とはいえない。そのような努力をしなければ、より多くのアメリカ人は、自由なプレスをもつためのコストは社会的・政治的な利益に見合わないという結論を出すようになるかもしれない。

歴史もまた、組織プレスが自分自身を守ったり、単独で生き残ったりすることはできないだろうということを示している。自由で独立したメディアを維持するためには、多くのステイクホルダーが存在する。立法者、彼らはプレス条項の本当の意味と現代のプレスのもろさについて教育される必要があるのだが、彼らにも演じる役割がある。立法者はプレスが機能するための法的保護を制定し、維持することができる。そのなかには、記者が情報源の秘匿を保護する法律も含まれる。政府とプレスのダイナミクスの変化にもかかわらず、立法者はいまだに、彼らの実績についてのニュースを広め、公的な問題について有権者に情報提供するために、プレスに頼っている。自己利益と広い公共の利益は組織プレスに関わるより保護的な立法者のアジェンダにつながるはずだ。

裁判所もまた、組織プレスの民主的機能が明確化され、保護されるのなら（そのような保護が「特別」な権利を導かないとしても）、プレスの過剰ということはあるけれども、「全盛期」からの教訓に再び接するべきである。もし連邦最高裁がより「組織的な」プレス条項の概念を採用したり、「特別」なプレスの権利を認めることがなかったとしても、ニュース取材のようなプレスに関連する権利についての判決は、自由で独立したプレスの維持の助けとなりうる。連邦最高裁はまた、プレスの自由と関連する民主的利益を認め、明確にしてきたその伝統に回帰することもできる。連邦最高裁の判決や公表する意見において、判事が自由なプレスの伝統と機能について大衆に教育できる。

自由で独立したプレスの運命について、最も多くを得る、あるいは、失うのは、人民自身である。活動家は、政府の透明性と、政府に関する情報の自由で開かれた流布を促進する他の原理にコミットし続けるだろう。けれども、より広い意味で、人々は自由で独立したプレスを維持するために大きな責任を負っている。

あまりにも長いあいだ、我々はニュースの消費に関して、党派的欲求の餌食になることを許してきた。一部の人々は、彼らが受け取るニュースやその情報源について怠惰であるために懐疑的ではなくなってしまった。別の人は、「ニュース」として提示されるものに懐疑的になりすぎて、自分自身の偏見と調和しないニュースのほとんどを誤ったもの、あるいは「フェイク」とみなすようになった。さらに別の人は、好意的な情報発信源や評論家、公務員に信頼の決定を実質的に丸投げし、「フェイク」と「本物」を効果的に決定できるようにしている。

多くのアメリカ人が、組織メディアについて信用し、ポジティブに感じていた時代に時計の針を戻すことは不可能であろう。けれども、修正一条の言論とプレスに関わる法理が自己統治の本質と一致する重要な側面がある。すでに議論したように、修正一条はすべての個人に対して、情報を収集し、流布し、消費する権利を保護している。これらの権利は人民に帰属し、人民によって行使される必要がある。

我々はニュースをフィルタリングし、特徴づけるためのメディアを必要としているわけではない。けれども、我々は自己統治の選択をするうえで我々が必要としている情報の提供を手助けするメディアを必要としている。我々の市民としての責任は、第一に情報について敏感で批判的な消費者になり、次に、ニュースの情報源を批判的に分析し、事実を虚構と区別する方法を将来の世代に教えることである。要するに、修正一条の「中心的意味」を実現することは、単にプレスの仕事というだけではなく、我々の修正一条のもとの言論とプレスの伝統に仕える者として、我々全員が参加しなければならないプロジェクトである。

もしこの役割を果たせないのなら、その損害と帰結は深刻なものとなる可能性がある。近年の調査は、共和党支持者の四〇パーセント以上が、「悪しき振る舞いに従事したメディア企業を閉鎖するための権限を大統領に与えるべき」と考えていることを示している[78]。このようなことは、自由で独立したプレスとともにある確立した民主主義国家のリーダーのそれではなく、独裁者の行為であろう。それは、異論を抑圧しうる危険な権限を政府に与えることに他ならない。

個人の記者の利害もまた重要である。世界中で一年のうちに拘束されたり殺されたりしたジャーナリストの統計をとる支援団体であるジャーナリスト保護委員会によれば、二〇一八年には少なくとも四八名のジャーナリストが仕事中に殺害されている。多くの事例では、殺されたジャーナリストはプレスにとって中心的な役割である権力へのチェック機能を果たしている最中であった。サウジアラビアの当局は、ワシントン・ポスト紙へ寄稿した著名なサウジアラビアの批判者であるジャマル・カショギの殺害を企て、実行したとして非難されている。ブルガリア当局は調査記者であるビクトリア・マリノヴァへのレイプと殺人について調査している。二〇一七年一〇月には、マルタの調査ジャーナリストであるダフネ・カルアナ・ガリジアが自宅近くで自動車を爆破され殺された。彼女はいわゆる

「パナマ文書」に関わる仕事をしていた。この文書は著名な公職者たちのオフショア口座についての金融情報を明らかにしたものだ。

公権力の直接的な手によるものではないにせよ、記者たちはアメリカにおいても同様に、殺害の脅迫に直面している。ある男性は最近、ボストン・グローブ紙で働く記者たちのことを「人民の敵」と述べ、彼らを害すると脅迫したことで逮捕された。二〇一八年六月には、メリーランド州アナポリスのキャピタル・ガゼット紙で働く五人のジャーナリストが、キャピタル・ガゼット紙への不満をもつ男性によって銃撃された。これは、犯人がキャピタル・ガゼット紙に対して提起していた名誉毀損訴訟で敗訴したことから生じている。

これらの出来事が直接的にトランプ大統領の声明と結び付いているかどうかは、重要なことではない。明白な因果関係が存在するか否かにかかわらず、大統領の「敵」であるプレスに対する「戦争」という修辞は、「フェイク」ニュースの拡大が深刻化したことに対して責任を負う。これは、自由で独立したマスコミの民主的価値を認識している責任あるリーダーの言説ではない。それは、真実がたった一つの情報源、すなわち彼自身から発せられていることを人々に納得させるために、プレスという制度の信用を傷つけようとする権威主義的な意図による公的地位の悪用である。

プレスは問題を抱えている。それは、リーダーが公権力による検閲や殺人という手段をとらない民主的な国家にあってですら、である。右派ポピュリスト政党は、多くのEU諸国においてマスコミの信用を侵食しようと試みている。記者たちは、ブルガリア、スロバキア、ルーマニア、セルビア、モンテネグロなどにおいて、投獄されたり、政府による脅しを受けている。名目上は民主主義国家であるハンガリーの与党は、最近になって、「敵」たるジャーナリストのリストを公開した。プレスと言論の自由についての憲法上の保護が存在するにもかかわらず、ハンガリーの法的環境は、政権批判的な新聞と情報の自由な流布に対してますます敵対的となっている。

全世界において、メディアの合併、収益減、記者個人への攻撃、プレス機関に対する金銭的ないしその他の形での報復、「人民の敵」としてのレッテル貼りが、いまや自由で独立したプレスの存在そのものを脅かしている。我々は、これらの傾向が現在、プレスと真実をめぐりアメリカで行われている「戦争」とは何の関係もない、というそぶりをみせるべきではない。世界中が直視しているのである。歴史的に、憲法的に、そして制度的にみれば、アメリカはそのような脅威に抵抗するために、ほとんどの国よりもまだましな状況に置かれている。けれども、最近の国内外の出来事が明らかになっているように、アメリカ人は自由で独立したプレスを当然視することはできない。

一七八七年に建国者たちがフィラデルフィアで生み出したものは何だったのか、共和制か君主制か、という質問への答えとして、伝えられるところによれば、ベンジャミン・フランクリンは「共和制である……あなたたちがそれを維持しうるなら」と答えている(79)。共和制それ自体と同様に、自由で独立したプレスの存在も保障されたものではない。歴史が証明しているのは、片方が生き残りたいのなら、それはもう片方の運命と永久に結び付いているということだ。

第二章 煽動

共和政体の本質に注目すれば、検閲の権限とは人民が政府に対して有するものであり、政府が人民に対して有するものではないということが見出されよう(1)。

アメリカ史を通じて、ときの政権は「煽動」を抑圧しようと試みてきた。「煽動」は、次のように異なった定義がなされている。すなわち、一七九八年には政府および公職者への名誉毀損、第一次世界大戦時には暴動の煽動、二〇世紀の二度の赤狩り時代には「不忠」として。どのように定義されようとも、これら異なった概念はいずれも、政府や政府の政策に対する批判となる表現を抑圧する手段として用いられているという点で共通するものがある。

第一章で書いたように、連邦最高裁は一九六〇年代になって初めて「煽動的名誉毀損（seditious libel）」の罪が「修正一条の中心的意味」と根本的に相容れないとして、公式に退けた(2)。〈一方〉ジェイムズ・マディソンははるかに先んじてこの結論に辿り着いた。煽動罪の処罰を行う一七九八年の

「外国人及び煽動罪諸法」についての議論の文脈で、「検閲の権限」は人民に属するものであって、政府に属するものではないと述べたときのことである。

トランプ時代になって再び「検閲の権限」の所在と煽動に焦点が当たることになった。トランプ大統領は、政府や大統領自身に対する批判や否定的な見方をする表現は「煽動的」だと示唆している。事実、かつての時代と同じように、煽動に対する攻撃によって我々の政治的言説は集中砲火にさらされることになった。大統領の支持者たちは反対者を煽動、政府転覆、不忠、反逆の罪で有罪だと非難したのである。しかし、以前と違うのは、煽動が懸念される理由がもはや戦争の遂行や安全保障と関連していないということである。忠誠の主たる対象が合衆国や合衆国の理念ではなく、大統領その人になっているのである。

現代において、「煽動的名誉毀損」の罪を復活させる——政府公職者を批判する者を拘束したり処罰したりする——ことを主張する者はいない。しかし、トランプ大統領は政府を批判する者、例えば組織プレスの構成員、元政府職員、あるいはホワイトハウスのアドバイザーに対してすら、処罰や報復を示唆してきた。トランプ大統領は、あちらこちらに煽動が潜んでいると認識しているらしい。例えば風刺的なコメディ番組、グーグルの検索アルゴリズムである。いずれに対しても、トランプ大統領に不利な情報をばら撒いているという理由で「調査する」と主張している。これらは、〈いわゆる〉ニュースサイクルを回し、あるいは政治上の支持母体を活性化させるために言い放っている炎上言説のたぐいに過ぎないのかもしれない。しかしながら、こうした言説は、大統領が、連邦法のもとで授権された緊急時の権限やその他の権限を駆使して批判者を黙らせ、あるいはアルゴリズムによって提示されるネットの検索結果を変更することさえ行うのではないか、という兆候であるかもしれない[3]。

煽動に関する修正一条の教訓ははるか昔へと遡る。本章では、多少の分量を割いて歴史的記録を検討してみよう。とりわけ、煽動に関する記録も、政府批判者にとってしばしば悪い事態が発生したことを示すだろう。「煽動」的物品を世に送り出したという理由で投獄された人が数多くいた。いまではもう煽動罪法は存在しない。しかしながら、トランプ時代の修正一条にいま適用される歴史的教訓の一つは、「煽動」的コミュニケーションの抑圧は様々な形態をとっており、どの形態であっても異論と民主主義にとって深刻な危険を有するということである。新たな煽動は過去のものと同様に、政府の機能に関係する報道や批評（コメディや風刺的なものでさえ）を脅かして萎縮させるものである。もう一方の教訓とは、異論の権利を確保するために、常に人民や民主政治の諸機関を当てにできるとは限らないということである。トランプ時代によって我々が想起するのは、自由で独立したプレスと同様に、異論の権利は保証されているものではなく、警戒と不断の行動主義によって勝ち取らなければならないということである。

トランプ時代における煽動、政府転覆、不忠

これからみていくように、複数の過去の政権下においては、煽動と不忠は、文字通りの刑事処罰の対象とされていた。合衆国では煽動罪を処罰する法律が二つ制定され施行されている。一つは一七九

八年の、もう一つは一九一八年のものである。特に戦争や国際紛争の時代には、批判と異論を抑圧するために、それ以外にも多くの手段がとられた。

公衆の批判や異論表現を制限・管理するためのより直接的でない立法は数多く存在する。例えば、政府は異論者を疎外するために公共空間を規制したり、管理してきた[4]。公職者へのアクセスを厳しく制限することにより、空間的規制・戦術が、異論者の見解を広める機会を減らすことができる。修正一条の研究者ロナルド・クロトジンスキーは、公職者へのアクセスを制限する試みを、「新たな煽動的名誉毀損」[5]と述べている。トランプ時代の制限がそのような性質をもっていることについては、第四章で公共空間における言論の制限について検討する際に議論しよう。本章では、一般的に、煽動を政府や公職者の批判であると定義し、主としてそのような表現を処罰したり萎縮させることに注目する。

現在は煽動罪法がないとはいえ、トランプ大統領は実際に複数の批判者を処罰している。例えば、前CIA長官ジョン・ブレナンのセキュリティ・クリアランスを取り消した――明らかにブレナンが大統領とその政策を批判したことへの報復のためである[6]。大統領は、他の政府公職者に対しても同じようにすると明言している。第一章で記したように、他にも連邦反トラスト法や税法を使ってアマゾンを処罰するぞと脅しているが、これはジェフ・ベゾスが政権と大統領に対して行った批判的発言による。これらの手法は、プレスの自由と政府を批判する自由な言論の権利にも影響を与える。

これからみていくように、「煽動」「不忠」への非難は、アメリカの政治的言説のなかにありふれているものである。少なくないトランプ支持者は、トランプ政権を批判する人々やメディアを、「煽動」的、あるいは「反逆」的とすら非難している。こうした主張は、政府や国益を脅かしたり、危うくするような行為や具体的活動についてではなく、大統領本人やその政策を批判する表現について、そういっているのである。トランプ大統領はこのような考え方を公然と助長している。例えば、第一章で議論したように、大統領は頻繁にメディアのことを「アメリカ国民の敵」と言及している。このようなやり方で、大統領は公的な批判を煽動、政府転覆、不忠と（誤って）同一視することを助長しているのである。

言論の自由と自己統治にとっての顕著な害悪に加えて、批判者を「敵」とすることには身体的なリスクがある。トランプ大統領に対する批判的な報道を根拠として、ボストン・グローブ紙の記者らを「煽動」をしている、「国民の敵」である、などと非難し、最終的には記者らを繰り返し脅迫した男が逮捕されている。

煽動罪と非難されるのはメディアだけではない。〈政権の〉上級アドバイザーを名乗る者が、ニューヨーク・タイムズ紙にトランプ政権に対する批判的な記事を執筆したとき、大統領の元アドバイザーの一人が、記事の公表とその内容について「煽動の自白」と述べた。コラムの寄稿は解雇の理由になりうるといいたいのだろう。仮にそのコラムが機密情報を暴露したのであれば、執筆者は連邦法違反で逮捕されるかもしれない。そうでないのならば、修正一条はコラムの出版を保護する。それが違法行為を意図し、または差し迫った違法行為につながるものでない限り[(7)]。

結局のところ、そのコラムはいかなる犯罪を擁護するものでなかった。その内容は、大統領やトランプ政権の運営に関する恥ずかしい情報だった。トランプ大統領は、司法省に何が何でも捜査するようにハッパをかけている。そのような方向性は、司法省が、犯罪が行われたものと判断した場合にのみ適切であろう。トランプ大統領はこうも主張している。元公職者を批判に直面させることになるので、そのコラムは国家安全保障上の懸念を作り出している、と。トランプは公然と、ニューヨーク・タイムズ紙は執筆者の身元を明らかにするか、捜査と、その後に行うかもしれない訴追のために「執筆者を引き渡せ」と発言した。大統領は、ニューヨーク・タイムズ紙自体も、コラムを公刊した——これも修正一条が間違いなく保護している行為である(8)——という理由だけで、捜査されるべきだと主張している。

「煽動」的な話し手や出版者を追及することは、あらゆる種類の公衆の批判に対して政権が一般的に反発していることと整合的である。トランプは、そのような批判を「個人的」なものと受け止めていることを公に認めている。伝え聞くところによると彼は政権の公職者に対して、トランプやトランプのビジネス、あるいは一般的に政権に対する批判を禁じるような秘密保持協定への署名を求めているのだが、そのわけは上記によって説明できるかもしれない。このような合意は、歴代政権には前例がないと思われるが、これらは政府や政府で働く個人に対する批判を流布したり出版することを抑圧したり、妨げたりすることを意図している。この観点からすると、そのような形のコミュニケーションや出版も、今日的な「煽動」手段であるということになる。

検索エンジンやコメディ番組でさえ、現政権をおそれるべきことがあるだろう。トランプ大統領は公然と、連邦当局がグーグルが検索結果を出すのに用いているアルゴリズムを「調査」することを示唆している。トランプは証拠を示さないが、次のように主張している。アルゴリズムは保守的な見解を抑圧し、また、さらに重要なことには、大統領が「悪くみえる」ようにするストーリーを選好することによって差別をしているのだ、と[(9)]。大統領はこれを「とても深刻な状況」であり、「対処されるだろう！」と約束した。国家経済会議の事務局長がのちに明らかにしたことによれば、ホワイトハウスは本当にグーグルの検索エンジンを何らかの方法で規制するべきかどうかを「一考した」という。トランプ大統領は、コメディスケッチ番組サタデーナイトライブも、大統領のパロディを放送したので「調査されるべき」だと示した。

グーグルや土曜日のコメディ番組に対する「調査」の要点は、まったく明らかではない。大統領や大統領のアドバイザーたちは、検索結果や風刺の「バランスをとる」こと、つまり、それによって「良い」ストーリーを検索結果のトップにしたり、お世辞をいうようなコメディスケッチにせよといっているのかもしれない。しかし、修正一条は政府が「バランスをとった」検索結果を強制したり、いかなる「反論権」[*1]の確保を義務づけることを禁じる。また、政府を風刺したことを理由にして放送免許を取り消すことも禁止している[(10)]。言い換えれば、グーグルは、大統領や保守的な思想一般に対して、より愛想良く振る舞ったり、あるいは批判の度合いを下げるような方向でアルゴリズムを変えることを強制されない。また、政府はサタデーナイトライブに対して手加減をすること、大統領風刺を薄めることを要求できない。しかし、だからといってグーグルや放送事業者にとっては何の気休

＊1 〈反論権：マスメディアによって名誉や信用を毀損された者に、当該のメディア上に反論文等の掲載を求める権利を与える仕組みを、反論権（反論文掲載請求権）という。連邦最高裁は、一九七四年のマイアミ・ヘラルド判決で、反論記事の掲載を義務づける州法を修正一条に違反するとした。〉

めにもならないだろう。連邦当局に「調査」や捜査をされるという合理的なおそれがあるのだから。

後述するように、「煽動」の訴追は、「不忠」の主張と長いあいだ関連づけられてきた。この結び付きの理由の一つは、煽動が歴史的にみて、戦時、つまり明らかに政府に国民統合への強い関心があるときに重大問題として扱われてきたという事実に関連している。しかし、歴史はまた、「不忠」の非難は多くの場合、間違っているか、根拠がなく、「不忠」なアメリカ国民の迫害は、対象者と我々の民主主義の双方を大いに傷つけた、ということも示している。

トランプ時代においては、ナショナリスト的な題材と政府による忠実要求はピッタリ合致するように思われる。第三章で議論するように、大統領の「アメリカ・ファースト」政策と、愛国的表現を重視することは、愛国主義的正統性を押し付ける試みの一環である。ただ、トランプ時代における「忠誠」の要求は、国家と関連するのではなく、むしろ主として大統領自身に対するものであると思われる。過去の時代、すなわち不忠が国家の戦争遂行努力に対する脅威であると考えられていたときとは異なって、トランプ時代は、比較的国際平和の時代である。大統領が秘密保持協定にこだわること、公務員に忠誠の誓いをさせたがっていること、「不忠」とされる人に対する大統領やその支持者が示す属人的な嫌悪、これらすべてが示しているのは、大統領その人に対する属人的なタイプの忠誠に焦点を当てた「煽動」の概念である。

もちろん、これらの発言や行動が政府批判者を起訴し、投獄するというレベルにまで至っているわけではない。過去の時代とは対照的に、政府は（いまのところ）「不忠」な人間を借り出し調査するための忠誠委員会を設立していない。大統領の職にあるものは批判やリークに伴うフラストレーションを表明することを許されている。大統領の職にあることで、アドバイザーからある程度の個人的忠誠すらささげられる――もちろん、窮極的には、公職者は自らが仕える国民に忠実であることが望ましいが。

しかしながら、執行権の行動が批判者に対する制裁という形をとる場合、それの修正一条上の根拠ははるかに薄弱である。過去の出来事は、繰り返されるかもしれないことの警告である――特に、国民、裁判所、政府公職者が、過去の反煽動プログラムを特徴づけるような、ある種の党派性や病的な興奮状態に屈した場合に。この理由ゆえに、煽動罪、異論、民主主義に関する重要な歴史上の教訓を思い起こすことは極めて大切なことなのである。

建国初期における煽動的名誉毀損

植民地時代のアメリカにおいては、政府を「中傷」したり、政府に対する悪評をもたらすようなものを出版したり、共有伝達したりすることは、重大な犯罪だった。一七〇〇年以前、煽動的出版物について一〇〇〇は下らない訴追が行われた。みせしめとして晒し刑にする、公開鞭打ち刑、あるいはそれ以上の処罰が行われた。例えば、あるマサチューセッツ植民地市民は、政府公職者批判のかどで耳そぎの刑にされた。あるバージニア植民地市民は、舌を錐で突き刺されたのだが、実はこれは軽い罰ですんだということである――当時のバージニア法では、植民地総督批判は死刑が適用されうる犯罪だった。

こうした状況は、「煽動的名誉毀損」で起訴された者にとっては喜ばしい方向に向かって終結する。建国初期の歴史を勉強した人なら、一七三五年のニューヨークの印刷業者ジョン・ピーター・ゼンガー裁判のことをよく知っているだろう。ゼンガーはドイツ系移民であり、ニューヨークおよびニュージャージー総督のウィリアム・コスビーから「煽動的名誉毀損」のかどで訴えられた(11)。ゼンガーの新聞は植民地政府を、選挙に不正に介入したこと、敵国フランス人がニューヨーク港を調査するのを許可したと非難するほか、総督が複数の犯罪を犯したという記事を刊行した。これらの記事の執筆者は匿名とされた。ゼンガーはこれらを出版したかどで逮捕され投獄された。

植民地の「煽動的名誉毀損」法のもとでは、被告人はこれらの言説の真実性を抗弁として主張できない。実際のところ、記事が政府の権威を傷つけているのだから、真実であるとすれば、なおさら悪質な煽動的名誉毀損である、ということになる。判事の役割は、それらの言説が、被害者の評判を傷つけたかどうかを認定することに限られる。陪審の任務は、単に犯罪となるものが実際に印刷されたかどうかを認定することである。ゼンガーは問題となっている記事を印刷したことを否認しなかったので、判事は記事がコスビーの評判を傷つけたと認定する可能性が高かった。したがって、ゼンガー有罪の評決が下ることは明らかだった。ところが、アメリカ史や修正一条について学んだ人なら知っているように、陪審員たちは有罪評決を出すのを拒否し、ゼンガーは釈放された。

ゼンガー無罪評決は、住民の忠誠を確保するために異論の弾圧という手段に頼ることができると考えていた各植民地当局に対する警告になった。起訴しても植民地のプレスを抑止することができなかったのである。実際、歴史学者が示しているように、政府公職者や政策に対する批判的評価の出版は、アメリカ革命の成功にとって決定的に重要だった[12]。急進派の新聞はいつでもイギリスの首相を地元の植民地公職者と同じように批判した。煽動的名誉毀損の罪は法文上は残り続けたものの、これは植民地市民が激しく反対した一七六五年印紙法*2などの法令に対する公然とした批判の雪崩のなかで死文化していった。陪審員たちは、おおむね壁新聞や風刺画などの出版物に同情的であり、たいてい有罪評決を拒否した。

言論の自由、プレスの自由は、現在の合衆国憲法修正一条に明示的に含まれている（実は、これは当初修正草案の条項では第三番目であり、前二つが成立しなかったので、第一になったのである）。研究者は以前から修正一条の批准は「煽動的名誉毀損」の罪を廃止することを意図していたかどうかを議論してきた。いずれにしても、言論・出版の自由の条項を起草し批准した人々は、植民地時代、革命時代の「煽動的名誉毀損」訴追の歴史を良く知っていた。まさにその経験こそが、機能する自己統治にとって自由な言論と出版が重要であるということを示していた。

憲法制定者の意図がどうであったにせよ、「煽動的名誉毀損」の罪は、明らかに一七九一年の修正一条の批准後も生き残った。一七九八年七月、第五議会は一七九八年外国人及び煽動罪諸法を通過させ、ジョン・アダムズ大統領が署名して成立した。「外国人」に関する立法では、政府が移民を追放することができるとし、また帰化した市民の投票を困難にした。そして「煽動罪」に関する部分では、

*2〈一七六五年印紙法：新聞や広告、公的証書、手形などの印刷物に印紙を貼ることを植民地アメリカに義務づけた本国議会の制定法であり、印紙税法とも呼ばれる。植民地アメリカでは、「代表なくして課税なし」の声が高まり、激烈な反対運動が展開され、翌年に法律は廃止された。〉

「前記の政府、前記の連邦議会の議院、前記の大統領の名誉を毀損する、それらの全部もしくは一部を侮辱もしくは汚名を着せる、それら機関の全部もしくは一部に対して合衆国の善良な人民の憎悪をかきたて、または合衆国に対する煽動を教唆する意図をもつ」いかなるものの「執筆、印刷、発言、公表」を違法とした。これに対する違反は、二〇〇〇ドル以下の罰金および二年以下の懲役によって処罰できるものとされた。

後述するように、アメリカ史を通じて、「煽動的」言論は戦時の取締対象にされがちである[13]。事実、修正一条の研究者ジェフリー・ストーン教授が述べているように、「合衆国の歴史全体において、連邦政府は戦時を除いて、政府の政策に対する反対を処罰しようとは決してしなかった」[14]（トランプ政権はこの歴史法則の例外を樹立するかもしれない）。一七九八年、合衆国はフランスとの戦争の可能性に備えていた〈いわゆるQuasi-War〉。したがって、煽動罪の支持者らは、「煽動的」内容を処罰する正当化のために、国家安全保障を挙げた。対仏戦争への支持を確保する方法の一つは、戦時協力を掘り崩すかもしれない異論を抑圧することである、というわけである。

しかしながら、歴史学者が述べているように、煽動罪法の採決と施行は、あからさまな党派的動機があった。学者はアダムズ大統領が、彼に対する批判者を黙らせる手段として煽動罪条項を個人的に支持したのではないかとか、連邦議会のフェデラリスト党がアダムズに法案を支持するように圧力をかけた、というような議論をしている。いずれにせよ、この法律は実際に、前副大統領のトマス・ジェファソン率いる対立党派・リパブリカン党の支持者を黙らせるために用いられた。この法律が強力に政権批判者に対して執行される一方、アダムズは躊躇や後悔を示さなかった。アダムズに対する強力な批判を行った者らが、アダムズの品位やアダムズ政権に対する個人攻撃を行ったかどで罰金を科され、あるいは投獄された。

ジェイムズ・カレンダーは、リッチモンド・エグザミナー紙のジェファソン派のジャーナリストだが、彼が執筆した選挙キャンペーンのパンフレットでは、アダムズのことをこういっていた。「大統領として彼は決して口を開かず、ペンを動かさなかった。脅迫や説教を除いては。政権の主要な目標は、対立党派の憤激を悪化させるものであり、……アダムズと意見の異なるあらゆる者を殲滅することである」。カレンダーは「煽動的名誉毀損」で有罪となり、二〇〇ドルの罰金を科され九か月間連邦監獄に送られた。彼はくじけずに獄中から、アダムズは「太った〈アダムズは肥満体型だった〉偽善者であり、無節操な専制主義者だ」と書いていた。一八〇〇年には、ペンシルベニアのノーサンバーランド・ガゼット紙編集者のトマス・クーパーがアダムズは「権力に取り憑かれた専制君主」と書いた。彼もまたアダムズに対して「ウソの、恥ずべき、悪意のある人格攻撃」を「この国の人民の憎悪と侮蔑を、彼らが選んだ人物に対して煽動する」意図をもって出版したかどで有罪となった。

一七九九年、コネティカットのニュー・ロンドン・ビー紙の編集者チャールズ・ホールトは、財務長官が常備軍を設立しようとしていると非難する記事を出版した。彼もまた財務長官に対して個人的な嫌味をいったのだが、姦通の嫌疑を仄めかしていた。ホールトは合衆国政府に対して「不忠であり、不道徳で悪意をもった煽動をしている」と告発され、二〇〇ドルの罰金を科され、三か月収監された。

ルーサー・ボールドウィン事件が明らかにしたように、私的な会話さえ「煽動的名誉毀損」容疑の証拠とされた。ボールドウィンは一七九八年、マサチューセッツにある夏季の邸宅に向かうべく、ニユーアークを通過した。〈その頃〉アダムズ大統領が馬車に乗って、市街地での一六発の礼砲つきのパレードをしていた。ボールドウィンと友人が酒場で深酒をしているとき、大砲の音を聞いて仲間がいった。「大統領がそこを通ってる。大砲が大統領のケツを狙ってる」。ボールドウィンは、「大統領のケツをブチ抜いても」かまわぬ、と返した。酒場の主人はこの会話を告発し、ボールドウィンと飲み仲間は煽動的名誉毀損のかどで罰金を科され、投獄された。

最終的には、二四人以上がアダムス政権時代に「煽動的名誉毀損」で有罪にされた。この訴追に対する公衆の反応は様々だった。アダムズの批判者たちの多くがアダムズ批判によって英雄扱いされる一方で、殺すと脅されたり、暴行されたり、家を破壊されたりした。有罪にされた者の多くが公然と抗議し、言論と出版の自由を擁護するに至った。ジェイムズ・マディソンは、アメリカ革命において、プレスはイギリスを打倒するのに決定的に重要な役割を果たしたと論じた。彼はいう、「プレスは公職者の長所やあらゆる種類の法案について徹底的に議論するなかで自由を最大限に発揮した」。「この足場のうえにこそプレスの自由は立脚したのであり、いまも立脚しているのである」。

トマス・ジェファソンとジェイムズ・マディソンは外国人及び煽動罪諸法に強く反対した。両政治家は匿名でこの法律に対する批判を執筆した。これはケンタッキー州決議とバージニア州決議として知られている。ジェファソンのケンタッキー州決議は、この法律が、連邦政府に授権されていないすべての権限は州または人民に留保されるという修正一〇条のいう州の権利を侵害した、と論じる。ケンタッキー州決議は、この法律を「専制政治以外のなにものでもない」という。マディソンのバージニア州決議も同じく批判的な内容だが、連邦政府の権限の欠缺のみならず、修正一条の言論・出版の自由の侵害に焦点を当てている。マディソンはいう。

「……同様の方法で憲法が授権していない権限を行使することは、何にもまして普遍的な警告を発するはずだ。なぜならば、そのような権限の行使は自由に公職者の品位や政策について検討する権利、そして、あらゆる他の権利にとって唯一有効な番人であるとしかるべくみなされてきた人民相互間の意見交換の自由、これらと対立するレベルに達しているからである」

アダムズ大統領とフェデラリスト党は公私の場での異論の取締りについて弁明した。彼らは、批判は、アダムズの合法的な選挙による選出を損なう（どこかで聞いたような台詞だ）ことや、フランスに対する戦争準備を損なうことを意図しているのだ、と反論した。トマス・ジェファソンは、外国人及び煽動罪諸法に対する反対を一八〇〇年大統領選の主要な運動方針とし、僅差で勝利した。この法律はアダムズ政権の終わりをもって期限切れとなった。新大統領のジェファソンはこの法律により有罪となった者を恩赦し、罰金を返却した。

ジェファソンもアダムズも公衆の批判にさらされたが、ジェファソンとのちのアダムズは、政府や政府公職者を批判する自由を保護する必要性を認めている。一八〇一年の就任演説で、ジェファソンは、市民が「自由に思考し、考えたことを話し、書く」権利をたたえた。しかしながら、この法律は、多くの政権異論を抑圧し、合衆国に対する「忠誠」を強制する最初の例に過ぎなかったのである。

戦争と国際紛争の時代における煽動と不忠

ジェフリー・ストーンが書いているように、アダムズ政権は政府と公職者を批判した者を訴追した最初の政権だったといえるが、最初で最後とはならなかった。合衆国では、戦争の時代はすべて、異論を抑圧・検閲し、忠誠を強制しようとする公然たる取組みによって特徴づけられている。

南北戦争のあいだ、リンカン政権は戦時の異論者を訴追した。ストーンが述べるように、多くの場合、異論の抑圧は軍などの役人による指示で発生し、リンカンの直接承認や関与があるものではなかった。「しばしば戦争遂行について『暴君』と呼ばれたが、リンカンは最悪の発言でさえ処罰されないようにしようとした。また、異論の抑圧を承認した例では、リンカンはその判断について慎重な説明を行い、戦時における言論の自由のしかるべき制約について真剣な問題提起を行った」[15]。それにしても、異論の抑圧が、ここでも「煽動的名誉毀損」の正当化のもとで、南北戦争期の人々にとってありのままの現実であることに変わりはなかった。

外国人及び煽動罪諸法が失効してから一〇〇年以上経ったのち、ウッドロー・ウィルソン大統領は一九一七年防諜法、ついで一九一八年煽動罪法を提案した。リンカンとは異なり、ウィルソンは戦時の批判者や異論には寛大ではなかった。事実、ウィルソンはしばしば、「不忠」な者はこれまでも市民的自由を剝奪されてきたのだ、という考えを表明した[16]。

防諜法と煽動罪法は、戦争遂行を妨げる意図をもつ意見表明と活動を禁止する。両法は、「合衆国陸海軍における不服従、不忠もしくは義務の拒否」を引き起こす、もしくは引き起こすことを試みる言論を犯罪とする。また、「合衆国の徴募兵活動を妨げ、もしくは妨げることを試みる」ことを犯罪とする。上記の行動を主張し、教授し、あるいは擁護することも犯罪とされた。

合衆国第二の連邦煽動罪法は、第一の煽動罪法〈一七九八年外国人及び煽動罪諸法〉と強い類似性をもつ。この法律は、「『合衆国政府の形態、合衆国憲法、合衆国陸海軍、合衆国国旗、合衆国陸海軍制服について不忠、冒涜的、不道徳、下品ないかなる言動』を、『上記に侮辱、嘲笑、無礼、悪評をもたらす』意図をもって『故意に発言、印刷、執筆または出版』した者を刑事処罰の対象とする。一九一八年法はまた、「合衆国に対する反抗を刺激、挑発または奨励し、または合衆国の敵の大義名分を宣伝することを意図したいかなる言動」、または故意に「敵国の国旗を掲示する」ことも刑事罰の対象とした。ストーンがいうように、この法律は「異論を抑圧する完璧な手段」だった[17]。

事実、異論者にとっては、状況は極めて悪くなりうるものだったし、大方の事例では、実際に悪くなった。一九一八年の法案審議中、ある上院議員は、「不忠」とされた者は、市民的地位を失い、全財産を没収されるべきであるという提案を行った[18]（第三章で議論するように、トランプ大統領は国旗を焼却する者に対して同様の処罰を提案している）。異論に対する反感が高まり、不忠を疑われた人々に対する群衆の暴力はありふれていた。実際、一九一八年には不忠を疑われたイリノイ州の男性が絞殺されている[19]。公衆の絶え間ない暴力が、「煽動的」「不忠」とされた表現に対する法的禁止を補完した。人々は、非公式ながら、驚くほど実効的な検閲官として行動した。

防諜法（今日も現行法である）と煽動罪法（一九二一年に失効）は様々な政治的に不人気な戦時の

異論者や政治活動家——社会主義者、共産主義者、平和主義者、無政府主義者——に対して使われた。複数の州もまた、州内で煽動罪法を制定したり「不忠」な表現に対するその他の規制をすることで、この動きに加わった。戦時の病的な興奮状態のなかでこうした法律を解釈するに当たって、裁判所と陪審は、一般に、言論・出版の自由を狭く解釈した。言論・出版の自由のもとでも政府は戦争に反対する意見を検閲することができるということである。この抑圧の時代にあっては、単に「戦争の合法性、道徳性、あるいは戦争のやり方について疑問を提起した」だけの話し手や出版者が、有罪とされ投獄された[20]。

一九一九年、連邦最高裁は防諜法・煽動罪法のもとでの訴追に対する一連の異議申立てについて口頭弁論を開いた。ここで連邦最高裁が初めて実質的に修正一条に関わることになった。すべての有罪判決を是認する決定を下すなかで、連邦最高裁は、修正一条は国民の利益に対して「明白かつ現在の危険」をもたらすコミュニケーションを政府が処罰することを妨げない、と判示した[21]。実際にはこれらの事例における危険は「明白」とはいえなかったし、「現在」ではありえなかった。違法であるとみなされたこれらの意見の表明や出版は、戦争、徴兵制、外交政策について強く批判したという域を出るものではない。連邦最高裁が検討したパンフレットの一つは、徴兵を奴隷制と比較するものだった。また別のパンフレットは、ロシアにおける合衆国の戦争遂行を、ロシア革命に影響を与えているとして批判するものだった。こうした意見表明は戦時協力に対して現実の、または差し迫った危険をもたらすものではまったくなかったにもかかわらず、長い刑期の根拠とされたのである。

一九一九年の諸事例は一七九八年の煽動罪法の合憲性に関する議論を復活させた。これら第一次世界大戦に関する事件では、連邦最高裁は、問題となった意見表明や出版を、単なる政府に対する反対や政府批判を超えているとみなした。しかしながら、ある反対意見は将来のより頑健な修正一条解釈を予言することになった。オリバー・ウェンデル・ホームズ・ジュニア判事〈の反対意見〉（ルイス・ブランダイス判事参加）は、パンフレットや意見表明は、戦争遂行に対する現実の危険をもたらすと考えなかった。ホームズ判事はいう、「本件においては、二〇年の刑が二つのリーフレットの出版を理由にして科されたものである。私が考えるには、二つのリーフレットを被告人らが出版する権利を有するのは、リーフレットがいまむなしくも思い起こさせている合衆国憲法を政府が公布しなければならないのと同じく〈当然〉なのである」[22]。「煽動」を理由とした処罰に関して、ホームズ判事はこう書いている。「修正一条が、煽動的名誉毀損についてコモン・ローを存続させたという政府の主張にはまったく賛成できない。この考え方は歴史に反するように思われる。合衆国は、一七九八年煽動罪法以来、これによって科された罰金を返却したことによって、多くの年月をかけて、煽動的名誉毀損罪を廃止したことを示してきたと考える」[23]。

他事件でのホームズ反対意見と同様に、この反対意見にも先見の明があった。しかし、その有望さが受け入れられるまで、多数の言論と出版者が有罪とされ、投獄された――おおむね、防諜法のもとで。

第一次世界大戦の直後、合衆国は一九一九〜一九二〇年の「赤狩り」へと一直線に突入した。ロシア革命の成功後、ロシア系や急進派が新たな「人民の敵」とみなされたのである。合衆国での一連の暴力的な労働者のストライキののち、当局は社会主義者、共産主義者、無政府主義者を名指しした。

国家は、今度は国内で急進派や共産主義と戦争をしたのである。

司法長官A・ミッチェル・パーマーは公然と急進派に対する十字軍に参加した人物であるが、彼は、急進派活動を疑われる外国人を警察の捜査網を利用して一網打尽にし、大量に強制送還した。またこの時代には、全州の三分の二が犯罪的無政府主義や犯罪的サンディカリズム——本質的には、組織された政府統治というものは実力、暴力、その他の違法な手段で転覆しなければならないという思想——の唱道を禁止する法律を制定した。これらの州法は、異論の抑圧という点についてこれ以上ないところにまで至った。州法は、政府に対する反対の象徴として赤旗を掲示することを含む、「不忠」なコミュニケーションを犯罪としたのである[24]。

反サンディカリズム法への異論は、最終的には連邦最高裁に行き着くことになる。このときは最高裁は修正一条に関する主張をより真面目に取り扱ったように思われるが、やはり有罪判決を維持した。州は、階級闘争、労働者階級の動員、政治的スト、工場蜂起を通じた「共産主義革命」を唱道する演説、「マニフェスト」の配布、グループの結成を理由として、それを行った人々を投獄した。そうした出版、演説、結社はいかなる暴力や危険な結果とも結び付いていなかったにもかかわらず、連邦最高裁は有罪判決の維持を認めた[25]。

連邦最高裁はブランダイス、ホームズ両判事の反対意見を制して有罪判決を維持した。両判事によれば、問題となった言論や出版は十分に政治的言論といえるものであり、このような政治的言論は、現実的で差し迫った緊急事態に限って処罰しうる。ブランダイス判事はこう説明している。「深刻な傷害のおそれだけでは自由な言論・集会を抑圧するのを正当化できない。かつて男たちは魔女をおそれて女性を火あぶりにした……。自由な言論の抑制を正当化するためには、自由な言論が実践されれば深刻な害悪が発生するとおそれるに足る合理的な根拠が必要である」[26]。ブランダイス、ホームズ両判事の考えは、「差し迫った深刻な暴力」の「明白かつ現在の危険」だけが表現を抑圧する有効な根拠となる、というものだった[27]。ブランダイス判事が述べるように、「議論を通じて虚偽と過ちを排除し、あるいは教育のプロセスを通じて害悪を回避する時間があるのなら、適用されるべき救済方法は、より多くの言論をなすことであり、沈黙を強制することではない。緊急事態だけが抑圧を正当化できる」[28]。

ブランダイスとホームズ両判事は連邦最高裁の多数派を説得して「明白かつ現在の危険」について彼ら流のアプローチを採用させることができなかった。結果として、話し手や出版者は、政治的イデオロギーをその本質とする事柄を唱道したり教えたことを理由に、起訴されたり有罪とされたりした。裁判所は、そのようなイデオロギーが、一般的には人民が拒否していたにもかかわらず、政府の存立を危うくするという立法府の判断に大幅に敬譲したのである。

一九四〇年代後半から一九五〇年代まで続いた「第二の赤狩り」時代には、当局者たちは再び共産主義者と急進派に目を向けた。ソ連が当時原爆実験に成功したことや、国内でファシズムが勃興していたことに関連した恐怖が、煽動的・反体制的表現に対する新たな規制を生み出したのである。ウィスコンシン州選出の上院議員ジョセフ・マッカーシーがアメリカの反共産主義運動の正式な顔役だった。下院非米活動調査委員会を経由するかたちで、マッカーシー上院議員は、公務員、有名人、研究者その他を政府、学界、社会から追放するために、彼らに対して事実無根の反体制活動や反逆罪の非難を浴びせた。これは「マッカーシズム」という言葉になり、デマゴーグ的・空想的に煽動、反体制活動、反逆、国家への不忠を非難することと関連づけられた。

第二の赤狩りの時代には、言論人や出版者は一九四〇年連邦スミス法のもとで起訴された。これは、先程議論した州の反サンディカリズム法に相応する連邦法である。また、州も、独自の厳しい反共産主義法、反煽動罪法を制定した。多くの州が共産主義者や共産主義シンパと疑われた者を独自に捜査していた。

数百人の言論人や出版者がスミス法や州の反共産主義法のもとで起訴され、また数千人が、軍人を含め、共産主義や反体制の告発を受けたというだけで職を失った。ここでもまた、修正一条は実効的な防壁とはならなかった。

デニス対合衆国事件において、連邦最高裁は共産主義者とされた集団に対するスミス法による有罪判決を是認した。当該集団は合衆国政府を実力または暴力によって転覆する義務と必要性を主張し教唆する目的で結社をする共謀をなしたと告発されたのである[29]。連邦最高裁は、マルクス・レーニン主義を唱道することは、合衆国に対する「明白かつ現在の危険」を構成すると結論づけた。共産党が合衆国に対して何らかの差し迫った脅威をもたらしているという証拠はないにもかかわらず。

不忠と異論

ストーンが述べているように、「しばしば戦時における異論は不忠であるといわれる」[30]。「不忠」

の非難は、一七九八年の煽動罪法、一九一七年防諜法、一九一八年煽動罪法のもとでの訴追に見事に当てはまった。先程述べた自警活動には、イリノイ州で不忠を疑われた男性を縛り首にすることも含まれていたが、これもまた、そのような暴力の対象者は祖国に対して忠実ではないという公衆の疑いに根ざすものであった。

第二の赤狩り時代には、多数の州が「忠誠の誓い」を自州の公務員に要求し、共産主義者でないこと、州および連邦憲法への忠誠を誓わせた。第三章ではより詳細に、忠誠の誓いが学問の自由に与えた影響や、その他の文脈における公的正統性の賦課について検討する。ここでは、より広く、忠誠プログラムに関連して検討する。例として、「不忠」なアメリカ人をあばく任務を与えられた政府機関の設置とそれが表現や結社に対して与えた影響がある。

忠誠の誓いは、愛国主義についての公式の枠組みを表現することを強制した。忠誠調査は、第二の赤狩り時代には連邦・州双方の機関が行ったが、それらの対象になったすべての政治的意見や結社に対して抑圧という暗い影を投げかけるものだった。政府への不忠を疑われた多数の連邦および州の公務員がその名誉と生活を犠牲にした。

トルーマン大統領が公務員忠誠委員会を設置したとき、大統領は連邦機関における魔女狩りを承認した[(31)]。政治的見解や「反体制的」組織加入等に関するＦＢＩの分厚いファイルが作成保持された。「国家安全保障」の名のもとに、連邦政府は、連邦機関で働いている、あるいは連邦機関に求職している反体制的、あるいは不忠な者を狩り出そうと試みた。

ストーンが書いているように、「トルーマン時代（一九四七～一九五三年）には、四七〇万人以上が調査された」[32]。ほとんどは不忠の疑いは「晴れた」のにもかかわらず、忠誠要求計画は、人々が政府機関で働くのを妨げ、「反体制的」とみなされる可能性のある組織に参加するのを妨げ、異論を述べるのを妨げた。アイゼンハワー大統領も不忠な連邦公務員の調査を続け、拡大すらした。これがマッカーシーらの反共産主義公聴会と相まったとき、表現・結社の自由の観点からみて、連邦・州の忠実プログラム犠牲は著しいものだった。

修正一条と煽動

戦争が終わり、国内・国際的条件が変化し、連邦最高裁の構成が変化する。これらや、その他の諸条件が冷戦の雪解け、すなわち共産主義や異質なイデオロギーに対する公衆の興奮状態の緩和、修正一条のより広い解釈に寄与したのである。

政府当局やアメリカの公衆の多数派と同様に、連邦最高裁も次第にマッカーシズムの過剰と濫用を退け、スミス法などの共産主義、社会主義、その他急進派の訴追手段の適用を限定した。一九五七年、しばしば「赤い月曜日」と呼ばれる日に、連邦最高裁が言い渡した複数の判決では、共産主義者と疑われた人が勝訴した[33]。とりわけ、連邦最高裁は、単に共産主義を唱道したという理由だけでスミス法により有罪となっていた一四人について、暴力的な政府転覆に関する「明白かつ現在の危険」がないとして、有罪判決を覆した[34]。加えて、修正一条その他の憲法上の理由から、州の忠誠の誓いに関する法律を無効とした[35]。

連邦最高裁が最も直接的に、アメリカの反・煽動の過去に向き合ったのは、一九六四年のニューヨーク・タイムズ対サリヴァン判決である[36]。第一章で議論したように、この判決は州の名誉毀損法を改めたのだが、特に重要なのは、州の名誉毀損法が、公職者によって提起された公職者の行為についての意見表明に対する名誉毀損訴訟に関して、改めることになったという点である。連邦最高裁は「現実の悪意」の基準を採用した。公職者たる原告には、名誉毀損であると申し立てられた言動が、虚偽であることを知りつつなされたか、またはそれが真実かどうかを無謀にも考慮せずになされたことの証明が要求される[37]。

ニューヨーク・タイムズ対サリヴァン判決はまた、一七九八年煽動罪法の合憲性に関する議論に決着を着けることを主張した[38]。連邦最高裁は、トマス・ジェファソン、ジェイムズ・マディソン、ブランダイス判事、また連邦控訴裁判所のラーニド・ハンド判事らの著した文書を、煽動的名誉毀損の訴追が修正一条を侵害するという根拠として用いた。連邦最高裁の結論は、「一七九八年煽動罪法は当裁判所では一切審査されなかったが、その妥当性に対する非難は歴史の法廷のなかで支持を得てきた」というものだった[39]。判事たちが示すには、この法律のもとで徴収された罰金は払い戻され、ジェファソン大統領は有罪判決を受けた人々を恩赦した。これに当たってジェファソンはこう説明した。「私は煽動罪法のもとでの処罰・訴追を受けた人々をすべて赦免しました。なぜならば私は以前に考え、いまもそう考えているのですが、この法律は無効であるべきだからです。連邦議会が我々に、黄金の像に平伏し、崇拝せよなどと命じる場合と同じくらいに絶対的かつ明白に無効です」[40]。裁判所の結論は、こうした歴史上の出来事は「この法律が、政府と公職者に対する批判に課した規制のゆえに、「修正一条」と矛盾するという広いコンセンサスを反映している」というものである[41]。

ブレナン判事は法廷意見でこう結論づけた。煽動罪法およびより一般的な煽動的名誉毀損の罪に関する国民的体験はまずもって修正一条の中心的意味に関する国民的自覚として結晶化した」[42]。そのような中心的意味は、以下のような原則に基づく。つまり、公的関心に関する議論は、「抑制されず、頑健で、開かれているのでなければならない」。したがって、第一章で議論したように、修正一条の「中心的意味」とは、アメリカ人は自由に、狭い限定条件なしに、公的事柄について議論し、政府を批判できなければならない――「強烈、辛辣、あるいは場合によっては不愉快な、鋭い攻撃を含む」言い方だとしても[43]。

連邦最高裁は部分的に、一九四二年のヘンリー・ホワイト・エドガートン連邦判事の意見に依拠する。これは、連邦議会議員によって提起された名誉毀損に関する判決である。エドガートン判事はいう、「公職者の政治的行いについての誤った記事に責任を課す事件は、被治者は統治者を批判してはならないという時代遅れの法理を反映している」。続けて、「称賛する人も多くいれば、非難する人もいるような政治的行為や見解は、常に連邦議会議員に帰属するものである。事実の誤りは、特に人間の精神の状態や過程を考慮に入れれば、避けられない……。名誉毀損の範疇に入れられてしまうものはすべて、自由な議論の場から奪われるのである」[44]。連邦最高裁が述べているように、「公職者の行為に対する批判は、単にそれが強力な批判であり、したがって公職者の評価を貶めているというだけでは、その憲法上の保護を喪わない」[45]。

ニューヨーク・タイムズ対サリヴァン判決は、煽動罪による訴追の合憲性に関する長い議論に正式に決着を着けることを目指した。この判決は、ダグラス判事のいう「我々の最も残念な一章」を閉じた。特に、この判決は、政府が再び、政府の名誉を傷つけ、あるいは批判するという理由で意見表明と出版を直接禁じる法律を制定する見込みをほとんどなくした。本判決に続く連邦最高裁の諸判決は、政府転覆の脅威が現実かつ差し迫っていると政府が証明できる緊急事態を除いて、修正一条の保護を政府転覆を唱道する言論にまで広げている(46)。

それよりもはるかに早く、ブランダイス判事はホイットニー対カリフォルニア州判決の同意意見で、こう説明していた。政府批判の抑圧や検閲は修正一条の中心的原理である自律、自己統治、真実の探求を侵害する、と。彼はいう、憲法制定者は「あらゆる人間社会が被りうる様々なリスクを認識した」(47)。しかしながら、憲法制定者は「法によって強制される沈黙——最悪の形態による実力の誇示——を慎んだ」(48)。ブランダイス判事は次のように述べる。「秩序は、単なる秩序違反の処罰の恐怖によっては確保できない。思想、希望、想像を妨げるのは危険だからであり、恐怖は抑圧を引き起こすからであり、抑圧は憎悪を引き起こし、憎悪は安定した政府に対する脅威となる。安全への道は、申し立てられた苦痛とその救済提案について自由に議論をする機会にあるからであり、邪悪な助言に対する適切な救済は善良な助言だからである」(49)。

修正一条の解釈方法の観点からは、煽動罪の経験は、自己統治社会にとっての、政府と政府公職者に対する公開の——かつ批判的な——思考と言論の権利の重要性を示している。修正一条の「中心的意味」は、我々がいかに言論・出版の自由を考えてきたのかという点について中心的であるのみならず、より一般的に、政府の検閲権限に対する我々の立場にとって中心的なのである。現在の修正一条はマディソンの考え方、すなわち、検閲の権限は人民にあるのであって政府にはない、という考えを取り込んでいる。

煽動、異論、民主主義の試み

我々は煽動的名誉毀損の概念が復活する見通しに対して無頓着になってはならない。事実、ここまで議論してきたように、トランプ政権は古い習慣に滑り落ちていく危険を示している。比較的に世界が平和である時代ですら、国内の混乱は、煽動や不忠を処罰しようという権威主義的試みに道を開きかねない。そのような試みは、いまでは刑事法規の形をとらずに、異論に対して類似するようなインパクトをもたらすであろう。トランプ政権期の、煽動に対する新たな攻撃を目にしてきた以上、煽動的名誉毀損の処罰に関する歴史の教訓を振り返るのは極めて重要なことである。特に、政府がいかにして煽動を対象とする法律がなくても処罰しようとしてきたかについては、特に注目しなければならない。

ここ一〇〇年間、アメリカ国民は煽動罪での訴追――少なくとも煽動罪の名のもとに行われた訴追――には直面していない。しかしながら、批判を抑圧しようという政府の試みは、国内の煽動に関する諸法律が廃止されたときも、まったくなくならなかった。ニューヨーク・タイムズ対サリヴァン判決は確かに、正式に一七九八年の煽動罪法に関する修正一条上の議論に決着を着けたかもしれない。しかしながら、この事件は政治的な異論活動や政府・国家を批判する表現を抑圧するために調えられた政府の計画や行動を終わらせることはなかった。

「煽動」の概念と同様に、批判や異論を抑圧するための手段は様々な形態をとっている。例えば、一九六〇年代から七〇年代のベトナム戦争の時代には、連邦政府は警察力による法執行を用いて反戦活動を摘発・妨害した。また連邦政府は裁判所に訴え出て、ベトナム戦争におけるアメリカの関与についての批判的研究であるペンタゴン・ペーパーズ*3を主要な新聞が掲載するのを差し止めようとした(50)。また、徴兵カードを焼き捨てる、軍服を小馬鹿にする、国旗を破る、焼却する、大規模な抗議をする、といった様々な形の政治的異論を管理したり抑圧しようとした。

修正一条はこれらの試みのいくつかについて有効な反駁であったが、すべてについてそうであったわけではない。連邦最高裁は新聞がペンタゴン・ペーパーズを掲載するのを止めさせる裁判所が発出する差止命令を「事前抑制」として違憲無効とした。ペンタゴン・ペーパーズ判決は、ジュリアン・アサンジとウィキリークスに対する将来の訴訟において重要な役割を果たすかもしれない(51)。連邦最高裁は国旗の冒涜に対する刑事処罰を違憲無効とした(52)。しかしながら、修正一条は政治的反対者に対する監視を妨げるものではないし、徴兵カードの焼却処罰を妨げるものでもないし、公的抗議活動に対する濫用的規制を妨げもしなかった(53)。

煽動的名誉毀損罪廃止に続いた経験から、四つの総論的教訓が出てくる。第一に、抑圧の危険は常

*3 〈ペンタゴン・ペーパーズ：一九六七年にときの国防長官ロバート・マクナマラの指示で作成を命じられた、アメリカの過去の対ベトナム政策をまとめた機密報告書。執筆者の一人から報告書を入手したニューヨーク・タイムズ紙などの報道に対して、連邦政府は記事の差止めを求めたが、連邦最高裁は修正一条を理由に訴えを認めなかった。〉

にある——比較的平和な時代にも。特殊な公衆の病的な興奮状態、つまり、公的な異論に対する破壊的・持続的影響をもたらしうるようなそれと、戦争は長く関連づけられてきた。しかしながら、トランプ政権が示しているように、我々は平時にも警戒し続ける必要がある。煽動罪法から現在に至るまで、異論抑圧の正当化の一部分だけが、戦争遂行に与える影響と関連しているに過ぎない。政治的報復もまた、当局が批判者を窒息させる試みをする動機を作り出す力を潜在的にもっている。歴代の大統領たちは、彼の選出の正統性を疑問視する人を潰そうとしてきた——特に、トランプ大統領にとっては大変痛い点である。

第二に、煽動の処罰は様々な形態をとりうる。トランプ政権はこれまで批判者を「調査する」というあいまいな脅迫に依拠してきた。これらは憲法や法律のラインをかいくぐる手法である。セキュリティ・クリアランスを取り消す、あるいは執行権を活用して検索エンジンや風刺的なテレビ放送を調査するというきわめて遠回しな脅しは新しいやり方である。極めて公然とプレスに対する「戦争」をする、あるいはプレスを「アメリカ人民の敵」と名指しするのも同様である。トランプ政権はおそらく、より直接かつ公式的な権限行使をしうることに気づいているだろう。例えば、国家緊急事態が宣言されれば、通信法により大統領にはインターネットを含め、通信インフラ面の管理が認められる。批判者を検閲する傾向にあるような大統領であれば、この権限をおそらく躊躇なく行使するだろう。

第三に、現在の修正一条が、煽動取締りの手法の大部分について採択されたり執行されるのを防げるといっても、あらゆる抑圧形態から政治的異論を保護できるものではないだろう。第四章で議論するように、公的な抗議活動への規制が良い例である。同様に、セキュリティ・クリアランスの取消しも、修正一条に反しないだろう――こうした規制などが報復を理由にして行われたのだとしても。大統領はこの手の取消しについては幅広い裁量を有しており、裁判所が差止命令を出すかは定かではない――特に政府が、取消しは国家安全保障のために必要だと主張する場面に直面した場合には。より一般的には、修正一条は大統領など公職者が、批判的発言は何らかの規制活動を引き起こすことを単に示唆するのを禁じていない。大統領は批判者を批判する修正一条上の権利を有している。ある程度は、彼は悪い結果でもって脅すことも許されるだろう。

第四に、冷戦期が実際に示したように、政府が反体制運動や「不忠」を抑圧する試みをすれば、政府と市民との敵対関係が出来上がる。この関係は言論、出版、結社を萎縮させる。より広くいえば、この敵対関係は民主主義を麻痺させる。マディソンがバージニア州決議で述べているように、煽動的言論の処罰は「普遍的な警告を発するはずだ。なぜならば、そのような権限の行使は自由に公職者の品位や政策について検討する権利、そして、あらゆる他の権利にとって唯一有効な番人であるとしかるべくみなされてきた人民相互間の意見交換の自由、これらと対立するレベルに達」する。ふつうの市民――告発を決断した現・元政府公職者、ジャーナリスト、国旗を焼却する者、テクノロジー企業を含む――に対して最近取られ、あるいはやるぞと脅されてきた手法は、この萎縮効果の潜在的射程を示している。

トランプ政権時代の極度の党派性、つまり批判者を不忠な人民の敵であると名指しするような大統領の方針は、政治的・文化的異論にとって有害な環境を作り出した。確かに、政治的な反対者に対するこうした手法は、過去の政権と比べれば抑圧的でないかもしれない。しかしながら、その効果は極めて類似している。第三章でさらに議論するように、このような環境は再び体制追従、団結、そして公認の愛国主義を呼び覚ますことになった。大統領の支持者の多くがこう主張している。政権批判者は煽動的あるいは不忠な活動をしている、と。これもアメリカの過去の抑圧的気運と響き合うものである。

ストーンが書いているように、特に戦時には、平和主義や急進派の言論が煽動的・不忠というレッテルを貼られた。アダムズからニクソンまでの政権は批判的なメディアの報道、戦争批判、政府機密文書の刊行を「煽動的」あるいは不忠であるといった。二〇〇一年九月一一日のテロ攻撃後、反戦抗議活動がしばしば同じようないわれ方をしている。

ここまで示したように、現在の忠誠要求や「煽動」批判において独特なのは、合衆国が外部の敵国とフォーマルな戦争状態ではない、ということである。いまや戦争宣言は市民的自由に対する攻撃に先立つ条件ではない。我々はいま互いに対する戦争状態にある。過去の政権は、政府は社会の諸分子を互いに敵対させることができるという教訓を示している。その手法は、異論は不忠であると偽ることである。この偽りの連関によって、政府や社会全体は恐怖と追従という文化を創り出そうとしてきた。抗議する人を侮辱したり、プレスを威嚇するような文化である。

これまで、多くの政権に対する批判者やプレスはおおむね、そのような攻撃に対して耐えてきた。過去の時代、つまり反共産主義という病的な興奮状態によって弁護士が反対者を代理するのを思いとどまらせられた時代とは対称的に、法律専門家たちは進んでジャーナリストや批判者の権利を擁護している。冷戦時代にいいなりになって黙っていたのとは異なり、多くのアメリカ人が賑々しく反対運動をしている。

一方、共和党の大方は、自党のリーダーを批判したがらない――プレスや反対者に対する強力な攻撃に直面した場合ですら。歴史の教訓によれば、この手の楽観は危険である。抑圧が作用するのは一つの党派的方向性だけではない。ティーパーティー運動その他の保守的な運動にも、今日の左派の運動と同じくらい異論抑圧の危険がある。将来の大統領たちが公然とプレスや反対者に対して戦端を開けば、異論の文化が危機に陥るであろう。

大統領がメディアを操作することに関する世論調査によって示されているように、否定的、批判的あるいは「フェイク」ニュース報道を抑制したい、という欲求はある。大統領の支持者たちは体制批判をする人の投獄や市民的地位剝奪を大統領が提示してもまったく反対しない。彼らは大統領のレトリックが批判者に対する物理的な脅迫や暴力に貢献しているかもしれないという示唆を拒絶している――事件を起こした者が、脅迫・暴行された者に対する大統領自身の非難と一言一句同じことをいっている場合でも。

民主主義はこのような状況でも生き延びるかもしれないが、栄えたり、その潜在力を完全に発揮することはできないだろう。アメリカ人が学んできたように、民主主義は個人の人格や政党に対する忠誠に依存するのではなく、特定の基本的原理に対する忠誠にこそ依存している。政府批判は、公衆に情報を提供する、腐敗を摘発する、独裁者を志す者に抵抗するということによって政治的共同体に貢献するという考え方も、そのような基本的原理に含まれる。

政府批判者や異論者に対する政府の反応は、その政府が統治する民主主義の頑健さと、政府自体の正統性の両方に表出する。独裁制においては、異論は許容されない。民主主義においては、権力に対して真実を語ることは自己統治にとって極めて重要である。批判に対して煽動的、反体制的、不忠であると主張する大統領が率いる民主国家は、異論に寛容で市民的自由を守る大統領率いる民主国家よりも弱体であり、正当性は少ない。

本書執筆時点で、ちょうど〈一九一八年〉煽動罪法から一〇一年となる。いまこそ、ホームズ判事の有名になったエイブラムス判決反対意見を振り返るべきときである。連邦最高裁の多数派は、防諜法と煽動罪法のもとで、政治的パンフレットの配布に対する有罪判決を合憲とした。しかしながら、ホームズ判事が述べるように、「意見表明を理由とした訴追は、論理必然のことだと思われる。自らの前提や権力に疑問をもたずに自らの思い通りの結果を求めるならば、当然その望みを法律で表現し、あらゆる反対を一掃する」[54]。合衆国最初の煽動罪法の教訓を振り返りながら、ホームズ判事は修正一条は政府が批判者を抑圧するのを禁じていると主張した。

ストーンが戦時の異論に関する研究で述べているように、「我々自身が危機にあるときに賢明な判断をするよりも、過去の危機を振り返って過去の人々が愚かだったという方がはるかに容易である。そして困難はいまや現代のアメリカ人に降りかかってきているのである」[55]。我々の先祖は常に病的な興奮状態や体制追従に抵抗したわけではないが、恐怖に直面しながらも自由へ進んでいく足跡を残した。民主主義の実験は、我々の先祖が残した修正一条の教訓を我々のものにできるかどうかにかかっている。

第三章　反正統性原理

我々の憲法という星座において恒星があるとすれば、その恒星とは、地位の高低にかかわらず、いかなる役人も政治、ナショナリズム、宗教やその他の理念に関する事柄に関して、何が正統なものであるべきかを命ずることはできないということであり、また、市民に対して彼らの信念の内なるものを言葉で、あるいは行動で告白するように強制することはできないということである[(1)]。

連邦や州政府は、政策を執行し、世論に影響を与えるためにコミュニケーションをする。政府はその制度や公務に関する考え方を述べ、公的な関心事についての幅広い事柄についての見解を伝達する。大統領やその他の政府の役人は、その時代に応じた社会的・政治的な論争に介入することを認められているし、彼らの意見はそのような事柄に関わる思想の自由市場にとって重要な情報を与えうる。

一般論として政府は意見を自由に述べることができるのだけれども、他者に対して公的な立場を採用したり伝達したりするように強制することはできない。したがって、政府は、個人に対して、政府にとって好ましいものであっても、話し手が個人的に保持していないような見解を伝達するように命令したり強制したりすることはできない。また、政府与党の方針とは異なる見解を表現したことを理由に個人を罰することもできない。

何かを語ることと規制することの区別に関わる一つの重要な含意は、政治、宗教、愛国心その他の事柄につき、政府はいかなる公的な正統性についても、それを採り入れたり表現したりするように強要することはできないということである。政府は、我々に心にもないことを信じるように強制することはできないし、それを口の端にのぼらせることもできない。このような「反正統性原理」は修正一条に欠かせない支柱なのである。反正統性原理は話し手の自律に関わる利益と、異論を述べる権利を保護する。この原理は、思想、意見、信仰に関わる公権力による強制から話し手を守ることによって、自己統治や真実の探求の手助けをするものでもある。

これからみていくように、反正統性原理は修正一条の伝統にとって核心的となる重要な特徴であり続けている。国旗への敬礼を命ずる法や、星条旗やその他の合衆国のシンボルを冒涜と不敬から保護する法、「忠誠の誓い」の実行を要求する法など。反正統性原理は、これらの法をはじめとする強制の手段に対してなされた、歴史的な否定の所産なのである。反正統性原理は政治的、宗教的、その他について、公私にかかわらず異論を述べる権利を保護してきた。第二章で議論した「煽動」についての新たな規制と同様に、トランプ時代は正統性の強制への取組みについて新たな懸念を提起する。トランプ時代の懸念とは、国旗の焼却や国歌、忠誠の誓いに関わる論争を中心としてはいるが、公権力の正統性を植え付けようとする幅広いアジェンダの一部である。

国旗、忠誠、信仰

トランプ大統領は、愛国心や宗教、そして「忠誠」などに関わる事柄について、頻繁に個人的な見解を表明してきた。上述のように、彼はこれらの見解を伝達することを認められている。もっとも、トランプ大統領は反正統性原理に抵触するようなより強制的なアジェンダをほのめかすような発言をしてきた。

トランプ時代は、「ナショナリズム」を再び我々の政治的議論の真正面に位置づける時代である。大統領の「アメリカ・ファースト」というアジェンダは、愛国心や政府と祖国への忠誠に関わるトランプ大統領の個人的、公式の見解表明であろう。前任者たちと同様、トランプ大統領は軍人や〈消防士や警察官などの〉緊急対応者、入国管理官を称賛してきた。公の集会やソーシャルメディアにおいて、トランプ大統領は頻繁に彼の合衆国への「愛」について表明してきた。トランプ大統領はまた、移民や難民、イスラム教徒を批判し悪者扱いもしてきたが、これらすべてが外国と関わる人たちや信仰であることは偶然ではない(2)。

大統領候補として、のちには大統領として、トランプは次のような見解をも表明してきた。人々はもっと頻繁に、声に出して、公に、神を認識し賞賛すべきであると。トランプはアメリカ人が休暇のあいだお互いに「メリークリスマス」というべきであると努めて発言してきた（どうやら、この挨拶がいまや恒常的に行われていないという誤った認識をもとにしているようだ）。事実、トランプは先任の大統領たちの時代と比べて、彼の時代にはアメリカ人がより広い範囲で実際にそうしていると主張してきた。大統領はまた、忠誠の誓いにおける「神のもとに」という文言に特別な関心を寄せてきた。公式行事やソーシャルメディアにおいて、トランプはこれらの文言が特別な強調に値する旨述べている。

繰り返しになるが、修正一条は大統領がこれらの見解を保持したり伝達したりすることを禁じてはいない[(3)]。政府や官僚は長いあいだ、同様の考えを表明してきた。特に、大統領はしばしば愛国心や信仰に関する強固な感情を表明する。政府はこれらの所見を、異なった様々な方法で表明する。退役・現役の軍人に敬意を表明したり、宗教的な祝日をつくったり、愛国心やナショナリズムを称揚したりといったやり方で。けれども、この章の後半でより深く議論するように、修正一条は大統領やその他の役人がナショナリズムやその他の主題について、これ以上に強制的なアプローチをとることを禁じている。

例えば、トランプ大統領は、星条旗を燃やした個人は収監されたり市民権を剥奪されたりすべきであると提案してきた。政府自身の星条旗に関する見解と対立する政治的表明をすることに対して罰則を科すという明白な発言である。現在の修正一条の先例のもとでは、このようなことは明らかに憲法違反であろう。

トランプ大統領は、国歌が斉唱され星条旗が掲揚されているあいだ、膝をついて〈抗議の意思を表明して〉きたナショナル・フットボール・リーグ（ＮＦＬ）の選手が、そうした行為を理由に、処罰されるべきだとも提起してきた。選手たちの説明するところによれば、彼らは星条旗や国家、合衆国の軍隊に反対しているのではない[4]。彼らが注目を集めようとしているのは、むしろ社会正義の問題についてである。社会正義の問題のなかには、彼らが警察の残虐行為とみなすもの、特に、非武装のアフリカ系アメリカ人を警察官が銃殺した事件が含まれる[5]。

対照的に、トランプ大統領は継続してこれらの抵抗を反愛国的で忠誠を欠くものと特徴づけてきた。彼はアスリートたちに対して批判の矛先を向ける。彼らは優れた才能によって、明らかに金銭的ないしその他の成功を収めているにもかかわらず、偉大でないというのだ。大統領は、抗議者たちが国家や国旗、合衆国の軍隊に対して「不敬」を示していると主張する[6]。トランプ大統領は、意見が合わない人たちのことを、忠誠を欠き、愛国者でない人間であると公然と決めつけている。

この論争において、トランプ大統領は、違法な公権力による強制と、その事柄に関する彼の見解の表現とを隔てている修正一条によって引かれた境界線を越えようとしている——もしまだ一線を越えていないとすればだが。彼は、上述したような政治的な抵抗に参加したことを理由に、選手たちが解雇されるべきであると主張した。公然の集会のなかで、トランプ大統領はスポーツチームのオーナーは次のような言葉を抵抗者たちにぶつけてやるべきだといった。「このサノバビッチをいますぐにフィールドから追い出せ！　消えろ！　あいつはクビだ！　あいつはクビだ！」。翌日、大統領はツイッター上で、選手は国歌斉唱の際に起立すべきであるとツイートした。さもなくば「きさまはクビだ、他に仕事をみつけるんだな」とも。NFLのオーナーに向けられたコメントでは、オーナーたちは抗議者たちを許すような「やり方を変えるべき」であり、抗議者たちが攻撃的であるという大統領の見解を「尊重しなければなら」ず、跪いた選手たちを解雇するか出場停止にすべきである。大統領はさらに、ＮＦＬのゲームへのボイコットを公に呼びかけた。少なくとも抗議をする選手が解雇か出場停止になるまではボイコットすべきだ、と。数か月後、ＮＦＬは、選手が国歌斉唱の際に跪いた場合にチームに罰金を科すという新たな方針を表明した。

トランプ大統領は、宗教的表現に関わる事柄については、同じように強制への序曲を奏ではしなかった。しかしながら、彼はアメリカが「再び偉大に」なるのは、そこに住む人々が休日にお互い決まったやり方で挨拶をし、国歌に神への言及があることについて疑問をもつのをやめた場合のみであると含みをもたせている。第二章で議論したように、彼は「忠誠」について主張してきた。これは主としてトランプ大統領自身のためになされたけれども、様々な側近との相互作用のなかで、アメリカのある種のビジョンのためにも「忠誠」を主張したのである。

トランプ時代において、いくつかの状況は、愛国心や信仰のような事柄についての政府の見解に順応するようにするための圧力を装い新たにすることに寄与している。あくまでもこれは装い新たにである。というのも、これからみていくように、トランプ以前の政府や役人も同じように（ときにはトランプ大統領よりもより直接的に）、市民が特定の正統性を採り入れ、それを表現するように主張してきたためである。

既述のように、大統領は「アメリカ・ファースト」という政治的、政策的なアジェンダに基づいて選出された。このアジェンダは、ナショナリズムや愛国心の適切な発露についての考え方、外国人や外国の宗教からの侵略などを頻繁に利用する。国旗と信仰は、特に政治的支持基盤にとって効果的な求心装置である。戦争に馳せ参ずることなしに、これらのシンボルはナショナリスティックな感情を高ぶらせる代替手段として拠り所となりうるためである。

実のところ、前述したような明らかに宗教的なアジェンダでさえ、実際にはナショナリズムの一形態に基づいている。トランプ大統領は福音派の有権者にあからさまに歓心を得ようとして、強く共鳴している。最近の研究が示すところでは、そのような宗教的集団は、トランプのいう正統性に関わるアジェンダの一部である「メリークリスマス」とか「神のもとに」といった問題の主要なターゲットではない(7)。むしろ、この研究が結論づけるのは、大統領の信仰への関心というのは、実際には、「アメリカを再び偉大に」というスローガンと結び付く同じナショナリズムアジェンダの一部である。言い換えれば、大統領の支持者は、深く保持された宗教的見解からではなく、むしろ政治的保守主義の立場から「メリークリスマス」や「神のもとに」といった言葉を受け入れているのである。特に、白人の政治的保守派は、彼らが抱えている政治的および文化的不安のために、このような公権力によってつくられる正統性を受け入れてきた。したがって、トランプ時代においては、「クリスマスのための戦争」*1は、キリスト教についての問題であるというより、文化的・政治的な支配形態についての問題なのである。

一般的な政治的情勢は、このアジェンダの再興に寄与した。意見が合わない人を「閉じ込める」べきだという考えは、異論をもつ人が投獄され、「反米アメリカ人」の裏切り者として扱われた時代にさかのぼる。「メリークリスマス」よりも「ハッピーホリデー」を好む人、または国の教義の一部と

＊1 〈クリスマスのための戦争：行政機関等でのクリスマスディスプレーを控える動きへの反動（二〇〇〇年代〜）〉

しての神に言及することに反対する人は、キリスト教や信仰だけでなく、合衆国と調和できない人だとみなされる。

いまに始まったことではないがスポーツ界は政治や党派性と不可分の存在である（例えばモハメド・アリを思い起こしてほしい）。同様に、「クリスマスのための戦争」もアメリカにおいてここ何十年ものあいだ文化戦争の一側面となってきた。

しかしながら、トランプの時代はこれらの問題に新たな鋭さと緊急性をもたらしたように思われる。世論調査の示すところでは、多くのアメリカ人が、国歌斉唱の際にひざをつくのは不敬で愛国心に欠けるというトランプ大統領の立場を支持していることを示している(8)。NFLのファンは、プレイヤーが抗議の姿勢をみせた場合にはリーグをボイコットすると脅迫した。インディアナ州では州議会議員によって、国歌斉唱のあいだにプレイヤーが沈黙をもって抗議する試合に出くわした場合、ファンに払い戻しの資格を与える法律案を提案した。そして、ナイキが、NFLにおいて抵抗運動を始めたコリン・キャパニックを最新のコマーシャルの顔としてソーシャルメディアに掲載したことで、ソーシャルメディアにおいてナイキのスニーカーの持ち主が抗議のために靴を焼く様子がアップされるようになった（ときには、靴を履いたまま焼いていた！）。

信仰はまた、党派性という楔の問題として武器化された。これも初めてのことではないものの、トランプ時代の特徴的な仕方である。適切な時候の挨拶とみなされるものについてなど、一見些細な問題でさえ、対立とひどい驚きを生じさせる。宗教の信者は、彼らが政治的コミュニティで包囲され、疎外されていると信じているが、その一方で、国家と教会の分離を促す人々は、同じように彼らが文持する政教分離の原則が攻撃を受けていると感じている。トランプ登場以前の政治家と同様に、トランプ大統領はこれらの分裂を政治的優位性を得るために利用した。実際に、トランプは分裂を悪用し、悪化させている。

序章で書いたように、私の主たる関心事は、大統領の声明や提案が実際に修正一条を侵害しているかとか、声明や提案の結果として結果として大統領が裁判にかけられるかどうか、といった事柄ではない。広い関心は、真剣な公共討議や国家の統合といったテーマよりもむしろ、分断や分極化の原因となる愛国心や信仰といった事柄を問題とするような環境に対して、政府がいかなる形で寄与するのか、ということに関わる。

大統領や政府が個人に対して、国旗に敬礼したり、国旗や信仰に関わる特定の台詞を声に出することを強いたりするような、強制力のある法的権力を用いることができるかどうかにかかわらず、正統性という亡霊は存在する。それは、我々が正統性のアジェンダに関わる玉石混交の帰結を無視するべきということを意味しない。合衆国大統領にとって、政治的な反対者を投獄したり市民権を剥奪したりすることを公言するというのはささいな事柄ではない。「自由主義世界のリーダー」がそのような立場を公にするというのは、自由と国旗を愛するアメリカ人という政治的な確信に向けて警告するはずの事柄である。トランプ時代には、そのような声明は、クリスマスの挨拶についての大統領が公にした考え方のように、「ニュースサイクル」の一つとして日々のニュースの山に埋もれるか、笑い飛ばされるのが落ちである。が、これらは深刻な問題であり、真剣な注視に値する。

投獄されたり逮捕されるところまでいかずとも、国旗の焼却者を悪魔のように見立てることで、彼らへの別件逮捕や、自警団からの暴力を引き起こすかもしれない。国旗の焼却は異論のなかでも不人気なやり方であり、それに関わる人間を「反米アメリカ人」だったり、反逆的でさえあるとレッテル張りをしてしまう――実定法が国旗への冒涜を禁じているか否かにかかわらず、である。正統性のアジェンダはまた、国旗の焼却を禁ずる憲法の改正の提起を再び活発にするかもしれない――議会は幾度にもわたってこのような法案を検討し、拒絶してきた。同様に、宗教の信仰者、不可知論者、無神論者*[2]は、信仰に関わる事柄について効果的な立場表明をする正統性のアジェンダによって、個人的、文化的に影響を受けることとなる。

この章では、トランプの正統性のアジェンダを代表する核心的な主張に真正面から取り組むことを目的とする。核心的な主張の一つは、国旗の焼却ないし国歌斉唱の際に黙って膝をつく行為は、それだけで罰せられるべき非愛国的な行為である、というものである。そのような感情の根底には、国旗に対する、あるいは国歌の演奏に対する、たった一つのあるべき応答、すなわち直立不動の姿勢をとり、手を胸に当て、国歌を歌うという応答がある、という確信がある。同様に、すべての人が同じ祝日の挨拶を口にすべきであるという考え方は、一年のある時期にふさわしいたった一つの正しいメッセージがあるという感情に基づいている。これらの主張は修正一条の反正統性原理の中核にまで到達し、それどころかその原理を攻撃するものである。

憲法の「恒星」

トランプ時代において独自の形態をとってきたとはいえ、愛国心やナショナリスティックな表明を強制しようとする努力は、新たな現象ではない。第二章で議論したように、統合を強制し異論を罰しようとする政府のアジェンダは、特に戦時において、悲しいくらい一般的な事柄である。州政府や連邦政府は、国家の一体性や安全保障上の利益のために、愛国心の表明を強制しようと試みてきた。

一九四三年、連邦最高裁は、星条旗について公権力による正統性を押し付けようとする諸法に致命的な打撃を与えた。ウェストバージニア州教育委員会対バーネット判決(9)において、連邦最高裁は公立学校の子どもたちに星条旗への敬礼と忠誠の誓いの暗唱を、学校で毎日行われる儀式の一貫として義務づけた州法を無効と判断した。バーネット判決は、反正統性原理について説明した最初の先例となった。判決は一般に、連邦最高裁がこれまで下した修正一条に関する最も重要な判断の一つとみなされる。

バーネット判決に三年先立つ一九四〇年のマイナーズビル教育区対ゴビティス判決は、同様の国旗に関わる事例について判断を下していた。ゴビティス判決で法廷意見を執筆したフランクファーター

＊2 〈不可知論と無神論：不可知論は神の存在について証明不可能だとする立場、無神論は神の存在を否定する立場で、アメリカではどちらも広義の宗教・宗教的態度表明として扱われる。〉

判事は、義務的な国旗への敬礼と忠誠の誓いが修正一条の保護する宗教行為の自由や自由な言論の権利を侵害するというエホバの証人の主張を否定した。たった一つの反対意見を退けて。法廷意見は、「国家の一体性」について指摘するが、それは最も高いレベルでの国家の利益である安全保障と密接に関連するものとして語られている。ゴビティス判決の後、多くのエホバの証人は裏切り者として、そしてナチのシンパとして扱われた。同時に、自警団によるエホバの証人に対する突発的な暴力行為も発生した。

バーネット判決において、連邦最高裁ははっきりとその方針を変更した。判決では、公立学校の子どもに対して、始業時の忠誠の誓いの暗唱のあいだ中、起立し、星条旗に対して敬礼することを強いるウェストバージニア州法を無効とした。多数意見を書いたジャクソン判事は次のように述べる。「強制的な星条旗への敬礼をこのまま放置するというのなら、我々は、内心について発言する個人の権利を保障する権利章典が、心にないことを発言するように強制する野放図な権威を当局に残してしまっているといわねばならない」。裁判所は、州が説得や模範を示すことを通じて国家の統一性を促進することができると認めながらも、政府がこれらの目的を命令と強制によって実現することはできないと判示したのである。

「国家の統合」という利益は生徒がもつ州のメッセージの伝達を強要されない権利を上回るというウェストバージニア州の主張に対して、連邦最高裁は次のように応答する。「時勢と国にとって不可欠な何らかの終局的思想を支持するような感情の一体化を強制するための取組みは、悪人だけでなく多くの善人によって繰り広げられてきた」(10)。さらに続けて、「異論をもつ者の強制的な排除を始める者は、自分たちが異論をもつ者を根絶していることに気がつく。強制的な意見の一体化は、墓場における一体化を達成するに過ぎない」[11]。そして、連邦最高裁は、国歌や星条旗に対して特定の応答をさせることは、「我々の憲法の修正一条の目的からして、公的な統制の及ぶ領域から取り除かれるべき知的・精神的な領域を侵害する」と結論づける[12]。

連邦最高裁はまた、特に戦時において、政府が愛国心を称揚する儀式を命じる権限を与えられているという主張にも応答した。すなわち、「愛国心を掻き立てるような式典が、強制的な日課ではなく自主的・自発的に行われていたならば、愛国心が栄えることはなかった。こう信じることは、自由な精神に対して魅力的な我々の諸制度を非好意的に評価するということである」。ジャクソン判事は、この章の冒頭で引用した象徴的な意見を敢然と述べる。「我々の憲法という星座において恒星があるとすれば、その恒星とは、地位の高低にかかわらず、いかなる役人も政治、ナショナリズム、宗教やその他の理念に関する事柄に関して、何が正統なものであるべきかを命ずることはできないということであり、また、市民に対して彼らの信念の内なるものを言葉で、あるいは行動で告白するように強制することはできないということである」[13]。「いかなる役人も……地位の高低にかかわらず」。バーネット判決は、あらゆるレベルの役人は、個人に対して、その人が保持または支持していない見解を伝達するよう強制することを禁じられているという立場に立っている。判決は、政府が私的な話し手に対して、政治、信仰、その他の事柄に関わる公的な正統性を指示したり、支援するよう強制することを禁じているのである。

この反正統性原理は、公権力の強制に対して異論をもつ多様な人たちから主張された原理である。例えば、連邦最高裁は、ニューハンプシャー州がエホバの証人に車のナンバープレートに「自由に生きよ、さもなくば死を」というモットーの掲載を強制することはできないと判示した(14)。バーネット判決の子どもたちやその親と同じく、運転手は、そのモットーが彼の宗教的信念に反する見解を表現するよう強制するとして、これを拒絶した。ボストンにおいて、アイルランド系アメリカ人によるプライドパレード*3の主催者は、LGBTグループをパレードに含めるよう命じる州の命令を無効にするために、反正統性原理を主張した(15)。

近年の判決においても、バーネット判決の反正統性原理が主張され、適用された。ある事例では、連邦最高裁は、公務員に対して組合費の支払いを義務づける州法を無効と判断した。この判断は、会費支払いを通じて法が政治的言論を強制したという理由によってである(16)。別の事例では、連邦最高裁は、妊娠中絶に反対し、中絶のサービスを提供しない〈反中絶派が運営する〉危機妊娠センター(crisis pregnancy centers)に対して、妊娠中絶サービスに関するメッセージを患者に伝えるよう命じた州法を無効とした(17)。また、言論を強制されない権利は、身元の開示を求める政府の要求から政治活動化を保護している(18)。反正統性原理は、政府が私有財産の所有者に対して、所有者とは無関係の話し手が所有者の財産を用いて、所有者が拒否するメッセージの伝達を強制することをも禁じている(19)。

判決への批判者は、これらの決定のいくつかにおいて、連邦最高裁は「強制された言論」と呼ばれる法理を誤って適用したと主張する。これらの批判を引用したことで私がいいたいのは、すべての判決はケースバイケースであるということではない。そうではなく、反正統原理がもつ重要性と、その潜在的射程について触れたいのである。これらの判決が示すように、修正一条の観点からは発話の強制について二つのそれぞれ別の側面に問題を見い出せる。一つ目の懸念は、命令が話し手の自律性を妨げることである。義務的な忠誠の誓いやそれと同種の事柄は、話し手に対して自身の意思に反する伝達を強いる。言論をするよう命じる命令に関わる二つ目の懸念は、命令によって政府が一個人たる話し手を、国家の統合、政治、中絶、性的志向やその他の事柄に関わる一連の「〈政府が〉承認した」信条を宣伝し、それらの信条を確立するために用いる権限を与えてしまうことである。これらの公権力がつくる正統性は、話し手がそれを支持しているという誤解を生んだまま、話し手に帰することとなる。

この二つの懸念事項は、星条旗やその他の公的なシンボルに関わる特定の攻撃的な展示を制約する諸法律の文脈で示される。星条旗は極めて伝達的なシンボルである。多くのアメリカ人にとって、星条旗は愛国心、軍隊、国家の統合に関わる理念を体現するシンボルである。しかし、それ以外の多くの人にとっては、星条旗は結局のところそれらの理念を体現するものではない。実際、星条旗は、宗教やその他の信念と対立するようなメッセージを伝達しているかもしれない。星条旗に対する敬意の表明を強要することは、自分とは相容れない信念をもつように強制されるということであり、強制を通じて公権力による正統性を確立するということである。

政府が他の人に星条旗と愛国心についての見解を伝達するよう強制できないように、政府は、政府

＊3 〈プライド・パレード：LGBTの権利や文化を促進するために行われるデモンストレーション。〉

が好むものとは相反する感情を伝達する人々を処罰することはできない。したがって、連邦最高裁は星条旗に対する尊重を強制する法を無効としている。テキサス州対ジョンソン判決[20]において、連邦最高裁は意図的に星条旗を「冒涜」することを禁じたテキサス州法を無効とした。この州法では「冒涜」について、その行為を「みたり発見した一人の、ないし複数の人への攻撃になることを行為者が知りながら」、国旗を「傷つけ、損傷を与え、その他いかなる方法で物理的に酷い扱いをすること」、と定義している。ダラスでの政治的抗議集会に参加していたジョンソンは、近くの抗議者が「アメリカ、赤、白、青、俺はこいつらに唾を吐きかけてやる」と叫ぶのと同時に、星条旗を燃やした。その行為によって攻撃されたと主張した人はいたものの、ジョンソンが旗を燃やしたことによって身体的に傷つけられた人はいなかった。

　連邦最高裁は、「国家と国民統合のシンボルである星条旗を守る」という、より優越的な利益があるというテキサス州の主張を退けた。連邦最高裁の判示するところによれば、ジョンソンは「この国の政策に対する不満に関わる表現、すなわち、我々の修正一条の核心に位置する表現を理由に起訴された」。けれども、「修正一条の根底にある原理は……社会が特定の思想それ自体を不快に感じたり嫌悪したりするというだけの理由しかないのなら、政府はその思想の表明を禁止することができないということである」[21]。バーネット判決の象徴的な一節を呼び起こそう。「もし連邦最高裁が、国旗とそれが表すものに対する態度を示すために国旗を燃やすことができるのは、その人が国旗の表す国家や国家の統合を危険にさらさない場合に限ると述べてしまえば、州に『何が正統なものかについて指図すること』をさし許すこととなってしまう」[22]。連邦最高裁はまた、次のようにも述べる。「我々はこれまで、政府に、あるシンボルやシンボルが指し示すものについて、唯一の見解を表現するために使われるよう保障する権限がある、などと述べたことはない」[23]。

したがって、星条旗に関して、連邦最高裁は「修正一条によって保護された原理間の争い」と呼ばれるものへの例外を創出することを拒絶した[24]。したがって、「星条旗がもつ特別な役割を守る方法というのは、その役割について異なった考え方をもつ人を罰するということではない。彼らの方こそ間違っているのだと説得するということである」[25]。連邦最高裁の判事たちがいうには、「燃えている国旗に対する適切な反応として、自分の星条旗を振り返す以上に適切な反応は想像できないし、旗を燃やすことによって示されるメッセージに対抗するやり方としては燃え盛る旗に敬礼する以上に良いやり方はない。さらに、燃やされた旗ですら尊厳を保持していることを示すためには、それに対する尊敬の念を繰り返えすこと以上に確かな手段はない」[26]。

バーネット判決とジョンソン判決は、修正一条の原理と価値の基盤に依拠するものである。けれども、トランプ大統領の公然の発言とそれが示す提案のように、旗の焼却の文脈においてすべての人々がそれらの原理の適用に得心がいっているわけではない。ジョンソン判決のレーンクィスト長官の反対意見では、問題となった国旗の焼却に関する限り、これを保護する価値はほとんどないと指摘する。レーンクィスト長官は、旗を燃やす行為について、社会的ないし政治的な論争にとってほとんど何も、あるいはまったく何ももたらさない、「表現とはいえないような呻きや叫び」であると吐き捨てる[27]。多くのアメリカ人はこれに賛同しているようだ。世論調査の示すところでは、アメリカ人の多くは国旗の焼却を違法とするような憲法改正を支持している[28]。連邦議会はそのような改正について何度か検討はしているけれども、州に対して憲法改正の批准を提案するのに必要なだけの立法府の支援を確保するには遠く及ばない状況である。ジョンソン判決への応答として、議会はテキサスの国旗冒涜法と同様の連邦法を制定した。この連邦法は国旗への尊重を欠く取扱いを犯罪としている。連邦最高裁はジョンソン判決で示したのと本質的には同様の理由から、この連邦法も違憲としている[(29)]。

すでに記したように、反正統性原理は話し手の自律や反対する権利に対して与えられる修正一条の保護の中心となる一面であり続ける。既存の判例法理のもとでも、政治的抵抗としての象徴的行為である国旗の焼却を理由として投獄したり市民権を奪ったりしようとしたとしても、トランプ大統領が示すように、うまくいかないだろう。愛国心や信仰に関して、政府の支持する信念、見解、感情に従わせようとする圧力は、異論が萎縮したり抑圧されるような状況を作り出してしまう。政府はこれらの事柄についても、それ以外の事柄についても、意見を表明することができる。しかしながら、そのために強制力を用いれば、反正統性原理を侵害することとなる。

正統性の棺

第二章での「煽動」についての議論は、政府がときに合衆国への「忠誠」を強制することを説明した。ここでいう強制は、政府の役人や公務員からのそれも含まれる。そこでは、異論と忠誠心の欠如を同一視する誤った見方によって生じる、とりわけ修正一条に関わる問題に焦点を当てた。第二章ではまた、トランプ時代に普及している——国家、行政、大統領に対する——忠誠を要求する様々なやり方について簡単に議論した。バーネット判決やそこから派生した判例が示すように、国家に対する忠誠を強要しようとする努力は、この章で焦点を当てる反正統性原理とも関わる。

すべての忠誠の誓いが有害なわけでも違憲なわけでもない。例えば、憲法は大統領に対して憲法を維持し保護することを誓うよう要求する[30]。議会のメンバーや連邦裁判所の判事、州の役人もまた、職務に関して同様の誓い行う[31]。公務員と同様、これらの個人も政府における役割と関わって特別な義務と責務を負う。在留外国人もまた、長年、帰化の条件として合衆国へ忠誠の誓いをするよう求められてきた。本質的に儀礼的なものではあるにせよ、この誓いは、個人の市民としての地位を正式なものにするための手段である。

忠誠の誓いを強制することは、一方で、修正一条の反正統性原理に関わる深刻な問題を提起する。第二章で議論したように、忠誠の誓いは冷戦のあいだ、異論を規制し、封殺するために用いられた[32]。一九四七年にハリー・S・トルーマン大統領は「政府の執政各部における行政職雇用者の忠誠プログラムの手続について」と題される大統領令九八三五に署名することで忠誠の誓いのプログラムを組織化した。この大統領令は、雇用される公務員に対して忠誠の誓いにサインするように要求し、「合衆国政府に対する揺るがない忠誠心」を保障するために「忠誠心を欠く者や破壊活動者」を暴き出すための調査を求めた。このプログラムのもとで、「忠誠心」は連邦によって雇用される条件として用いられた。

冷戦のあいだ、連邦や州政府は雇用者、教員、公的助成の受給者その他に対して、彼らが合衆国や特定の州のいずれか、または両方に対する支持を表明する忠誠の誓いにサインするよう要求した。加えて、雇用や利益供与の条件として、これらの人たちは共産主義者やその他の「破壊活動」組織のメンバーであることを否定するよう求められた。

忠誠の誓いは特に、公立大学のキャンパスにおいて論争を呼ぶものであった。冷戦期において、カリフォルニア大学の学部生は州法の定めにより、カリフォルニア州憲法を肯定し、共産主義組織を含め、合衆国政府の転覆を唱道する組織のメンバーであること、そのような組織を信奉していることを否定する誓いにサインするよう求められた。一九五〇年の夏、ホロコーストの生存者である著名なユダヤ人の研究者を含めた三一名の署名拒絶者が解雇された。公営住宅の居住者と財政援助を受けている学生もまた、忠誠プログラムの標的となった。このことはマサチューセッツ州選出の一人の上院議員を怒らせた。彼の名は、ジョン・F・ケネディ。彼は次のように書き残している。「教育を推奨するためのプログラムのいかなる場所にも、忠誠の誓いの居場所はない。あのようなものは不愉快だし、面白くない」。

バーネット判決における反正統性原理について説明してきたけれども、連邦最高裁は最初から忠誠の誓いの義務づけを違憲としていたわけではなかった。一九六〇年代より前には、共産主義や革命(平和なものでもそうでないものでも)を支持するような言論も含め、過激な言論に対する保護はほとんど存在しなかった。修正一条はそのころはまだ、「破壊活動」組織を含め、政党への参加を保護する「結社」の権利を認めていなかった。

一九六〇年代に、連邦最高裁は修正一条やその他の憲法上の根拠に基づいて、州の忠誠の誓いを無効とした。一九六四年に、連邦最高裁は公立学校の教員に対して次のような行為を求める二つの州法を漠然であるとして違憲とした。二つの州法は教員らに、「星条旗やアメリカ合衆国ないしワシントン州の組織を尊重するよう推進し」、また彼らが「破壊活動分子」やアメリカ共産党を支援していないことを肯定するよう求めた(33)。連邦最高裁はまた、現在あるいは将来的な州の公務員に対して忠誠の誓いにサインするよう求める一九六一年制定のアリゾナ州法を違憲としたが、これはそのような要求が修正一条によって保障される政治的結社の自由を侵害するためである(34)。

大学のキャンパスにおいては、忠誠の誓いは学問の自由の原理と鋭く対立した。連邦最高裁は、教職ないしその他の公務員の職に「破壊活動分子」を雇用することを禁ずるニューヨーク州法を違憲と宣言した際に、この特別な問題を認識した(35)。バッファローのニューヨーク州立大学において、ある英語のインストラクターが共産主義者でないことを宣言する制約へのサインを拒んだ。結果として、彼の契約は更新されなかった。

連邦最高裁は、ニューヨーク州法とそれに基づく規制は修正一条に違反すると判示した。連邦最高裁は、そのような州法が大学のキャンパスにおける学問の自由に対して与えるであろう効果を、この判断の特別な理由とした。連邦最高裁は次のように述べる。「我々の国家は、学問の自由を守ることに特別なコミットメントを寄せる。この自由は、問題となっている教員たちにとってだけではなく、我々すべてにとって超越的な価値をもつものである。この自由はそれゆえ、修正一条の特別な関心事となる。修正一条は教室を『正統性の棺』のなかに投げ込むような州法に対して容赦はしない」(36)。

これらの先例は、連邦法によるものであれ州法であれ、いかなる形の忠誠の誓いの要求をも排除するというわけではない。今日、多くの連邦の公務員はいまだに誓いへのサインを求められている。州の公務員もまた、大学の学部の構成員を含め、雇用や契約更新のための条件としてサインを求められている。これらの誓いは、連邦最高裁が一九六〇年代の判例で攻撃的であると判断した「反過激主義」的な文言を取り除かれた、雇用者が連邦ないし州の憲法に忠誠を誓い、国内外の敵から憲法を守ることを約させる一般的な要求である。このような形態をとることで、これらの誓いは大統領や憲法上に規定された公職によってなされる憲法上の誓いと同様のものである。

このような形態であっても、すべての公務員が自発的に忠誠の誓いにサインをするわけではない。例えば、二〇一五年、ジェームズ・サリスというフェニックス大学のライティング・インストラクター補助が、合衆国憲法とアリゾナ州憲法に対する「真の信頼と忠誠」を抱いていることを証明させる忠誠の誓いへのサインを拒んだ。誓いへのサインが職にとどまるための条件であること、彼は例外的な免除の対象とはならないことを告げられると、サリスは職を辞した。対照的に、多くの雇用者はサインをすることで忠誠の誓いに服している。どのみち抵抗できないと達観する人もいる。いくらかの人々は、サインをすることで仕事へのコミットメントや個人的な愛国心を表明することができると考える。より多くの人たちは、単純にサインを特に意味のない行為とみなしている。そんなものは官僚的な細かい話であるとか、誓いなどは特別な負担でもなければ、義務でもペナルティでもないと。

忠誠の誓いは、多様な主義主張や感情に対する忠誠心を確保するために使われる。連邦最高裁が究極的に認めるように、もし誓いが何らかの公的利益を受けるための条件として使われれば、それは違憲な強制となりうる。この文脈において、誓いは話し手が信じておらず、表現することを望んでいない感情やイデオロギーを引き出すために使われる。その意味で、このような誓いの使い方はバーネット判決で却下された義務づけや、星条旗の「冒涜」を犯罪化する法と変わらない。

連邦最高裁が判示してきたように、忠誠の誓いは教室を「正統性の棺のなかに叩き込む」ものである。もし強制された正統性が思想の自由な交換を脅かすのであれば、義務的な誓いは教室に関わる文脈において特にやっかいである。大統領や立法者とは異なり、大学の教授やその他の教育者は憲法上の役職者としての機能を果たさない。教授らは思想の世界で活躍する。これらの思想のいくつかは憲法の原理や理解、基盤を批判し、拒絶する。この文脈において、特に、忠誠の誓いは思想の自由市場と反対する表現への重要な脅威を引き起こす。けれども、義務的な誓いはまた、政府の職場や機関に同様の問題を引き起こす。ある種の主義主張やプログラムへの忠誠を、喚起するのではなく要求することは、政府への批判を抑圧し、そのような主張の受け入れや「忠誠」についての誤った認識をもたらすであろう。

正統性と異論

バーネット判決やジョンソン判決、そして忠誠の誓いの事例が証明するように、政府は国民の統合を命じたり、州の承認する愛国的メッセージの表明を強制したり、個人に対して政府が承認する理論のみを主張、保持するように要求することはできない。修正一条の反正統性原理はこのような形の強制を禁じている。けれども一方で、政府は愛国心や信仰についての強力な見解を表明することができるし、実際に大衆に対して政府の見解を採用するように圧力をかけることも可能である。そうなると、この文脈において、公権力による強制と公権力による表現を分かつ線引きをすることが重要となる。すでに述べたように、国旗の焼却をした者を投獄したりその市民権を剥奪したりしようというトランプ大統領の提案は、直接的に規制の形をとるものである。それが法律となることが決してないように願うし、もしそうなった場合でも裁判所は徹底してその法律に記述された内容を拒絶するであろう。憲法の改正がなければ、国旗の焼却とその他の形での「冒涜」は政治的言論として保護される形をとり続ける可能性が高い。

少なくとも冷戦の時代に強制された類の忠誠の誓いも、過去の遺物といっていいだろう。少なくともこの点において、トランプ大統領は行政各部の公務員に対して「過激な」ないし「破壊活動」のグループのメンバーでないことを宣言する忠誠の誓いや文書に署名することを、雇用の条件として命じてはいない（トランプ大統領は一部の行政各部の任命者に対して機密保持の同意書へのサインを求めたと報道されてはいるものの）。トランプ大統領はまた、市民に対してお互いに「メリークリスマス」とかその他義務づけられた台本にそった挨拶をするよう求める法や規制を提案してもいない。この種の行動はまた、ただ単に修正一条の反正統性原理と関わる自由な言論を侵害するだけでなく、宗教を「国教化」することを禁じる修正一条の原理にも抵触する。

けれども、もっと直接的でない、あるいは微妙な手段はどうだろうか。NFLの抗議行動に対するトランプ大統領の介入は、我々が懸念すべき憲法的に越えてはならない一線の例を示している。NFLは民間の組織である。そのため、修正一条の規定を守る必要はない。政府や公務員のような国家主体のみが修正一条を守る義務を負う。したがって、コメンテーターが雇用主と相対するプレイヤーの

「言論の自由」について話すとき、彼らは法技術的にまったくの的外れである。

しかしながら、政府の役人や規制者は修正一条の命ずるところに服する。トランプ大統領の発言のいくつかは、バーネット判決のような事例が含まれている言論の強制の境界線に近づいている。一例として、NFLのリーグが抗議をした選手を処分しないのなら、NFLは反トラスト法からの免除や「莫大な額の税制控除」を失うだろうというトランプ大統領の提案は、修正一条を発動させるようなある種の規制手段と同様の方向性をもつ[(37)]。これは、放送免許やグーグルのアルゴリズム、サタデーナイトライブのパロディーにしたスケッチへの「調査」を約束した際に彼が越えそうになった一線と同様のものである。

トランプ大統領の多くの公式声明と同じく、NFLの選手とオーナーに関する彼の意図をはっきりさせることは困難である。個人や組織を何らかの形で実際に規制することがなければ、トランプ大統領の発言のほとんどは、修正一条で許可されている政府の発言であり、ときとして私的な発言でさえある可能性が高い。

すでに述べているように、大統領は、公職者、私人の両方の立場で、NFLや選手に関しての見解を表明する権利を保障されている。同様に、彼は祝日を祝う適切な方法についての見解を表明したり、忠誠の誓いにおいて神への言及への支持を表明したりすることができる。強制や処罰、報復さえなければ、公権力による正統性のアジェンダは修正一条とぶつかり合うことはない。

けれども、そのことは我々がそういった声明を歓迎しなければならないとか、それらを完全に反正統性原理とは関係ないものとして取り扱ったりしなければならないということを意味しない。反対に、

「正統性の棺」は個人に対して、自分は正統な見解に対して自由に反論できない人間だとみなさざるをえないような状況のなかで生じる。トランプ大統領が修正一条に違反してきたかどうかにかかわらず、彼が伝達してきたものは服従への圧力を作り出し、それによって話し手の自律性を侵してきた。

合衆国大統領がＮＦＬで抗議する選手たちを「弱者で、自分勝手」な者として言及したり、「サノバビッチ」な選手はクビになるべきだといったり、彼らの抗議を「我々の国家への不敬」と特徴づけたりする場合、その声明は彼が支配するオフィスにおいて重要な重みをもたらす。彼らは政治的支持者や一般の大衆が、平和的な抗議の展示ですら、抗議者たちが愛国心と忠誠心に欠ける証拠であるものと扱うようにけしかける。

第五章の「ヘイトスピーチ」の事例でさらに議論するように、話し手としての政府は国家に関わる公共討議に対して建設的な影響を与えることができる。政府は平等や自己統治、寛容といった価値を奨励することができるのである[38]。これらの価値は、まさにＮＦＬの抗議をめぐる議論のなかで重要な役割を果たすものであり、これらの抗議は、平等や社会正義といった関心事から生じていたものである。同様の方法で、信仰や宗教についての政府言論もまた公共討議を促進させうる。これらの言論は、選好や分断ではなく、多元性や寛容を奨励することができる。

重要なのは、政府が愛国心や信仰などの重要な事項について沈黙しなければならない、または沈黙すべきだということではない――むしろそうあるべきではない。当然ながら、政府の役人は、政府の見解に同意しない人々の主義・主張に同意したり、それを採用したりするよう求められるわけでもない。しかしながら、政府の話し手は、公的な関心事に関わる事柄について開かれた議論を推奨したり、マジョリティや声を上げる多くの人々の好む見解に反対する人々への寛容を勧めるというやり方でプラットフォームを用いることができる。政府の役人は、軍隊、法執行機関、および国家統合に対する支持を表明しながら、これらのことをすることができるのだ。

対照的に、政府がその地位を利用して政治的ないし文化的な正統性を支持しようとすれば、政府は上記とは異なる、よりネガティブな役割を果たすこととなる。歴史が証明するように、正統性のアジェンダは大衆を分断し、政府と大衆との関係を根本的に変質させる。抗議や反対は阻害されるようになる。反対者は不忠で「反米アメリカ人」として取り扱われる。さらに、公権力による正統性への服従を強制することで、我々が好まない言論への適切な反応とは、マジョリティや声を上げるマイノリティの見解に一致することであると大衆に教え込む。

反正統性原理の最も重要な教えは、国歌や国旗、国、祝日シーズンにどのように応答をするかについての唯一の正しいやり方など、存在しないということである。言論の自由は、そのような事柄についてどのように応答するか、そのことにどのような意味を帰するかを決定できるということである。我々の国家への忠誠や宗教への信仰とは何を意味するのかについて、見解の多様性が存在する。反正統性原理は、跪いたり、立ったり、挨拶をしたり、歌ったり、その他の行為が同じやり方でなければならないなどという主張を拒絶する。

反正統性原理と関わる修正一条のもう一つの核心的原理は、我々が好まない言論への対処方法は対抗言論であり、一体性を強制することではない、ということである[39]。したがって、NFLのファンは選手やオーナーを批判することができるし、ゲームへの参加を拒否することができる。服飾店のオーナーは抵抗のために自分の靴を燃やすことができる（もちろん最初に靴を脱ぐべきだけれども）。選手の抵抗によって気分を害されたこれらの人たち――そのなかには大統領もいるのだが――は、選手たちは間違っている、見当違いだ、という自分たちの考える見解を表明する手段として、不動の姿勢で敬意を表することができる。連邦最高裁はジョンソン判決で示したように、人々は国旗の焼却に対抗して、国旗への敬礼を行うことができる。疎外感を感じているキリスト教徒は、会う人すべてに「メリークリスマス」と挨拶することができるのだし、そうでない人はそれに「ハッピーホリデイ」と返せばよい。

修正一条が強制的な規制よりも反論を選好するのは、対立する諸見解が思想の自由市場のなかで出合い、いずれの見解が大衆に受け入れられるのかを競うことが社会的利益である考え方に基づいている。けれども、このような計画が機能するためには、異論は少なくとも、寛容なもので、そして思想的に受け入れられるものでなければならない。残念なことに、近年の愛国心や信仰、その他の事柄についての公共討議はそれに当てはまらない。いかなる不一致もますます、歓迎されず、非友好的で、そして険悪にすらみえる。

ＮＦＬの抗議者たちのことをもう一度考えてみよう。彼らは暴力的でも破壊的でもなかった。だれもゲーム開始前のセレモニーをみたり、聞いたり、参加したりすることを妨げられてはいない。試合そのものに抗議者たちは何らの影響も与えていない。実際、抗議者たちは平和的で非暴力的な反対の典型例となっている。これが意味するのは、〈抗議者たちへの〉異論や報復したいという願望は、破壊や他者の権利の妨害から発生するものではないということである。抗議者たちは交通を妨げたり、メッセージを誰かの家に投げ入れたり、その他の方法で治安を紊乱したりしていない。

そして、ある人たちによれば、抗議者たちはいまだ「試合を台無しに」していない。異論の本質は、必然的にこれらの象徴的な抗議の内容に向けられていると思われる。けれども、同時に、抗議者たちが実際に行っていることを聞くことへの意図的な拒絶――社会正義への批判を皮肉な形で肯定することになるのだが――もまた存在する。

ツイッターにおいてトランプ大統領は選手たちを「我々の国旗や国歌へ一貫した不敬な態度を示した」個人として特徴づけているが、このことは彼らのメッセージの意図や中身を誤って伝えている。彼らを国旗や軍隊、国歌に対する抗議者として説明することは、誤りであるし、分断を招く。この「公権力」による解釈は、寛容と理解を進めるのではなく、むしろ非難と怒りに火をつけることで、大衆を分断する。このことで、「思想の自由市場」は混乱する――まず初めにメッセージを誤って伝えたことによって、次にメッセージへの疑念を駆り立てることによって。

ＮＦＬの抗議者たちは、本書に関わる広い関心事を提起する。すなわち、特に超党派の時代において、アメリカ人がナショナリズム、宗教、平等やその他の事柄に関わる見解を捨てさせたり、検閲したりしようとする願望に対してどのように抵抗するのかという問題である。我々は、反対の見解に対しての寛容さが冷戦以降の経験のなかで、歴史的なレベルの低さに落ち込んでいる時代を生きている。冷戦期は、大衆の興奮状態が「破壊的」な人たちや思想に対する猜疑心と恐怖感を生み出す時代であった。寛容さが失われるに従って、正統性への渇望はいや増す傾向にある。このような一般的な懸念は、「ポリティカル・コレクトネス（政治的正しさ）」についての現在の議論と関係をもつ。

保守派は、リベラル派は自分たちが賛同しない見解を抑圧しようと望んでおり、リベラル派の一部は実際にそのような間違った立場をとっていると、不平を述べる。しかしながら、正統性は両面的に機能する。保守派の思想に非寛容的な「スノーフレイク」*4なリベラルへの不平を漏らす保守派は、舌の根の乾かぬうちに、嬉々として、自分が反愛国的だとか国旗や軍隊への尊重に欠けるとみなす言論を抑圧する。実際、一昔前には、保守派の正当性は「破壊分子」や「過激派」狩りを駆り立ててい た。現代において、「両方の側」は、彼ら自身の信念と一致するメッセージを、より心地良いものとして聞いたり見たりするのである。

今日、おそらくほとんどのアメリカ人は、単に社会主義を勉強したり独裁者を称賛したりするだけの個人を抑留しようという政府の試みを拒絶するだろう。けれども、特定の形態をとる異論、例えば旗の焼却や国旗斉唱の際に片膝をついたり、「ハッピーホリデー」といったりするような形態の異論は、いまだに民衆の強力な反動の引き金になるように思われる。

建国者がつくった言論やプレスの自由の概念に重要な影響を与えた著作のある政治哲学者のジョン・スチュアート・ミル*5は、「多数派による専制」を非難している。彼は、公権力による検閲や強制は危険であるけれども、社会それ自体も専制者と同様に機能しうると指摘する。したがって、ミルによれば、「行政官による専制に対する保護だけでは、十分ではない。社会が、それがもつ思想や実践を、それらに反対する人の行為を縛るという形で押し付ける傾向に対する保護の必要性もある」(40)。我々の時代に、「多数派による専制」のミルの見通しと関わる懸念はいや増している。特に、この国で最も強力な公権力により支えられ、支援されているマイノリティに関わって。

反対者を愛国心に欠けるものとして特徴づけたり、ある種の休日の挨拶をする人がキリスト教徒ではないとかアメリカ人ではないと主張することは、ミルの警告したような危険性を高めている。修正一条の反正統性原理は、反対者を抑圧しようという文化的な衝動を中和する。このことは、愛国心が立法化されたり、その他の方法で強制されたりすることはできず、愛国心は十分な情報に基づいた、究極的には自発的な選択の産物でなければならないという理解に基づいている。反正統性原理は党派的なものではない。すでに議論したように、同性愛者の権利、中絶の権利、その他左派によって支持される問題についての正統性を強制しようとする政府や多数派の試みに反対する立場でもある。

修正一条は、我々が公共の関心事についてお互いに関わり合い、相手に膝を屈するよう強制しようとしない場合に、社会は利益を得ることができるということを忠告している。強要や強制は、愛国心や信仰に関わり「勝利する」ための誤った方法である。その本質からして、いかなる場合であってもこれらの主張に勝ち目はない。反正統性原理から導かれる基本的な教訓というのは、いくぶん狭く限定されたなかで、我々のそれぞれが、国旗を尊重するかどうか、尊重するとしてどのように尊重するのか、我々がどのように祈り、着飾り、話し、見解を伝えるのかを決めることができるということである。

＊4 〈スノーフレーク：傷つきやすいリベラルな若者を小ばかにするスラング。〉
＊5 〈ジョン・スチュアート・ミル（1806-1873）：イギリスの哲学者で、自由の機能を論じた『自由論』には、危害原理や真理のための論争といった、現代の表現の自由の理論や法理にも受け継がれているものが含まれている。〉

第四章　パブリック・フォーラム

開かれた民主的な社会では、通り、公園、その他の公共の場所は、公的な議論と政治プロセスのための重要な施設である。要するに、それらは市民が自由に利用できるパブリック・フォーラムであり、そのような施設を気前よく共感をもって利用できることは自由の指標である。[1]

連邦最高裁は、修正一条の権利は、それが効果的に行使されるために、「呼吸空間」が必要であると述べた。[2] その「呼吸空間」は、名誉毀損に関する判例法理（第一章を参照）の形態をとり、公共の利害に関する表現の機会を拡大する。しかし、その「呼吸空間」は、公共の場所や財産へのアクセスという形でも提供される。そのような場所や財産には、言論や集会といった修正一条の権利を行使するために使用される財産が含まれる。

この章では、場所と、それが異論および民主主義にどのように関係しているかに焦点を当てる。[3]当局が異論を鎮めたり鎮圧したりする方法の一つは、表現や集会が行われる物理的な場所、またはデジタル時代の現在では、サイバー空間へのアクセスを制限することである。これらの場所へのアクセスが制限されると、市民や公務員からなる聴衆に対して、不満を伝えたい個人やグループの能力は制限されることになる。政府職員へのアクセスが制限されている場合、統治者と被治者との相互作用の機会は減少する。

歴史的に、通りや公園などの公共の場所へのアクセスに対して、政府は広くコントロールを及ぼしてきた。実際、当初はその権限は無制限であった――私有地の所有者と同様に、当局は公共の場所へのアクセスをいかなる理由でも、あるいはまったく理由なく拒否することができた。一九五〇年代から一九六〇年代にかけて、公民権運動が異論を伝えるための公共の場の重要性を示すようになると、連邦最高裁による修正一条の判例法理は、そのような場所へのアクセス権を認めはじめた。修正一条の権利を行使するために公開され利用可能な公共の財産である「パブリック・フォーラム」の概念(修正一条の権利の行使という目的のために開かれ利用できる公共の財産)はまさに、公民権についてのコミュニケーションを目的とした公共の場所へのアクセスをめぐる紛争に根ざしている。

修正一条の権利とアメリカの民主主義の発展にとって、少なくともいくつかの公共の場におけるアクセス権の承認は極めて重要であった。しかし、それは公的な議論や異論に対して十分な「呼吸空間」を保障するものではなかった。実際、パブリック・フォーラムへのアクセスと表現の権利に関連する紛争は、修正一条の歴史と伝統のテーマであり続けている。過去にもあったことだが、公共の場へのアクセスをめぐる紛争はトランプ時代に再び激化した。公的な抗議行動に対する政府の態度と対応は、再び、パブリック・フォーラムの活力と、修正一条の権利を行使するための「呼吸空間」の提供について懸念を引き起こした。

いまの時代には重要で新たな波も現れた。トランプ大統領がツイッターを利用していることで、連邦最高裁が最近「現代的公共広場」と呼んだインターネットやソーシャルメディアの場で、公衆がどの程度コミュニケーションの権利をもっているのかという新たな疑問が生じている[4]。これはトランプ固有の問題だが、トランプ時代の重要な問題でもある――政府関係者の使用しているソーシャルメディア・アカウントへアクセスする権利を表現者がもっているかどうかは、裁判所がまだ取組みはじめたばかりの未解決の問題である。政府や公務員が、有権者や他の聴衆に話しかけるためにソーシャルメディアのプラットフォームをより頻繁に利用するようになるにつれ、アクセスにまつわる重大な問題が生じ続けるだろう。トランプ時代以降はますます、デジタルなパブリック・フォーラムへのアクセスが修正一条の重要問題になるだろう。

トランプ時代における公的な抗議と異論

まだ候補者であったころのトランプは、自身が「法と秩序」の候補であり、「法と秩序」の大統領になるだろうと公言した[5]。歴史的にみて、このような宣言やレッテルは、公的な抗議行動やデモ、その他の同種の公的な異論にとって良い前兆ではない。政府は歴史的に、国民の抗議やその他の形式の公的な論戦を「法と秩序」に対する重大な脅威とみなしてきた。政府は、公的な論戦を封じ込めるために抑圧的な手段をしばしば採用してきたのである。

公共の抗議行動やデモを規制する法律、公共の場所への立入りの制限、公然たる攻撃的な警察活動など、多くの要因が、公共の場所での修正一条の権利の行使を制限している。これらの障害はトランプ時代に存在する。さらに、トランプ大統領と他の公職者は、公的な抗議活動をある種の「衆愚政治」として嘲笑してきた。予想通り、役人は公的な論戦を抑制するような手段を講じたり、提案したりしている。さらに、前述したように、ツイッターの批判者をブロックするなどの方法は、政府がデジタルの場での異論を抑圧することがどの程度まで許されるのかについて、問題を提起している。

公衆の異論に対するトランプ大統領の態度は、二〇一六年の選挙期間中に明らかとなった。選挙集会のなかで、トランプ候補は、声高な反対者が「暴力的に」扱われたときに、群衆に対して〈アメリカの偉大な〉過去へのノスタルジーを語り、抗議者を集会から物理的に排除するよう支持者に促した。ケンタッキー州ルイビルで行われた集会で襲撃された抗議者のグループが、「暴動を煽動した」としてトランプ候補を訴えた。連邦控訴裁判所は、トランプ候補が言論の自由を行使しており、そのため責任を問われないという判決を下したが、その主な理由は、候補が抗議者を傷つけないよう支持者に促したことにあった[6]（修正一条は、違法な行為の煽動に責任を課すことに高いハードルを課しており、扇動を処罰するには、違法な行為を明示的に擁護すること、および違法な行為が差し迫っており、かつ、発生する可能性が高いことという要件が必要である）[7]。

トランプが個人的責任を免れたからといって、トランプの集会における「ショー」の一部において、反対派が聴衆によって傷つけられる危険に晒された（特定の状況では実際に生じたことでもある）という事実は曖昧にされてはならない。トランプが大統領に選出された後も、平和的な抗議行動に対してさえ、彼の姿勢は変わらなかった。実際、トランプ政権は発足当初から公的な抗議活動や異論を弾圧してきた。政権の方向性を形成するかのように、司法省は、ジュファソン・セッションズの司法長官指名承認公聴会で笑った女性を起訴した（故意ではないと彼女は主張した）。この女性は、アメリカ連邦議会議事堂内で治安紊乱行為および「デモ」を行った罪で裁判にかけられ、有罪の評決を受けた。公の場で異論を表明した大胆な行動のせいで、彼女は重い罰金と一年以下の懲役の刑に直面した。検察官は最終的にこの訴訟を取り下げたが、それは、〈有罪の〉陪審評決が裁判官によって取り消され、〈裁判官によって再審理が命じられた後に〉検察官が再審理の計画を表明した後になってからであった[8]。選挙運動の集会と同様に、この事件は政府のその後の公的な反対行動へのアプローチを予感させた[9]。

トランプ大統領の就任式の直後に、司法省はより問題のある措置をとった。司法省は、二〇一七年一月の就任日に抗議行動に参加した二〇〇人以上の市民を起訴したのである。警察官は、「指揮統制」式の警察活動を用いて、何百人もの就任抗議者を包囲し、物理的に行動を制限することで、彼らを「鎮圧」した。この事件の調査中、抗議活動の組織化と参加についてのデジタル記録に対して、政府は前例のないアクセスを行おうとした。最終的には、数多くの抗議者が「暴動を行おうとする共同謀議」の重罪で起訴された[10]。予定されていたいくつかの裁判の最初の段階で被告人が実際に違法行為を行ったことを証明できなかったため、政府は残りの起訴を取り下げざるをえなかった。

トランプ大統領が公的な抗議行動に介入しはじめ、政府が抗議行動の取締まりに影響を与える政策を採用し始めたことで、「法と秩序」政策には他にもいくつかの意味があることが明らかになった。

第三章で述べたように、トランプ大統領は国旗焼却を犯罪とすることを提唱し、国旗焼却者の帰化を取り消すことを提唱した。大統領はまた、ワシントンDCにあるトルコ大使館での一般の抗議者に対する暴力の行使を非難することも拒否した[11]。さらに、全国でブラック・ライブズ・マターの関係者の抗議活動が始まったときには、連邦捜査局は「黒人アイデンティティ過激主義」を国内のテロの脅威として挙げた[12]。

その後、トランプ大統領は、連邦最高裁判事の候補者であるブレット・カバノーの指名承認公聴会で行われた抗議行動を「当惑させるものだ」と非難した。公的なコメントのなかで、彼は、なぜそのような抗議が許されてさえいるのかと尋ねた。数人の共和党上院議員と同様に、トランプ大統領は、連邦議会の廊下にまで入り込んだ多くの反カバノーデモは、「衆愚政治」を強要するために民主党の活動家によって行われたという見解を採用した。

「法と秩序」政権といわれるだけあって、トランプ政権は国民の抗議行動やデモを取り締まることを含め、法の執行を一貫して支持してきた。オバマ政権の政策を転換し、トランプ政権は、国民の抗議行動やデモを鎮圧するために使用できる軍用車両などの装備品に多額の連邦資金を提供した[13]。それ以前の方針は、攻撃的で軍事化された警察活動が治安上の懸念を悪化させ、市民の抗議やデモで修正一条の権利を抑圧することを懸念して採択されたものであった。

すぐに、「法と秩序」のアジェンダは州議会にまで広がった。トランプの大統領就任への抗議や他の著名な抗議に続いて、多くの州議会は市民の抗議を大幅に抑制するための法律を提案した。それらは以下の通りである。

・主要道路をブロックすることを重罪とする
・交通妨害または不法侵入に対する民事上の制裁金の大幅な増加
・必要であればいかなる方法をも用いて、公的な抗議活動を取り締まる警察権限の承認
・「違法な集会」を放っておくことの犯罪化
・企業に対して抗議する個人を企業が訴えることを可能とする
・「大規模なピケッティング」行動に対する罰金の増加
・公的な抗議活動やデモにおいて、マスク、ローブなどを身に着けたり変装することの禁止
・地方自治体がイベントの警察費用を抗議活動参加者に請求することを可能とする
・一定の状況下において、ドライバーが抗議活動参加者を傷害した場合に民事責任を免除する
・資産没収規定を含む、反暴動法に基づく抗議活動参加者の追跡
・現職や前職の州の公務員に対する脅迫や報復を犯罪とする
・州立のコミュニティ・カレッジや大学に対して、暴力的活動に従事したことで有罪判決を受けた学生を退学処分にするよう要求する(14)

確かに、これらの提案や類似の提案はトランプ政権が創設したものではない。しかし、それらはトランプの就任式で起きた抗議活動を含む、世間の注目を集めた抗議行動の直後に提案されている(15)。これらの措置が連携した対応であったかどうかは別として、これらの措置はトランプ政権の「法と秩序」政策と確かに整合的である。

市民的自由至上主義者は、この提案は異論を抑え込もうとするものだと主張し、非難の声を上げた。トランプ時代の世界秩序の変化を示す一つの兆候として、国連は、「合衆国の立法者」が言論と集会の自由に関する基本的人権を侵害していると主張する報告書を発表した(16)。いくつかの提案が修正一条に違反しているという懸念があったほか、様々な理由で、これらの措置のほとんどは法律にならなかった。しかし、自らのメッセージを伝える際に公的な抗議活動に依存しているブラック・ライブズ・マター*1や環境保護団体、その他の団体に対しては、それらの措置は明確な警告となった。

公的な抗議と異論に対するこの一般的な態度と一致して、国立公園局は、ナショナル・モールとホワイトハウスの近くでの公的な抗議行動とデモに新しい制限を課すことを提案した。とりわけ、これらの規則は、ホワイトハウス近くの歩道での抗議行動やデモを禁止し、抗議行動がしばしば起こるナショナル・モールの他のエリアに新たな制限を課し、デモ参加者に対して、デモや抗議行動を取り締まるのに必要な安全保障の費用やその他の費用を支払うよう要求する。議論されている他の措置と同様に、これらの規則は、政府の所在地またはその近くで適用される、すでに複雑に入り組んだ許可や要件の迷路に、新たな制約を追加することで、抗議行動を制限するだろう。

公的な抗議や異論を否定する態度は、トランプ大統領のツイッターアカウントの利用にも影響を与えている。連邦最高裁が指摘したように、ソーシャルメディアとインターネットは、より広い「現代的公共広場」を構成している(17)。ソーシャルメディアとインターネットは、ますます、個人同士が、そして個人と政府が関わる場所となっている。歴代の大統領は以前から、報道機関を迂回して一般市民と直接コミュニケーションを図るために、ラジオやテレビといった新技術を活用しようとしてきた。

トランプ大統領は、前任者たちよりもはるかに多くのことをコミュニケーション技術、特にソーシャルメディアに頼ってきた。彼はツイッターアカウントを使って、何百万人もの聴衆に語り掛け、多くの場合、公式の政策を伝達し、政権の成功を誇示してきた。ツイッターを使っているとき、トランプ大統領は批判者の一部とは関わりたくないと明言した。トランプは、自身を個人的に批判したという理由で、また行政政策に反論したという理由で、多くの個人をブロックしてきた。大統領のツイートに対する次のような返答によって、コメントした人は大統領のツイッターアカウントからブロックされ、彼のコメントに返答できなくなった。

- 「公平を期すためにいっておくが、あなたが大統領選に勝ったのではない。あなたの代わりにロシアが選挙に勝ったのだ」
- 「腐敗、無能、全体主義者。そのような政策。抵抗せよ」との言葉が上から印刷されたトランプの写真
- フランシスコ教皇がトランプを不信の目でみつめる写真と「これこそがまさに全世界があなたをみているやり方だ」との文章
- 「ツイッターの投稿を校正しない人間が核のボタンを握っている」
- トランプ大統領による「おめでとうございます！　トランプ時代の最初の新しい炭鉱がペンシルベニア

＊1　〈ブラック・ライブズ・マター：警察官による黒人に対する暴力事件をきっかけに発生した社会運動で、ツイッター上のハッシュタグ「#BlackLivesMatter」に由来する。「黒人の命も大事に」とも。〉

州にオープン」というツイートに続けてなされた、「おめでとう、いまでは黒い肺はトランプ・ケア[*2]ではカバーされない」とのコメント

• トランプ大統領がハッシュタグ「毎週の演説 #Weekly Address」をつけて毎週の大統領演説のビデオをツイートした後になされた、「ピッツバーグからの挨拶。DCの #PittsburgNotParis Rally に参加しなかったのはなぜですか?」との市民からのコメント

• トランプ大統領が「司法省は、緩和された旅行禁止令の迅速な審理を連邦最高裁に求めるべきだ、そしてより厳しい禁止令を出すべきだ!」とツイートした後に、「トランプの言う通りだ。政府は国民を守るべきだ。それこそ裁判所がトランプから我々を守っている理由だ」とのコメント

トランプ大統領(およびツイッターアカウントで彼を支持している公職者)は、否定的で批判的なリプライの内容だけでこれらの人々をブロックしたことを否定していない。大統領のツイッターページのコメント欄から批判者を締め出すことが修正一条に違反するかどうかの問題は、いまや裁判所に委ねられた。裁判所がその問題にどのように答えるにせよ、「現代的公共広場」の重要な部分から批判者をブロックすることは、間違いなく、公的な異論のための「呼吸空間」を減少させるものだ。

表現者や集会参加者が公有の財産にアクセスする権利を有するという認識は、アメリカの公的な議論と民主主義にとって極めて重要である。確かに、トランプ大統領は、抗議・デモ・異論の目的でパブリック・フォーラムにアクセスすることの修正一条上の重要性を認めなかった最初の公職者ではない。しかし、トランプ時代は、政府のソーシャルメディア・サイトを含む公共の場での表現手段への

アクセスを維持することが、異論の文化を維持するために必要である理由を再検討する重要な機会となっている。

異論の民主化

修正一条の条文は、言論、集会、請願の権利に言及している。これらの権利の効果的な行使は、かなりの部分、コミュニケーションをとり、結社をし、政府職員に対して苦情をいうことを容易にするであろう、公有財産へのアクセスに依存している。しかし、アメリカ史の大部分において、表現者や集会参加者は、道路や公園などの公有財産にアクセスする修正一条で保障された権利をもっていなかった。権利章典の他の権利と同様、「合衆国議会は〈次の用のような〉法律を制定してはならない」で始まる修正一条は、一九二〇年代半ばまで各州には適用されないと解釈されていた。これからみていくように、修正一条が州と地方自治体に対して適用されるようになった後でさえも、公有財産へのアクセスに関して広範な法的権限が行使され続けた。

植民地時代のアメリカでは、表現目的で公有の財産にアクセスする権利は正式には存在しなかったが、そのせいで、人々がこれらの場所を使って表現したり、集会したり、政府に請願したりすること

＊2 〈トランプ・ケア：オバマ政権は、国民に医療保険加入を義務づける仕組み、通称、オバマ・ケアを導入した。オバマ・ケアに対しては違憲訴訟も起こされたが、加入義務について連邦最高裁は合憲としている。トランプはオバマ・ケアの廃止を大統領選挙の公約としていたが、廃止や代替の法案（トランプ・ケア）は、否決・撤回されている。〉

が妨げられることはなかった。入植者たちは、公的なデモ、パレード、行進、ボイコットなどを頻繁に行った[18]。彼らは通りや町の広場に集まり、しばしば「リバティ・ツリー」や「リバティ・ポールズ」の周りで、イギリスによる課税やその他の権力の濫用に抗議した。これらの表現は、しばしば、シュプレヒコール、行進、政治的人物の肖像の首吊りや焼却を伴っていた[19]。

これらの集団での表現は、アメリカの政治的言説の最も初期の形態の一つであった。後に言論、集会、結社の強固な自由となるものの種であった。公的な抗議とデモは異論を民主的なものにした。それらの表現には、パンフレットや印刷物を印刷したり購入したりする余裕がなかったり、ときにはそれらの媒体でなされる複雑な議論についていくのが難しい公衆も参加した[20]。パレード、ピケ、ボイコット、デモは、人々の声を大きくした。表現の権利を行使するための最初の本物の「呼吸空間」をそれらの表現は形成したのである。

公的なデモやその他のイベントは、政治的な抵抗や異論の効果的な手段であった。植民地人が、契約を文書化し、商業を行う際にはイギリス議会で承認された紙のみを使用することを義務づけた悪名高い印紙法などの措置を最終的に打倒するためには、これらの表現が不可欠であった。ニューヨーク市やボストン、その他の人口密集地の路上での集会は、地元の政府とイギリス政府に対し、植民地は代表なくして課税されないという強いメッセージを送った[21]。

政府関係者の懸念に関する限り、大規模なデモの報道は、批評による非難や新聞の社説の増加よりも大きな懸念となることが多かった。後者の形式は、教育を受けた聴衆にエリート層の関心を伝えた。それとは対照的に、デモやパレードは大衆の不満を伝えた。それは、新聞のコラムやパンフレットでは再現できないような、具体的で目にみえる、極めて象徴的な方法で行われた。

デモやその他の公的な異論は、アメリカ革命を容易にし、推進した。大衆民主主義の初期の教訓は、その後の世代でも失われなかった。公的なデモやパレードは、提案された合衆国憲法の支持者と反対者、そして後に奴隷制度廃止の支持者と反対者にとって、「屋外での」政治の重要な側面であった[22]。民主的に異論を表明することは、建国後の政治の重要部分であった。一九世紀には、様々な民族集団、宗教団体、労働団体、その他の集団が、デモやパレード、ピケを使って、自分たちの主張を推し進めた[23]。労働者、貧困層、人種的マイノリティ、そして様々な社会運動は、政策立案者や公衆に自らの意見を届けるために、集合的な表現方法に頼ったのである。

いくつかの証拠は、一九世紀のアメリカ人が一般的に公的な異論に好意的だったことを示唆しており、それによって民主主義の正統性がさらに高まった[24]。前述したように、言論、集会、請願の自由のための修正一条の保護は、州や地方自治体に対してまだ適用されていなかったが、いずれにしてもアメリカ人は公共の場で集会し発言する権利を主張した。アメリカ人は、フェスティバルやパレードなどの集団活動に参加した。一般的に、アメリカの初期の歴史の大部分において、人々はデモや行進、その他の民主政治の実践に参加するために、道路や公共の場に比較的幅広くアクセスすることができた。

特に一九世紀には、パレードやその他の集会に対する許可要求やその他の、いまやどこにでもある官僚的な制限がまだ存在していなかった。役人は不法な集会を抑圧し、暴力的な暴動を含む平和的でない集会を防止し処罰する権限を与えられた。地方公務員はしばしば労働争議を鎮圧し、ボイコットやピケを制限する措置をとった。しかし、一九世紀のほとんどの期間、政治的な抗議行動やデモに対する政府の介入の一般的な敷居は比較的高かった。これにより、デモ参加者や抗議行動参加者は、公共の場にいることと、そこで議論を呼ぶが非暴力的な活動を行うことの両方に関して、かなりの自由度を得ることができた(25)。

南北戦争以前のアメリカ人は、植民地時代の先祖と同じように、デモやその他の集団的な表現を政治的表現の有効な手段と考えていた。異論の民主化に関するアメリカ革命の経験から一世代しか離れていなかったので、公衆は、裁判所がまだ正式に結論を出していなかったにもかかわらず、公的な言論と集会の権利を基本的なものと考えていたように思われる。

「パブリック・フォーラム」

二〇世紀初頭までに、公的な言論、集会、請願活動に対する市民の態度と当局の態度の両方が変化し始めた。暴力、無秩序、混乱に対する懸念が高まっていた。これらの懸念は、部分的には南北戦争時代や他の一九世紀の事件のときにときどき起こった暴力に遡ることができる。このような暴力は、公道、公園、その他の所有物へのアクセスに対する制限の強化につながった。二〇世紀初頭には、これらの場所へのアクセスと、これらの場所における修正一条の権利をめぐる闘いは重大な局面を迎えた。

二〇世紀初頭、世界産業労働組合（ＩＷＷ）の構成員たちは、街角やその他の公共の場で発言したり集会したりする権利を主張して、「言論の自由のための闘い」を引き起こした[26]。彼らは、表現者の運動と活動とコミュニケーションを規制するために表現者を制約し閉じ込めるために考案され、指定された「自由に表現して良い場所」に異議を唱えた。「ウォブリーズ」と呼ばれていたIWWの組合員たちは、公道で集会しコミュニケートする、修正一条上の「権利」を主張した最初の者だった。彼らの憲法上の主張は常に受け入れられたわけではない。しかし、彼らの努力によって、集団的表現と民主的な異論のためには公的な場所が重要であることが際立った。

「言論の自由のための闘い」もまた、形成途上の市民的自由の概念について、深刻な意見の相違があることを露呈した。アメリカは、公的なデモやパレード、その他の形での集団的表現が行われてきた長い歴史を有するが、二〇世紀に入ると、公務員や裁判所が、道路やその他の場所への公衆のアクセスをより厳しく規制し始めた。公道や公園へアクセスする前に、表現者や集会参加者が政府職員の許可を得ることを要求する許可制が、以前よりもはるかに一般的になった。一部の地方政府は、集会が伝えようとするメッセージの内容に基づくものを含め、いかなる理由でもアクセスを拒否する権限を主張し、実際に行使した。

政府は公共の場所を所有しているがゆえに、私的所有権者と同様に、公共の場所へのアクセスを拒否する権利があるという考えが、二〇世紀の初頭には、ある程度公職者に受容されはじめた。一八九七年、連邦最高裁は、市長の許可を得ることなくボストン・コモンで演説した説教者に対する有罪判決を維持したのである[27]。裁判所は、所有権者として、市にはボストン・コモンへのアクセスを拒否する「絶対的な」権限があると結論した。この判決は、州政府や地方政府、そして下級裁判所にとって、表現者や集会参加者が道路、公園、その他の公共施設にアクセスすることを制限し、場合によっては拒否する措置を採用し、維持する根拠となった。

しかし、私有財産の所有権者によって行使される排除権と同様の権利を、公務員が公有財産に対して有するという当初の判決は誤りであることが、一九三〇年代に連邦最高裁によって示唆された。ハーグ対産業組織委員会判決において、連邦最高裁は、公の場での労働集会を禁止していた市の条例を無効にした[28]。ロバーツ判事が、「通りや公園の名前が残っているところはどこでも、記憶できないほどの昔から、公衆の利用のために信託されてきたし、集会したり、市民のあいだで思想を交換したり、公的な問題ごとについて議論する目的のために使われてきた」と述べたことは有名である[29]。

ロバーツの重要な観察によって、アメリカの集団的表現の歴史と、修正一条で保障される言論、集会、請願の権利を行使するために公有財産へアクセスする権利として後に知られるようになる権利とが結び付けられた。ハーグ判決においては、「記憶できないほどの昔から」公共の場で表現の権利を主張し行使してきたことで、アメリカ人は公道や公園へアクセスする基本的な権利を保持してきたことが示唆された。ハーグ判決は、このアクセス権の性質や範囲について解決を与えたわけではないものの、政府には排除する絶対的な権限があるという考えを否定した。政府は、単なる私的所有権者のようなものではなくなった。理由もなしに、あるいは表現者のメッセージを抑圧したいからという理由で、公衆を道路や公園から単に追い出すことはできないのである。

それから数十年のあいだに、連邦最高裁は修正一条における「表現のための地形」、つまり、そこにおいて表現者や集会参加者が表現し、集会し、政府に請願する権利をもつ場所を作り出した[30]。かってのウォブリーズのように、エホバの証人たちや他の表現者たちは、一般の聴衆に声を届ける能力を制限する規制に異議を唱えた[31]。彼らや、その他の反対者が様々な公有財産へのアクセスを求めたため、連邦最高裁は、特定のカテゴリーの公共の場における言論、集会、請願の権利を認める修正一条の判例法理を発展させ始めた[32]。

「パブリック・フォーラム」の概念は、この解釈プロジェクトの中心的な側面であった[33]。表現の自由の行使のために、特定の財産が公衆のために「信託されて」いるというハーグ判決の認識に根ざした「パブリック・フォーラム」の原理は、公的表現を規制する政府の権力を制限した。ハーグ判決において認識された「信託」原理は、「パブリック・フォーラム」へとアクセスし、あるいはそれを「勝手に使う」、裁判で執行可能な修正一条上の権利へと発展した[34]。

修正一条の研究者であるハリー・カルベン・ジュニア教授が、公民権運動の絶頂期に書いたように、「開かれた民主的な社会では、通り、公園、その他の公共の場所は、公的な議論と政治プロセスのための重要な施設である。要するに、それらは市民が自由に利用できるパブリック・フォーラムであり、そのような施設を寛大さと共感と共に利用できることは自由の指標である」[35]。

カルベンは、「秩序とエチケットへのいくらかの献身」の必要性を認識していた[36]。しかし、彼はパブリック・フォーラムにおいては最小限の政府規制のみが許されるとした[37]。特定の公共の場に設定された修正一条上の「地役権」の承認と、パレード、デモ、行進を目的としてその場を「勝手に使う」権利は、公的な言論と集会の民主的伝統の復活を示唆した[38]。

カルベンが述べたように、「パブリック・フォーラム」へのアクセスは重要な民主主義的機能を促進する。植民地時代のアメリカ人が最初に示したように、表現目的のための公有財産の使用は、「公的な議論と政治プロセス」にとって極めて重要である。そのような財産にアクセスする能力、さらにはそのような財産を「勝手に使う」能力は、自己統治および公的な異論の効果的表明を促進する。カルベンが指摘しているように、政府がこのような財産へのアクセスをどの程度許可しているかは、「自由の指標」、つまり政府が国民の批判や議論を容認し、促進する意思があるかどうかを示す尺度である。言い換えれば、「パブリック・フォーラム」でなされる表現に関する政府の態度や政策は、政府が公的な議論や民主的プロセスにどの程度コミットしているかを評価するのに役立つ。

トランプ政権の「法と秩序」は、従来の政権の政策と同様に、このような観点から解釈されるべきである。さらに、「パブリック・フォーラム」の概念は、特に公職者のソーシャルメディア・サイトを含む、公有の財産へのアクセスを規律し続けているのである。

「パブリック・フォーラム」を管理する

「パブリック・フォーラム」の概念は、言論、集会、請願の権利のための重要な進歩であったが、その重要な約束は常に実現されてきたわけではなかった。教義的、社会的、および法的な影響により、公的な議論と民主的プロセスのために、公有財産を「勝手に使い」利用する、本来想定された権利についての現実と限界が露呈してきている。

現在の「表現のための地形」は二つの判例法理の発展の産物である。第一は、「パブリック・フォーラム」を厳格にカテゴリー別に分類したものである[39]。連邦最高裁のカテゴリカルなアプローチでは、表現者は、公道、公園、ほとんどの歩道などの「伝統的」パブリック・フォーラムにおいて、修正一条上の最大限の権利を有する。まれではあるが、政府が意図的に他の所有物を多様な表現者や表現活動に開放すると、表現者が修正一条の比較的広範な権利を主張できる「指定的」パブリック・フォーラムが作られる。最後に、政府は、表現活動を特定のトピックや表現者に限定できる「限定的」パブリック・フォーラムを作ることができる。ショッピング・モールやソーシャルメディア・サイトなどを含む私有財産は、パブリック・フォーラムとは考えられていない。一般に、それらは「表現のための地形」の一部とはみなされず、表現者は修正一条で保障されたアクセスの権利をそれらに対して有しない[40]。

修正一条の第二の重要な判例法理によれば、パブリック・フォーラムにおいても、言論の「時・場所・方法」を政府が規制することは可能である[41]。したがって、「伝統的」および「指定的」パブリック・フォーラムの双方において、政府は、表現内容からは中立な、公共の安全、秩序、平穏、さらには美的価値などを促進するために、表現を制限することができる。ただし、表現内容に基づいた規制、つまり特定のメッセージを排除するための狙い撃ち的な規制を課すことは許されない。「限定的」パブリック・フォーラムでは、政府は表現にいかなる「合理的な」規制も課すことができ、特定の観点を狙い撃ちにしない限り、議論を特定のトピックや特定の表現者の階層に限定することも可能である。カルベンはかつて、これらの基準を、パブリック・フォーラムでの表現に適用される「ロバーツによる命令のルール」として言及していた。しかし、これからみていくように、政府は、基本的な命令を課す以上のことをしている[42]。

私有財産のメタファーを拒否したことで、多くの表現者が恩恵を受けたが、パブリック・フォーラムの判例法理は厳しく批判されてきた[43]。その厳格でわかりにくい分類の枠組みは、修正一条の重要な狙いから裁判所の関心をそらし、代わりに土地の区画を分析するよう促す。大部分の公有財産に関して、フォーラムの分類は、修正一条のアクセス権を制限するか、またはまったく与えない結果となる。ますます頻繁に移動するようになった市民層を求めて、表現者が赴く公共の場所――地方の空港、ショッピングセンター、メガモール、州の移動遊園地、公的資金で建築されてはいるものの表現に供されてきた伝統のないビルに隣接した広場――の多くは、パブリック・フォーラムとはみなされない。したがって、これらの場所で一般の聴衆を呼び込もうとする表現者には、修正一条で保障された権利はない。

残されたその他の場所では、表現の自由の行使に際して、秩序や安全だけでなく、商業や、美的な価値でさえも評価する権限を含む、公務員に与えられた権力と払われている敬意によって、公的な表現の機会は制限される。集団的表現には、特に大規模な抗議行動やデモの場合、公共の安全や秩序に対するリスクが伴う。連邦最高裁は、「このような一体的、共同的な行動は、個人の孤立した発言や行動よりも、社会の平和と安全にとってより大きな危険を伴う」と述べている[44]。公務員は、市民の言論・集会・請願に加わる権利を保護しつつ、治安を維持するという課題にしばしば直面する。

歴史の教訓の一つは、公的な秩序と修正一条の権利とのバランス取りにおいて、しばしば後者が軽視されてきたことである。したがって、表現活動に適した場所においてさえ、修正一条の権利は、公共の安全と秩序に対する懸念から（加えて、美的価値や個人の静謐さからも）、厳しく制限されてきた。時、場所、方法に関する規制は、公的表現の有効性を著しく低下させうる仕方で、公職者が、表現者や集会を制限し、迂回させ、立ち退かせることを可能にする[45]。

例えば、集団的表現の様々な側面に対する制限を含む、詳細な許可要件は、現代におけるパブリック・フォーラムの管理のありふれた特徴である。デモや抗議活動を行おうとする小規模なグループでさえ、許可制、事前通知要件、料金、交通規制、時間と規模の制限などの様々な要件を潜り抜けなければならないことがある。

修正一条の判例法理のもとでは、様々な空間的戦略やその他の戦略を通じて、政府は公的な表現や主張を統制することができる[46]。例えば、デモ参加者や表現者が集会したり表現したりすることが許可された特定のエリアである「自由に表現して良い場所」（初めにウォブリーズが遭遇した戦略）を政府はしばしば設置している。表現のゾーニングは、主要な政党の集会、世界の指導者のサミット、反戦デモなどの重要な公共イベントが実施されているときに用いられてきた。

言論の自由に対するゾーニングは、デモや抗議行動などにとって明らかに重要な要素である物理的移動を著しく制限する。ゾーニングは、表現者を追い出し、意図した聴衆の目と耳に入る範囲から排除してしまうことがある。ゾーニングはまた、集会していた人々に対し、ペンや、政府職員から事前に許可されてきた建築物を代わりに使うことを余儀なくさせることで、異論を周辺に追いやる。ゾーニングは、抗議や反対が公共の安全に対する脅威であることを、一般の聴衆に伝達する効果もある。

さらに、集合的な表現が行われる場所に関するゾーニングやその他の制限は、場所がもつ「発声能力」を減少させる。例えば、表現者や集会参加者が、象徴的な影響力のある建物や、対象となる聴衆に接近できなくなるときにそれは起こる[47]。

許可要件、ゾーニング、およびその他の制限は、表現の内容を明示的に対象としているわけではないが、内容に基づく規制と少なくとも同程度には問題を含んでいる規制を、公的な表現に課している[48]。こうした懸念にもかかわらず、裁判所は一般的に、ゾーニングやその他の空間的規制を通じて集団的表現やその他の形式の表現を規制する政府の権限を支持している。

パブリック・フォーラム論や、その他の修正一条の判例法理は、集団的表現に利用可能な公共空間が徐々に縮小している世界で適用されている[49]。様々な社会的要因が効果的な公的表現の機会をさらに制限している。これには、旧公有施設の民営化、都心部における「企業ゾーン」の建設、ゲート付きコミュニティの急増、公共建築物周辺のセキュリティ障壁の設置、公的な公園の閉鎖などが含まれる[50]。

警察活動のやり方も、表現、集会、請願の権利の行使に大きな影響を与える[51]。二〇世紀のあいだ、政治社会学者によって、「エスカレートした実力行使」と呼ばれた警察の行動は、パブリック・フォーラムでの争いを管理するためによく使われていた[52]。シカゴで開催された一九六八年の民主党全国大会において、労働運動のアジテイター、公民権運動の活動家、ベトナム戦争に反対する活動家、政治活動家に対して、実力行使をエスカレートした形で用いる警察活動が用いられた。エスカレートした実力行使アプローチのもとでは、警察官は、しばしば群衆にパブリック・フォーラムから解散するよう命令する。もし彼らが拒否すれば、警官は直ちに実力と暴力に訴えて事態を収拾しただろう。一九六〇年代から一九七〇年代にかけて、紛争が通りや大学でも行われるようになったとき、抗議者たちはときに暴力に訴えた。あらゆる形態の公的な異論に対して、エスカレートした仕方で法が執行された。

エスカレートした実力行使アプローチは、公的な抗議活動を危険なものにし、ときには人命に関わるものにさえした。その結果、ケント州立大学のキャンパスでは、大規模な逮捕、警察による残虐行為、抗議者の死が起きた。一九六八年の民主党全国大会での「シカゴの闘い」では、平和的なデモ参加者、警察官、記者、大会とは無関係の住民を含む一〇〇〇人以上が負傷した[53]。この事件こそが、リチャード・M・ニクソン大統領が彼自身の「法と秩序」政策を国民に発表したときに、抗議に対する警察活動が引き起こしたものであった。

一九七〇年代までに、合衆国の多くの警察は、デモやその他のイベントに際し、「交渉による管理」アプローチを採用した[54]。このアプローチによれば、参加者と警察の代表者は事前に、場所やルート、参加者の数、目にみえる表示の方法、さらには誰かが法に違反した場合の逮捕の方法など、公的なイベントの詳細について話し合う。

警察の観点からすれば、交渉による管理によって、公的なイベントが重大な混乱や暴力につながる可能性が減少した。イベントの場所と規模を事前に警察に通知することで、計画が容易になり、安全性が向上したのである。交渉による管理は、これらの利益を生み出したが、移動性を減少させ、自発性を排除し、当局に反対を伝える意図のメッセージを歪曲した[55]。

以前から始まっていたが、二〇〇一年九月一一日の同時多発テロ以降、当局は警察方法に関して、特に際立った形で、「指揮統制」アプローチに転換した。このアプローチは交渉による管理よりもはるかに攻撃的かつ侵襲的である。指揮統制は、「デモのあらゆる側面の微細な管理」を強調する。それには、制限的な許可プロセスの使用や、バリケード、規制線、および抗議者の流れを包囲し、細分化し、指揮するその他の仕組みを利用して公共空間を統制しようとする努力や、「瑣末な違法行為に対しても実力行使を躊躇しないこと」が用いられる(56)。警察は暴動鎮圧用の装備を着用し、軍用の車両や武器を使用し、計画されたデモやその他のイベントに先立って組織を監視する。

トランプ大統領は、地域の警察が軍隊式の警察装備を購入するのを支援すると決定し、「指揮統制」方式の抗議行動の取締まりを促進している。トランプの就任式に集まった大規模な抗議グループの「鎮圧」や、「公然の暴動」の罪でそれらが起訴されたことも、同様にこの種の警察活動の表れである。

パブリック・フォーラムにおける表現を管理するための努力は、公的な議論に参加する権利と、「法と秩序」を維持することへの政府の関心とのあいだにバランスを取ることへの終わりのない尽力を強調してきた。パブリック・フォーラムの偉大なる約束は必ずしも実現されてきたわけではない。カルベンのいう「自由の指標」は、公有財産の管理の官僚主義化を許した修正一条の判例法理、表現のための地形を縮小してきた社会的・憲法的構造、集団的表現を犠牲にして秩序を押し付けてきた警察のやり方の〈三つが〉組み合わさることで縮小されてきた。

パブリック・フォーラムの維持

トランプ時代になり、パブリック・フォーラムにおいて、「法と秩序」の政策や姿勢と、修正一条の権利とのあいだに再び対立がみられる。表現目的のためのパブリック・フォーラムを維持するために、我々は再び、これらの政策とそれに関係する政府の姿勢によって、公の異論と反対に関連して提起された課題に再び向き合い、乗り越えていかなければならない。さらに、デジタル空間における異論や表現に関連する課題に対処することも極めて重要である。この課題には、ソーシャルメディアやその他の「現代的公共広場」において、公務員とコミュニケートする能力を制限することが含まれる。

パブリック・フォーラムにおける抗議と異論

トランプ大統領とその支持者の一部は、抗議行動やデモに対して公然と敵意を表明している。その敵意の一部は、ある種の抗議行動の暴力的で破壊的な性質に起因するかもしれない。また、トランプ政権やその政策に反対する人々が、政府関係者に抗議したり、嫌がらせをしたりする事件が最近相次いでいることにも関係しているかもしれない。政府関係者が、自らの職務と関係なく、レストランなどを贔屓にすることにも、抗議や論難が行われることもある。この抗議戦術を嫌がらせの一形態とみる人もいるだろう。

合法的な抗議と異論のためにパブリック・フォーラムを利用する修正一条の権利と、この種の抗議方法に関する懸念とは切り離して考える必要がある。暴力行為を行い、財産に損害を与えた抗議者は処罰することができるし、また処罰すべきでもある。修正一条は、他人に嫌がらせをしたり、パブリック・フォーラムの外でこの種の抗議を行う権利を保障してはいない。しかし、最近、当局は抗議活動に対して、法を犯した者に責任を負わせることを狙う代わりに、平和的で非暴力的な形態の異論や市民的不服従に対してさえ、より厳しく処罰する新たな方法を探そうとしている。立法者は、違法な行いを、より一般的に抗議行動を取り締まる口実にしてはならない。同様に、外食のディナーに抗議することの社会的適切さをどのように考える場合であれ、この種の異論が、パブリック・フォーラムにおける表現の自由やその他の修正一条の権利の行使についての我々の見解に影響を与えるべきではない。

いくつかの点において、トランプ時代における公的な異論に対する政府の態度は、それ以前の時代のそれと似ている。第二章と第三章では、戦時中の異論や「煽動」を抑えるための政府の取組みについて議論した。例えば、ニクソン大統領は、反戦デモを文明の死の証拠だと非難した[57]。しかし、アメリカは現在、宣戦布告を経た戦争や、大規模な国際紛争には関与していないのである。第二章と第三章で論じたように、トランプ時代の特徴は、相対的に平和な時代であるにもかかわらず、抗議や異論が標的にされている程度にある。

現状を少しでも混乱させるかもしれない抗議やその他の形態の異論に関して、立法者、規制当局者、警察官は、しばしばこれらの活動を社会への脅威として扱い、「衆愚政治」への転換の証拠とみなしてきた。反対派は、無秩序と混乱を引き起こすこと以外の目的をもたない金で雇われた連中として特徴づけられてきた。トランプ時代には、これらは抗議活動者やデモ参加者の当局による顕著な特徴づけとなってきた。

これまで論じたように、パブリック・フォーラムでの言論、集会、請願の権利の行使を阻止または抑制するいわゆる「法と秩序」政策は、効果的な自己統治に必要な「呼吸空間」を減少させる。確かに最近では、前述の一九六〇年代から一九七〇年代の「エスカレートした実力行使」時代に異論を抑圧するために用いられた、濫用的な警察行動に似たものはみられない。しかし、トランプ大統領による、合法的な政治的異論以外に罪を犯していない人々を投獄しようという提案、公的な抗議行動を「当惑させるもの」とみなす態度、是認された抗議方法の強制は、すべてアメリカ革命以来の公的な論争の長きに渡る伝統を無視している。

さらに、実際の政策に関していえば、警察の武装化や軍事化は、異論を表明する者にとって物理的にも他の点でも危険であることがわかっている。それは、今日でも「法と秩序」政策の要石として残存している、いわゆる「指揮統制」による警察活動で我々が経験した問題を悪化させる。

カルベンが示唆したように、パブリック・フォーラムへのアクセスの程度が「自由の指標」であるならば、我々の指導者と民主主義は、部分的には、人々が公共の場所で表現し、集会し、請願することがどの程度自由にできるかによって評価されるべきである。公的な抗議や異論を「当惑させる」ものと公言するいかなる公務員も、これらの目的のために公有財産へのアクセスを勝ち取ろうとする長い歴史的な苦闘や、公的議論と民主的な自己統治との関係に気づくことはできない。表現のための地形を保全するために、立法者、政治指導者、法執行機関の職員はみな、これらの目標と価値を促進する政策の採用にコミットし、また、平和的な抗議行動や市民的不服従さえも抑え込むことを狙った政策を拒否することにコミットする必要がある。

このような変化は、抗議や異論に対する公衆の態度が変化しない限り、効果的に追求することはできない。我々が、公的な異論によって時折生じる混乱や不穏に耐える覚悟がなければ、公的な抗議やデモというアメリカの誇りある伝統の残存部を保全することはできそうもない。

表現者と聴衆がほとんどオンラインに移行してしまった時代においては、この伝統は維持する価値がないと主張する人もいるかもしれない（このトピックについては、すぐ後により詳細に検討する）。しかしながら、近年のブラック・ライブズ・マター、マーチ・フォー・アワ・ライブズ、ウォール街占拠運動[*3]などのアメリカでの公衆の抗議運動は、有形のパブリック・フォーラムへのアクセスはもはやアメリカの民主主義にとって重要ではないという主張を否定している。

現在、我々の日常的なコミュニケーションは、ソーシャルメディアやインターネットなどの「現代的公共広場」のなかで最も頻繁に行われていることは事実である。これらの空間は、今後の民主主義のプロジェクトを支援するために必要かもしれないが、十分ではない。一つには、私有メディアであるフェイスブックやその他のソーシャルメディアは、言論を規制したり、従来の物理的な場所への表現者のアクセスを制限したりしようとする際に、修正一条が公務員に課す制約に拘束されていない。このような空間における権利は契約上のものであり、憲法上のものではない。

さらに、両方を行ったことのある人なら誰でも証明できるように、公開デモを行うことと「オンライン抗議」に参加することは、著しく異なる表現方法である。両者は、連帯を促進する能力、象徴的な形態でなされる議論を促進する能力、そして共同して行われる任務を促進する能力において異なる。要するに、公共の場への伝統的なアクセス形態を維持することは、現代における市民の異論の伝達にとって極めて重要である。したがって、修正一条が当局の裁量を制約することのできる、物理的な場所に対するアクセス権を維持するよう努めなければならない。

伝統を維持するために必要不可欠な作業には、これまで論じたような判例法理、流行、態度、およびその他の影響を逆転させ、またそれに抵抗することが含まれる。裁判所は、時、場所、方法についての規制である「内容中立」規制に対してさえ、その抑圧的な性質にはるかに注意深くなる必要がある。公有財産へのアクセスを制限する新たな方法を発見する代わりに、公務員や規制当局は、問題となっている財産の通常の使用法と両立するいかなる表現をも許容する政策を採用すべきである。公衆の態度もまた、公共の場であからさまに異論を述べる権利へのより大きな寛容を、さらには敬意さえ示すよう、変わらなければならない。最後に、警察は、公的な抗議活動を魅力的でないばかりか、まったく危険なものにしている「指揮統制」やその他の抑圧的な慣行を放棄する必要がある。

これは大変な仕事量であり、司法、立法、法執行機関を横断した変化が必要である。しかし、何もしなければ、民主的な異論のかつての偉大な伝統は、公共の場で異論を抑圧する厳しい「法と秩序」

＊3 〈マーチ・フォー・アワ・ライブズ、ウォール街占拠運動：前者は、銃規制を訴えるための大規模な集会、デモで、「命のための行進」ともいわれる。後者は、経済危機に対する大企業や金融機関の責任を追及するために、ウォール街で行われている座込みやデモ活動のこと。〉

政策の犠牲になり続けるだろう。

デジタルな異論

デジタル空間は、より伝統的なパブリック・フォーラムに取って代わるものとしては十分ではないが、現代の言論、プレス、および結社の活動にとっては間違いなく重要である。デジタル化は表現に大きな恩恵をもたらしてきた。しかし、それはまたいくつかの独特な挑戦を引き起こしてもいる。

我々は、これまでのどの時代よりも、より多くの情報伝達手段をもっている。しかし、日々明らかになっているように、これらの機会は一定のコストを伴う。第一章では、組織プレスに対するデジタル化の負の影響について論じた。第五章で詳細に議論するように、ヘイトスピーチはデジタル空間で盛んになっている。さらに、デジタル化された環境では、個人の名誉は数秒で毀損されてしまう。最後に、二〇一六年の大統領選挙が示したように、実際には起こっていないにもかかわらず事実として報道される「フェイクニュース」が、いまやデジタルメディアに不穏な足掛かりを得ている。

もしデジタルプラットフォームが民主主義に役立つのであれば、我々はこれらすべての課題に取り組む必要がある。プレスはデジタル化に対応して事業計画を修正しなければならなくなっている。残念なことに、多くの報道局は、現代的公共広場のセンセーショナルな傾向に合わせて、報道の内容やスタイルも変えている。

フェイスブックや他のソーシャルメディアは、ヘイトスピーチやそれを行う表現者をプラットフォームから排除するための最初のステップを踏み出している。これらのステップにより、プラットフォームがよりマイノリティにとって居心地の良いものになり、参加者にとって有害性が減少するかもしれない。しかし、私人である仲介者がどの程度まで公的な議論をコントロールし制限することができるかについて、微妙な問題を提起する。トランプ大統領とその仲間たちは、検索結果やソーシャルメディアの方針などが、党派性や偏りのデジタル化された形態であることに疑いを提起している。企業が表現のコミュニケーションをその内容に基づいて制限する手段を採用するなら、このような問題は生じ続ける。

直接的な規制、スポンサーの強制的な開示、またはその他の手段による「フェイクニュース」対抗案は、修正一条の非常に厄介な問題を引き起こす。ソーシャルメディアとは異なり、言論とプレスの自由に関する修正一条の規定に縛られている公職者は、オンラインでの言論が「真理」や「虚偽」であると認定するのには慎重でなければならない。読者やソーシャルメディアの参加者は、オンラインニュースの消費者としてより賢明かつ用心深くなるか、フェイスブックやツイッターのタイムライン以外の場所でニュースを探す必要がある。もしソーシャルメディアが「現代的公共広場」という民主的な機能を果たすようになるのであれば、トランプ時代の最中も、それが終わった後も、これらすべての問題やその他の重要問題に取り組む必要がある。

すでに述べたように、トランプ時代における、関連する喫緊の懸念の一つは、人々がデジタル空間で政府の代表者に意見を伝えることができる範囲についてである。トランプ大統領が現代の政治家のためのコミュニケーションモデルを提供しているとして、新しいデジタルフォーラムで人々が政府関係者と関わる権利はあるのだろうか。

前にも述べたように、トランプ大統領は、ツイッターのコメント欄に自身にとって不愉快な意見や議論が書き込まれるのをブロックすることでこの問題に対処した。この文脈でユーザーが彼のツイートに返信できないようにすることが、修正一条に違反するかどうかは、私的な言論を規制する公職者の権力と、言論を行う彼ら自身の権利とのあいだの複雑な区別に関係している。そして、これらの問題は、典型的には、すべて「私的な」財産やプラットフォームを通して発生している。

現在係争中の訴訟での議論を単純化して示すと、政府は、トランプ大統領のツイッターアカウントは、大統領が自分で選んだ聴衆とコミュニケーションできる私的な空間だと主張している。これとは対照的に、ブロックされたユーザーは、ツイッターアカウント、あるいは少なくとも大統領のツイートへのリプライが可能なツイッターアカウント部分は、大統領が自分たちの政治的見解のみに基づいて一部の出席者を追い出す「デジタル市庁舎」に相当すると主張している。

ある連邦裁判所は、大統領のツイッターアカウントの「対話空間」は、修正一条が適用される「指定的パブリック・フォーラム」であると判示した。裁判所は、トランプ大統領が自身のツイッターアカウントを使って外交政策や閣僚レベルの人事決定を発表し、アカウントを公式に管理しているという事実に依拠し、彼のブロック行為を修正一条の適用対象とした。リプライしたユーザーが表現した否定的な見解を理由として、トランプ大統領はユーザーをブロックしたことから、裁判所はトランプ大統領が修正一条に違反したと判断した。

この判決は、デジタル時代においてさえ、パブリック・フォーラムの概念が重要であることを示している。コメントをつけた者は、大統領が自分たちの反応を読むように強要することはできない。しかし、パブリック・フォーラムでは、大統領のメッセージにコメントしたり、返答したり、リツイートしたりする他の人たちとの交流を妨げないことを大統領に要請することができる。これこそが、「現代的公共広場」で議論が生起するやり方であり、このような場において言論の権利が保全されることは重要なのである。このような立論が成り立つのなら、この先例は、表現者に対して、同様の「公職者」のソーシャルメディア・アカウントへのアクセス権を保障する根拠となる。さらに、この立論によれば、特に発言が公職者に向けられている場合に、コミュニケーションのチャンネルが開かれたままであり、異論が沈黙させられないことを確保する必要性が強調される。

本書の出版の準備中、トランプのツイッター訴訟は控訴中であり、一審の判決は覆される可能性がある。もしそうなれば、それはデジタルで異論を述べる権利に関する限り、不幸な結果となるだろう。連邦最高裁が最近強調したように、ツイッターのようなソーシャルメディア・プラットフォームは「おそらく、一個人が自分の声を届けるために利用できる最も強力なメカニズム」を提供している(58)。連邦最高裁が強調するところによれば、これらのプラットフォームにより、市民は「自らの選挙された代表者に請願し、あるいは直接に代表者と関わりをもつ」ことが可能になる(59)。公務員が有権者と話したり、有権者から話を聞いたりする手段としてソーシャルメディアをますます利用するようになっているため、批判や異論を表明することを含め、これらのバーチャルなフォーラムに自由に参加する市民の権利は、修正一条のもとで保護されるべきである。

もし地裁の判決が覆され、大統領によるユーザーのブロックが認められれば、異論を弱体化させ、実質的には検閲するといった方法により、「表現のための地形」が縮小していることにさらなる証拠が加わる。政府がますますコミュニケーションに使用し、公的な議論と異論が交わされる場所に修正一条が適用されないのであれば、効果的なデジタルの異論にとって必要な、「呼吸空間」が確実に失われることになろう。

第五章 「ヘイトスピーチ」への対処

人種や民族、ジェンダー、宗教、年齢、障害や、その他の同様の理由に基づいて人の品位を貶める言論は、憎むべきものである。しかし、我々が最も誇りにしている自由な言論の法理は、「我々が酷く嫌う思想」を表明する自由を我々は保護している、というものである(1)。

ドナルド・トランプは、「ヘイトスピーチ」に関わる様々な問題を全国的な公共の議論に突きつけることを、これまでも繰り返してきた。実際、トランプの大統領候補や大統領としての特徴的な事柄の一つとして、侮蔑的な見解のコミュニケーションに彼自身が参加することが挙げられる。もちろん、大統領候補、そして大統領としてのトランプが登場するよりかなり以前から、人種やジェンダー、民族、性的志向、宗教に基づいて個人を中傷し、攻撃する表現にどのように対処すべきか、という問題に、アメリカは直面していた。今日、我々は、大学のキャンパスやソーシャルメディア、そして、より一般には公共の議論のなかで、この問題に再び直面している。憎悪表現が増加していることを示すデータもある。トランプ大統領自身の用いる侮蔑的なレトリックは、こうした現象と関連しているのだろう。

その標的にされた側からみれば、侮蔑的な憎悪表現は、精神的、感情的、そして肉体的な危害と結び付いている。そうした表現は一般的に「ヘイトスピーチ」と呼ばれているが、我々の政体にも有害なおそれがある。大統領自身や彼の政権から発せられた憎悪の発言は、その危険性を高める。そうした発言が公務員から発せられているため、それはターゲットにされた人々の平等や宗教、自由な言論の権利と関わる。さらに、最近のいくつかの研究は、イスラム教徒に対するヘイトクライムと、トランプ大統領のイスラム教徒に対する侮蔑的なツイートとのあいだには強い相関関係があることを示している[(2)]。これらの懸念のすべては、ソーシャルメディアによって増幅されている。侮蔑的な発言のなかでも、特に、トランプ大統領がグローバルなソーシャルメディアのつながりを通じて発したものは、広く反響し、拡散されている。

もしヘイトスピーチが危害と結び付き、一見して低い価値しかないのであれば、「ヘイトスピーチ」がそもそも修正一条によって保護されていることは、多くのアメリカ人にとって不可解だろう。先進国、民主主義国を含む多くの国々では、「ヘイトスピーチ」は、規制され、犯罪とされている。しかしながら、修正一条のもとでは、「ヘイトスピーチ」は、おおむね保護された言論であり、いってみれば、その侮蔑的な内容を根拠にした制約の対象とされるべきではなく、身体の安全や公共の秩序に及ぼすその効果を理由として限定的な状況においてのみ制限されるべきものである。憎悪表現の発生件数や効果を踏まえて、そうした表現は修正一条によって通常はどの程度まで保護されるのか、そして、より重要なこととして、なぜそのように保護されるのかを、我々は明らかにしなければならない。トランプ時代は、この問題を再考するための、また別の機会を提供している。それは、憎悪を流布し、憎悪と闘ううえでの政府自身の役割を再考するための機会である。我々は、人を中傷するような私的な言論の影響力だけではなく、公務員から発せられた侮蔑的な言論の効果についても検討しなければならない。

トランプ時代におけるヘイトスピーチ

侮蔑的な憎悪表現は、アメリカにおける政治的・文化的な議論のなかで長いあいだ問題とされてきている。こうした問題は、ドナルド・トランプから始まったわけではないけれども、彼は様々な方法で、この問題に寄与し、それを悪化させてきている。

トランプは、候補者であった初期の頃から、彼の政治的な支持層に対して訴えかけるための試みのなかで、人種や民族、宗教などの要素による分断を煽っていた。公衆の前での発言や、頻繁になされるソーシャルメディアへの投稿のなかで、彼は、多種多様な個人や集団を中傷した。トランプ候補は、忌まわしいことに、メキシコ系の移民を「強姦魔」や「ヤクの売人」として公然と非難していた（彼はのちに、メキシコ系アメリカ人の裁判官に対して、その血統だけを理由として、偏向していると非難したことがある）。トランプ候補は、障害をもつ記者を大っぴらにバカにしたこともある。彼は、イスラム教徒についての侮蔑的な意見を述べたこともある。

二〇一六年の大統領選挙の期間中に、ロシアの工作員たちが、トランプ陣営の選挙運動を支援するための試みの一環として、ソーシャルメディアの組織的な情報操作に従事していたことについては、いくつかの証拠が存在している。この試みのなかで、工作員たちは、侮蔑的な宣伝の送信を通じて、アメリカの選挙のなかに人種的な分断の種をまき、それを深刻化させようとしていた。彼らは、イスラム教徒や不法移民、アフリカ系アメリカ人を中傷するような宣伝を投稿し、頒布していた。

トランプは、大統領になってからも、人種やジェンダーなどの性質に基づいて侮蔑や誹謗をするやり方でコミュニケーションを続けている。特筆するべきこととして、トランプは、二〇一七年の夏にバージニア州のシャーロッツビルで行進をした白人至上主義者たちを公然と非難することを拒否した。その代わりに、トランプ大統領は、白人至上主義者のうち何人かを「とても良い人たち」と述べたうえで、シャーロッツビルの街頭で発生した暴力事件の「両方の側の人々」を公然と非難した[*1]。その後、その多くは人種差別主義のジム・クロウ時代の産物である南部連合のモニュメントを公然と展示することの道徳上・憲法上の意味について人々が論じているさなかに、トランプ大統領は、そうしたモニュメントを維持するための強い要望を表明した[*2]。それはおそらく多くの人々の感情を傷つけ、失望をさせた。その一方で、ロバート・E・リーをはじめとする南部連合の偶像を支持するトランプのコミュニケーションは、それ自体は憎悪表現の一形態ではない。他方で、トランプ大統領は、その論争に加わっているときに、そもそもなぜ彼はそうした見解をとっているのかを明らかにしてこなかった。

トランプ大統領は、人種については一層直接的な言及もしている。いくつかの場面で彼は、アフリカ系アメリカ人である議員やスポーツ選手たちの知性を公然と誹謗した。トランプは、特定のアフリカの国家を「肥溜め」と表現したりもしている。様々な場面で彼は、不法移民を「けだもの」と描写してきた。

トランプは幅広い範囲を侮蔑してきている。候補者として、そして大統領として、トランプは、女性の容姿や知性についてのいくつかの侮蔑的な意見を示してきている。彼とその政権の構成員の何名かは、「イスラム教徒は我々を憎んで」おり、彼らは「がん細胞」であると公言して、イスラム教徒を中傷している。候補者としてトランプは、「イスラム教徒が合衆国に入国することを完全かつ完璧に遮断すること」を要求した――彼はこれを誇らしげに「イスラム教徒禁止令」だと述べた。大統領としてトランプは、反・イスラム教徒のプロパガンダ動画をリツイートしている。

こうした発言は、それが大統領の口やソーシャルメディアのアカウントから発せられているという点で悩ましいものである。しかしながら、目につく情報源をある程度獲得することで、これらの侮蔑的なコミュニケーションは我々の政体にとっての重大な危害の原因となっている。こうしたトランプ

＊1〈シャーロッツビルの事件：南部連合のロバート・E・リー将軍のモニュメントの撤去をめぐって、アメリカ南部のバージニア州のシャーロッツビルでは、撤去反対を訴える白人至上主義者のグループが大規模な集会を計画していた。現地には非常事態宣言も出され、集会に抗議するグループに自動車が突入して女性一名が犠牲となった他、対応に当たっていた警察官二名が乗り込んでいたヘリコプターの墜落によって死亡した。〉

＊2〈南部連合のモニュメント：近年、白人至上主義や人種分離の拠り所になることを理由に、シャーロッツビルの事件でも問題になったロバート・E・リー将軍像などの南部連合を象徴する銅像や、旗（南部連合旗）が、州議会議事堂や公園などの公共の場所から撤去されている。〉

の発言を、大っぴらに侮蔑的な言葉を用いることや、自分たちのもつ差別的な信条を伝達することのライセンスだと受け取り、このような修正一条の権利の行使の深刻な帰結を考慮しない者もいる。トランプの当選以降、マイノリティの集団に向けられた外国人嫌いや人種差別主義、同性愛嫌悪の言論にまつわる出来事の数が増加したことが、研究者によって示されている。

名誉毀損防止同盟は、二〇一七年に反・ユダヤ主義の事件が六〇パーセント増加したと伝えている[3]。大統領選挙の数日後、ミシガン州のあるゲイの男性は、「トランプはお前のような連中を排除するだろう」という挑発を、ある男性の集団から受けた。テキサス州オースティンのあるユダヤ人女性によると、彼女は、食料や雑貨を買うための列に並んでいるときに、ある白人の中年男性から、同じような脅しを受けたという。ヒューストンのある黒人女性は、ある白人男性から、トランプは「おまえらニ××〈ニガー〉を全員排除」しようとした、ということをいわれた。カリフォルニア州ハリウッドのあるアジア系アメリカ人の女性は、ある高齢の白人女性から自分の髪を引っ張られたうえに、トランプが大統領になった現在、彼女は「中国へ帰る」べきであるといわれた[4]。ソーシャルメディア時代の現代では、アフリカ系アメリカ人やメキシコ系アメリカ人などの人種的・民族的なマイノリティに嫌がらせをする白人の動画の多くは、ソーシャルメディアで頻繁に拡散されている。

つまり、問題を引き起こしているのは、トランプ大統領自身の言論だけではない。トランプ大統領の支持者たちは、トランプの当選を、「ポリティカル・コレクトネス」がもはや排外主義などの侮蔑的な意見を胸に秘めておくことを要求していない、ということの兆しと考えているらしい。白人の有権者から圧倒的な支持を得るとともに、中傷される集団からはほとんど支持を受けずに当選したトランプを、人種や宗教についての自らの言論が長いあいだ不当に萎縮させられてきたと感じている人々のために闘う旗手とみなす人たちもいる。憎悪をまき散らす集団は、トランプ大統領の発言を、彼らの問題提起に対する支持だと考えているということを示す証拠もある。ＫＫＫ（クー・クラックス・クラン）のグラン・ウィザード〈最高幹部〉であったデイビッド・デュークは、以下のような発言をした。「我々は、この国を自分たちの手に取り戻すことを決意した。我々は、ドナルド・トランプとの約束を果たそうではないか」。

大統領選挙以降、トランプ政権は、全米のキャンパスにおける「ヘイトスピーチ」の問題にも関与してきている。過去数年のあいだ、学生や教員による憎悪表現の出来事だけではなく、白人至上主義者などの保守的な論客による招待講演が、多くのアメリカのカレッジや大学のキャンパスを混乱させてきている。これによって、大学当局は、大学のキャンパスでの侮蔑的な憎悪の思想のコミュニケーションについて公にコメントをし、いくつかの事例では、そうした表現に制限を課すことを検討するよう迫られている。

トランプ政権は、こうした規制に対して強硬かつ公然と反対している。ジェファソン・セッションズ司法長官は当時会見で、これは「ポリティカル・コレクトネス」の一形態であると公然と非難するとともに、彼らが好まない思想からの避難場所を要求して規制を支持していた学生たちを批判した。トランプが大統領であるあいだ、司法省は、キャンパスでの嫌がらせやいじめ、「ヘイトスピーチ」の規制に反対するための連邦裁判所での訴訟において、多くの「公的声明」を提出している。

大学のキャンパスにおける「ヘイトスピーチ」についての議論は、保守的な見解の抑制と称されるものを含んでいるが、それにある程度反発して、二〇一九年三月にトランプ大統領は、公私立の大学での連邦研究資金の受給に、大学のキャンパスにおける自由な言論の保護を条件とする大統領令を発した[5]。聞くところによると、トランプ大統領がこの大統領令を周知したのは保守の活動家たちの集会であり、そこでトランプは、右翼の話し手たちが排除され、攻撃を受けたと喧伝されていた事件と、大学のキャンパスにおける自由な言論の問題を関連づけてみせた。トランプ大統領は大統領令への署名の際に、以下のように述べた。「言論コードや安全地帯、事前の警告というみせかけのもとで、これらの大学は自由な思考を制約し、完全な画一化を進め、偉大なアメリカの青年たちの声を締め出そうと試みている」。トランプは、この「偉大なアメリカの青年たち」のなかに、カレッジのキャンパスの訪問を含むいくつかの論争の中心にいた白人至上主義者である、リチャード・スペンサーのような人物が含まれるかどうかは、はっきりさせなかった。

「ヘイトスピーチ」入門

トランプ時代における「ヘイトスピーチ」への反応やそれに関わる出来事について分析をする前に、まずは、修正一条のもとでのこの種の表現に対しての最近のアプローチを理解することが役に立つ。「ヘイトスピーチ」は保護される言論ではない、と主張する論者もいる。修正一条のもとでは、いかなる形態の憎悪表現も完全に保護されると指摘する者もいる。これらの考え方の両方が、実際には正しくない。実際には、侮蔑的な憎悪言論は、すべてというわけではないが、そのほとんどが、修正一条のもとでの保護を受ける資格がある。別の言い方をすると、最近の修正一条の法理と判例のもとでは、「ヘイトスピーチ」は、（おおむね）保護される言論である。

「ヘイトスピーチ」について最初に理解するべきことの一つは、「ヘイトスピーチ」というラベルを貼ることは、独自の修正一条上の意義をもたないということである。修正一条の法理は、わいせつや煽動、脅迫といった、特定の定義された言葉のカテゴリーを扱っているけれども、「ヘイトスピーチ」はこれらのなかには含まれていない。

「ヘイトスピーチ」の法律上または憲法上の定義についての通説は、存在していない。このことを簡潔に明らかにするために、法哲学者のジェレミー・ウォルドロン教授による定義を採用してみよう。すなわち、「社会的に弱い立場のマイノリティの構成員に向けられた、故意に罵倒し、中傷し、脅迫し、品位を貶める言葉であり、彼らに対する憎悪をかき立てるように意図されているもの」[6]である。この定義は、我々が検討している言論の分類やカテゴリーをほぼ記述できている。

ウォルドロンの定義に属する言論のほとんどは、修正一条によって保護されている。長いあいだ積み上げられてきた修正一条の法理のもとで、政府は、伝達される特定のメッセージや思想を理由として言論を規制することは通常は認められない。憎悪の思想の伝達は、この一般的な規範のなかに収まる。この内容中立の原理についての例外はほぼ認められておらず、ごく少数の例外的なカテゴリーは厳密に狭く定義されている。

すでに述べたように、連邦最高裁は、修正一条によっておよそ保護されない特定の言論のカテゴリーを認めている。「ヘイトスピーチ」の検討と関連するものとしては、違法な行為の煽動や、「けんか言葉」、「真正の脅迫」が、これらのカテゴリカルな例外のなかでは最も関連性が高い。しつこい形態の嫌がらせも、修正一条によっては保護されない。

つまり、他者を違法な活動に従事させるように煽動するような言論は、保護されていない。ただしそれは、話し手が違法行為を明示的に唱道しており、当該の行為が切迫し、いまにも起こりそうな場合に限られている。[(7)] 人種に関する罵り言葉やその他の口汚い言葉は、保護されない「けんか言葉」として処罰されうる。しかしそれは、そうした言葉が特定の人物に対して向けられており、差し迫った治安妨害（例えば、公衆の面前での騒々しいけんか）に結び付きそうな場合に限られる。[(8)]「真正の脅迫」は、特定の人物や集団に向けて身体に対する危害や殺害を本気で予告するような発言である。[(9)] そして、修正一条の保護の範囲外になるためには、言語やその他の形態の嫌がらせが継続しており、仕事や勉強、その他の利益に対する深刻な妨害を引き起こしている必要がある。

これらの例外のもとでは、人種的・民族的、あるいはその他の悪口のすべてが修正一条のもとで保護されない、という点に留意してほしい。これらの限定的な定義を満たすような憎悪言論は、修正一条によっては保護されないし、そして、政府（これには、大学のキャンパスの運営者も含まれる）は、それを規制することを認められている。例えば、特定のイスラム教徒に対する暴力を煽動することは、保護された言論にはならないだろう。同様に、アフリカ系アメリカ人の家族への暗示や脅迫を意図して十字架を燃やすことは、修正一条のもとでは保護されていない。[(10)] 人種的な侮蔑の意見の形態をとった継続的な嫌がらせは、保護された言論ではない。

しかしながら、これらの例のいずれにおいても、言論は、人種的な中傷やその他の「ヘイトスピーチ」の形態を含んでいるという理由ではなく、人種差別主義やその他の形態の憎悪表現には言及せずに定義されたカテゴリカルな除外のなかに含まれているという理由で、修正一条〈による保護〉の境界線を超えると考えられていることを理解することは重要である。つまり、連邦最高裁が強調しているのは、政府は通常、人種差別やその他の侮辱的な内容に基づく特定のけんか言葉、煽動、脅迫のみを〈規制の対象として〉抜き出してはならないということである[(11)][*3]。まとめると、こうした事例における言論は、それが憎悪を表現するという理由ではなく、暴力の煽動や身体的な危害の脅迫、職場や学校と関連した役割への否定的な影響をもたらす可能性を伴うことを理由として、〈修正一条による〉保護からカテゴリカルに除外される。

これらの修正一条の基準のもとでは、候補者と現職大統領としてのトランプがしてきた民族的・人種的・宗教的マイノリティに関する様々な発言は、すべて修正一条によって保護される。標的にされた個人や集団への憎悪をかき立てるように意図されている場合でも、メキシコ人やアフリカ系アメリカ人、ＬＧＢＴの人たち、女性、イスラム教徒を中傷し、誹謗する言論は、修正一条の領域の外にあるとは考えられていない。コミュニケーションが政府の公務員によってなされる場合も、私人である

＊3　〈一九九二年のＲＡＶ判決では、ミネソタ州のセント・ポール市のヘイトスピーチ規制条例の違憲性が問題となった。連邦最高裁は、アフリカ系アメリカ人の住宅の敷地に侵入して十字架を燃やした被告人の有罪判決を取り消し、市条例自体も違憲とした。多数意見を執筆したアンソニー・スカリア判事によれば、わいせつや名誉毀損、「けんか言葉」といった規制可能なカテゴリーがあるとしても、そこからさらに、人種差別的であるとか、政府に対して批判的であるといった、表現の内容や観点に基づいた区別をして規制をすることは認められない。〉

市民によってなされる場合も、メキシコ人は強姦魔であるとか、イスラム教徒はテロリストであるといった思想は、修正一条の保護を受ける。そうした発言が不愉快で有害な、過剰な一般化であるとしても、そうである。このアプローチのもとでは、白人至上主義者などの大学のキャンパスでの話し手たちの発した憎悪の思想や意見は、修正一条のもとでも保護される。もちろん、これは、大統領や白人至上主義者によって表明された思想が、個人や社会にとって、いかなる危害の原因にもならないとか、一切の危険をもたらしていない、ということを意味しない。現在の解釈の限りでは、修正一条は、そうした意見をその有害さにもかかわらず保護している、ということを意味している。

私が示したいくつかの私人の言論の事例、特に、人種的な罵り言葉を面と向かって放つことを含むものは、「けんか言葉」と考えることもできるかもしれない。顔を突き合わせて行われる口論のなかでニ××という言葉を用いた者は、治安妨害や風紀紊乱行為を理由に逮捕されたときには、修正一条を頼ることは許されるべきではないだろう。クラスメイトへのつきまといや、人種的、民族的な罵り言葉をぶちまけることをしつこく繰り返した学生は、そうした振る舞いに関する学生規則のもとで処罰されることもあるだろう。身体的な危害を加えると他者を脅迫した者は、脅迫の責任を負うだろう。しかしそれでも、こうしたことの理由は、人種などについての侮蔑的な内容とは無関係であって、個人や共同体の安全に対する危険と関係しているのである。

そうすると、修正一条は、罵倒や中傷、軽蔑、侮蔑の意見を伝達する話し手の権利を、通常は保護している。大学のキャンパス内で人種を攻撃するような曲を歌った男子学生社交クラブのメンバーを、彼らの言葉の選択だけを理由に退学にすることはできない。メキシコ系アメリカ人やアジア系アメリカ人は「もと来たところに帰る」べきであると表明した話し手は、修正一条によって、公的な制裁から守られている。反・ユダヤ主義や人種差別主義、外国人嫌い、女性蔑視などの憎悪言論は、修正一条によっておおむね保護されている。

このような性格をもつ侮蔑的な憎悪言論に対する修正一条の保護は、実のところ、〈国際的にみると〉例外的なものである。西洋の民主主義諸国では、侮蔑的な憎悪言論は、通常は禁止され、規制されている。デンマークは、「人種や肌の色、国籍、民族的な素性を理由として、人々の集団を脅し、嘲笑い、貶めるような」発言を禁止している。ドイツは、「人々の一部を中傷し、悪意をもってけなし、名誉を傷つけるような方法で、他者の人間の尊厳」を攻撃することを禁止している。連合王国では、「脅迫や罵倒、中傷の言葉や振る舞い」を用いることは、「人種的な憎悪をかき立てるよう意図されているときや、「すべての状況を鑑みて、人種的な憎悪がそれによってかき立てられうる」ときには、禁止されている。カナダは、「そうすることが治安妨害に結び付くような状況において、同定可能な特定の集団に対する憎悪を煽動する」発言を、公然とすることを禁止している[12]。

「ヘイトスピーチ」に対するこれらの国々のアプローチは、個人の平等や尊厳といった利益に優越的な地位を与えている。前述した国々の法律は、憎悪言論をその内容に基づいて規制の対象にすることによって、平等や尊厳の利益を追求している。対照的に、人種やその他の形態の憎悪をかき立てるように意図された侮蔑的な言論でさえも修正一条が保護しているということは、言論の自由の優越的な地位に基づいている。連邦最高裁判事のオリバー・ウェンデル・ホームズ・ジュニアが述べたように、修正一条は、「我々が酷く嫌う思想」も保護している。

「ヘイトスピーチ」と危害

修正一条をめぐる争いに勝利し、憎悪の思想を伝達する権利を勝ち取ったことで、「ヘイトスピーチ」を言い触らす人は、そうしたコミュニケーションに対する反論を、単なる「ポリティカル・コレクトネス」に過ぎないとして片づけてしまおうとしがちである。我々の文化では、言論の自由には大きすぎる影響力が備わっているために、侮蔑的な憎悪言論に伴う重大な危害を考察することにほとんど時間が割かれていない。侮蔑的な憎悪言論に対する近時の修正一条の保護の意味をよりよく理解するためには、そうした言論が引き起こす心理的・肉体的・政治的・憲法的な危害をよく知る必要がある[13]。

憎悪表現に付随しうる様々な危害について理解するためには、あの悪名高い、イリノイ州のスコーキーという町でネオナチが行進をすることを求めた出来事について考えるべきである。一九七〇年代、アメリカのネオナチは、ナチス風の服装で、イリノイ州のスコーキー町を行進することを認めるように要求した。当時、スコーキー町では、ユダヤ人の大量虐殺であるホロコーストを生き延びた数百人のユダヤ人が生活をしていた。

スコーキー町の役人たちは、ネオナチに行進をさせないための様々な規制を採用した。彼らは、一つには、ネオナチの行進は、少なくない数の町の住人に深刻な精神的苦痛を与えると主張した[14]。最終的に州と連邦の裁判所は、町が懸念していたような精神的な危害は行進の禁止を正当化するうえで十分ではないとして、修正一条に基づいて町の規制を無効とした[15]。

スコーキー町の役人は、ネオナチの行進を禁止するための根拠として、身体的な暴力の可能性には依拠しなかった。しかしながら、我々アメリカ国民が最近目撃したように、侮蔑的な言論は、現実の身体的な暴力に実際につながる可能性がある。シャーロッツビルの事件では三名の命が失われた。ソーシャルメディアを通じて伝達される憎悪表現もまた、身体的な暴力行為につながりかねない。すでに述べたように、ある研究が明らかにしたところによれば、ツイッターの利用頻度が高い層では特に、トランプ大統領による反・イスラム教徒のツイートと、アメリカ合衆国のある特定のエリアにおけるイスラム教徒に対する暴力的なヘイトクライムの発生とのあいだには、強い関連性が認められる[16]。

ソーシャルメディアの利用は、オンライン上での「エコー・チェンバー」を通じて、政治的その他の形態の分極化を進めるかもしれない[17]。ある研究者は、大統領のツイートは、ソーシャルメディア上で数百万人に伝達され、イスラム教徒に対する暴力的な攻撃の空前の増加につながっているという結論を示した。分極化と反・イスラム教徒の感情は、トランプが大統領になるよりも前から存在していたけれども、この研究は、オンライン上での「ヘイトスピーチ」とヘイトクライムに関する認識可能な「トランプ効果」があると指摘している。研究者たちは、こうした知見は「トランプの大統領選挙キャンペーンが、以前は社会的に許容されないと考えられていた見解を人々により積極的に表現させるような、社会的な規範の綻びを助長したという解釈と調和」しており、ソーシャルメディアは、「ヘイトスピーチ」のヘイトクライムへの転換に「無視できない」影響を与えているという結論と一致すると述べている[18]。

憎悪言論の標的とされた人が、例えば、発言者に対して食って掛かるような場合に、その他のタイプの身体的な危害が起こりうる。スコーキー町は、ネオナチの行進に対する聴衆の暴力的な反応の危険性には依拠していなかったけれども、町の側に立った法律家たちは、鉤十字を掲げることは、ホロコーストの生存者たちに対する身体的な攻撃と同等なものだと主張した。話し手の言葉や表現行為は、「けんか言葉」の定義を満たす場合には、修正一条によっては保護されない。すでに述べたように、「けんか言葉」のカテゴリーは、話し手や社会を差し迫った騒乱から保護している。しかしながら、スコーキー町の事例では、行進者たちの用いた言葉やシンボルは、差し迫った騒乱を煽動する意図を伴って人に向けられたものではなく、「けんか言葉」の定義を満たしそうもなかった。そしてそれはまた、町の住民に危害を加える意図を真剣に表明するような、「真正の脅迫」を構成しそうもなかった。これは、カテゴリカルな除外の狭さと、「ヘイトスピーチ」に与えられた保護の範囲の両方を示している。

侮蔑的な憎悪言論がヘイトクライムや身体的な暴力につながるかどうかとは別の問題もある。それが社会に浸透するにつれて、この種の表現は、政治的な共同体に対する有害な効果を伴うようになる。ウォルドロンが主張しているように、侮蔑的な憎悪言論は、深刻な政治的危害をもたらす。ウォルドロンは、「秩序だった社会」では、すべての人々が法によって保護されなければならないということに加えて、人々は、法による保護を信頼して生活する資格があるという前提から出発している[(19)]。ウォルドロンによれば、「各人は……、他者からの敵意や暴力、差別、排除に直面する必要がないという自信をもちながら、それぞれの生活を営むことができなければならない」。

憎悪表現は、この公共財を脅かす。ウォルドロンが説明しているように、「ある社会が、反・ユダヤ主義の標章や十字架焼却、侮蔑的な人種ビラによって覆われているとき」、いかなる安全の予測も「消え失せてしまう」。侮蔑的な憎悪言論の対象とされた人々は、社会が彼らを平等な尊厳をもつ人々だとみなしているという確信を奪われる。

ウォルドロンは次のように続けている。「出版物の刊行や投稿、掲示などの形で、ヘイトスピーチは、世界を定義する行為になりうるのであり、それを広めた人々は――まさにそれこそが彼らの目的の一部分なのだが――彼らが作り出した目にみえる世界が、彼らの憎悪の標的にされた者たちにとって、生きていくことがより困難な世界であるということを、よく理解している」。ウォルドロンは、前述したいくつかの「ヘイトスピーチ」の事件に含まれている暗黙のメッセージを、以下のように説明している。

あなたは、自分は皆と平等だと思っているということを、私は知っている。しかし、そのことをそこまで確信しないでほしい。あなたの機会やあなたの平等な尊厳のためにあなたが頼りにしているまさにこの社会は、これらのことを支持するうえで決して誠実ではないし、我々は、この冷淡さを露わにし、この対立を我々が得る機会のすべてを使って構築する。そう、そのことを考え、怯えるがいい。これまではお前を守っていた社会が、お前を格下げし、排除するときが迫ってきているぞ。[20]

つまり、ウォルドロンは、侮蔑的な憎悪言論を制約する根拠は、精神的・肉体的な危害につながるということ――実際そうしたことは起こるのだが――ではないと述べている。むしろ、彼の見解では、そうした表現が規制される中心的な理由は、社会のなかの特定の人々が、その社会のなかで排除され、周縁に追いやられるという継続的な恐怖のなかで生きなければならない、という環境を作り出す点にある。この危害はより深い傷跡を残し、単に人種を侮蔑する言葉によって「攻撃されて」いること以上の、より根本的なものである。言い換えると、政治的な軽蔑や排除は、「ポリティカル・コレクトネス」とは掛け離れたものである。

憎悪表現は、憲法上の危害を作り出す。とりわけ、歴史的に虐げられてきた集団に属する人々の平等保護の権利が、「ヘイトスピーチ」によって危機にさらされているとしばしば主張される[21]。政府自らが憎悪のメッセージを伝達する場合であろうと、法のもとでの平等な保護を社会のなかの特定の構成員だけが利用可能な環境を私人が作り出す場合であろうと、これは真実だろう。つまり、「ヘイトスピーチ」の規制を提唱する人々は、平等は言論の自由を含む他の権利の前提条件であり、人種やその他のスティグマを押す言論は、修正一条の保護を受けるべきではない、と主張している[22]。

大統領が人種差別主義の見解をもち、支持していると多くの人々が信じており、大統領の言葉は憎悪のメッセージの伝達を認めていると大統領の支持者が解釈している時代では、これらの精神的、身体的、政治的、そして、憲法上の懸念は、より深刻なものとなっている。仮に、「ポリティカル・コレクトネス」との闘いと称するものが、我々の社会が外見上、より人種差別主義や反・ユダヤ主義のような尊厳を軽視するものになっていくことを意味するのであれば、我々は、修正一条による「ヘイトスピーチ」の保護が、それが引き起こす重大な危害に見合うものなのか、そして、どのように調整されるのか、ということを改めて検討しなければならない。

なぜ「ヘイトスピーチ」を保護するのか

こうした重大な危害があるのであれば、なぜ修正一条は、品位を貶める憎悪表現を通常は保護しているのだろうか。公共の空間やソーシャルメディア上で「ヘイトスピーチ」が激増しているように思われるこの時代に、とりわけ、この種の表現の標的とされている人々に対して、ヘイトスピーチが保護されていることをどのように説明することができるだろうか。

我々がとるべきでないアプローチの一つとして、彼らの懸念を最小化し、軽視し、政治的なものにしてしまうというものがある。不幸なことに、これがトランプ政権の主要な戦略となっている。トランプ大統領自身の発言は、無害であるとか、「ポリティカル・コレクトネス」への攻撃であるとして、ホワイトハウスやトランプの支持者からは擁護されている。トランプ政権とその同調者たちは、大学のキャンパスの「過激派」と「官僚たち」を、すべての保守的な意見と見解を弾圧する共謀に関わっているとして、攻撃している。これは偶然にも、グーグルの検索アルゴリズムは、政治的に偏向しているので、「調査される」べきであるとトランプ大統領に提示させてきた陰謀理論と似ているように思える。

右派の論者と左派の論者の両方が選び出され、大学のキャンパスなどにおいて、効果的に沈黙させられていることは、不幸な現実である。キャンパスでの言論に関わる近時の多くの対立は、いわゆる

「保守派」の論者たちの「ヘイトスピーチ」の伝達に集中している。しかしながら、いくつかの党派的な弾圧の計画に「過激派」や「官僚たち」が関わっているという主張は、例えば、自ら白人至上主義者だと公言する者を大学のキャンパスに招待する際に起こる問題の性質や範囲を矮小化している。こうした事例で必要になる安全の確保や費用の問題は別として、「白人至上主義」が、学生や教員団が彼らのキャンパスのコミュニティのなかに招き入れ、多くのリソースをその提示に割くべき見解かどうかは、言論の自由と学問の自由の両面から検討されるべき複雑な問題である[23]。

確かに、保守派の集団や論者による憎悪を含まない表現が考え違いの弾圧をされた事例も、いくつか存在している。こうしたことは、厳しく批判されるべきである。しかしながら、白人至上主義者やその他の右派の煽動者たちの存在に関連した問題を曖昧にするべきではない。

トランプ政権は、この種の「ヘイトスピーチ」が引き起こす危害をしばしば矮小化する。例えば、司法長官だったときのジェファソン・セッションズは、大学のキャンパスにおける「ヘイトスピーチ」の問題を提起したカレッジの学生たちのことを、「独りよがりで、神経過敏の、傲慢なスノーフレイク」と描写した。この種の典型的な党派的レトリックは、大学のキャンパスやその他の文脈における侮蔑的な憎悪言論のもつ現実の明白な効果を無視している。実際にこれは、そうした危害の存在や、議論の必要性を否定している。より重要なのは、こうした発言は、なぜ修正一条は侮蔑的で品位を貶める思想や見解を保護するような方法で解釈されてきているのか、そして、そのように解釈され続けるべきなのか、ということをまったく説明していない。セッションズ司法長官の用いたレトリックは、修正一条を保護するものではない。それはむしろ、修正一条の保護の範囲にあえて疑問を投げかけた人々への攻撃である。

もちろん、その他のいくつかの状況では、トランプ政権は、その有害さにもかかわらず、「ヘイトスピーチ」の一般的な保護を修正一条は正当化するということを公衆に思い起こさせるうえで、より良い仕事をしている。例えば、大学の学生や教職員の自由な言論の権利に対する制約の違憲性を争う連邦裁判所における訴訟のために提出された「政府意見書」のなかで、政府は、伝統的な内容中立の原則に依拠し、政府による見解の弾圧について懸念している。言論をその内容に基づいて標的にする懲戒規定や、キャンパスにおける豊かな討論に加わるための機会を制約するその他の規制に反対している。司法長官だったときのセッションズは、高等教育の文脈における自由な言論のためのフォーラムについて、以下のようにも述べていた。「この国は、不快な集会や節度を欠いた言論、挑発的な言論を保護している。右派であろうと、左派であろうと。競合する言論を弾圧することは、アメリカ人のやり方ではない」。セッションズは、以下のように続けた。「アメリカ人である我々は、反対者の声を押さえ付けるよりも、面倒で、論争的な討論をする方がましであることを知っている」。

この種の発言を聞いても、「ヘイトスピーチ」の標的にされた人々は、修正一条は人種差別主義者やその他の形態の偏狭な表現を許容しなければならないと納得はしないかもしれない。しかしながら、これは少なくとも、修正一条の基礎的な法理と原理に基づいた実質的な説明を示唆している。[24]

ナディーン・ストロッセンは、「ヘイトスピーチ」に対する近時の修正一条のアプローチを擁護する著書を出版した。ストロッセンの説明によれば、どの見解が消費に適しているのかを政府が決定できるようにすることは、「魔女狩りのライセンスになるかもしれず」、「公務員に彼らを批判する人々を沈黙させることを可能にする法的な仕組み」を導入するかもしれない[25]。こうしたアプローチは、容認可能と思われる異論や政治的表現の類型を政府の公務員が決定することを認めることになる。この種の権限は、自己統治や真実の探究、自律といった、修正一条を支える諸価値とは根本的に矛盾する。

第三章でも検討したように、政府は特定の思想や意見、見解を標的にすることはできないという考え方は、修正一条の中核的な前提である。指摘したように、この内容中立の原理は、人種やジェンダー、宗教、不法入国者の地位に関連するものを含む公衆の関心事について、当局による正統性の押付けを禁止している。政府が特定の発言や情報伝達を選り好みすること――すでに検討した、差し迫った騒乱や暴力についての特別な懸念を引き起こすような、保護されない言論の狭いカテゴリーを除く――を認めることは、これらの問題に関する当局による正統性が強制される可能性を生み出すかもしれない。

一九八〇年代から一九九〇年代にかけて、「ヘイトスピーチ」と結び付いた個人や共同体に対する危害への懸念は、自治体や大学に、偏見に対抗するための「ヘイトスピーチ」規定の採用を促した。ミネソタ州のセント・ポール市は、偏見に対抗するための条例を制定し、十字架焼却や「人種や肌の色、信条、宗教、ジェンダーに基づいて、他者への怒りや警戒、憤慨を引き起こす」ような表現行為を禁止した[26]。インディアナポリス市は、女性蔑視と考えられるような特定の女性描写を問題視し、これを抑制するための手続を定める条例を制定した[27]。多くの大学のキャンパスは、学生や教職員による侮蔑的な憎悪のコミュニケーションを処罰することを意図した「言論コード」を採用した[28]。

これらの規制はすべて、前述したような精神的・身体的・政治的・憲法的な危害への対応だった。政府は、十字架焼却やその他の公然の憎悪表現によって脅迫されていた人種的・民族的なマイノリティを擁護しようとした。女性の身体についての侮蔑的な描写によって地位の低下や社会的な危害を被る女性たちを守ろうとした。平等な条件や包摂された環境のなかでの教育を継続する能力を妨げようとする表現に直面していた有色人種の学生たちを保護しようとした。しかしながら、これらの規定はすべて、修正一条を根拠として無効とされた。その理由は、特定の象徴的な行為やコミュニケーション、描写を、その対象や伝達した観点に基づいて選り出したというものだった。

修正一条は、人種や民族、ジェンダーの問題についても、話し手が伝えることのできる感情や思想を政府が選別することを認めていない。「ヘイトスピーチ」のなかには真正の思想や意見は存在しておらず、問題となっている内容は修正一条上の意義を持たない侮蔑的な侮辱に過ぎない、と反論する者もいるだろう。どうすれば侮蔑的な侮辱（おそらくこれは保護されない「けんか言葉」である）だけを取り込むように「ヘイトスピーチ」の定義を限定することができるのか、という問題はさておき、憎悪言論であっても、公衆の関心事についての論評につながることもある。

例えば、スナイダー対フェルプス判決(29)では、連邦最高裁は、ウェストボロ・バプティスト教会に対する民事評決を覆した*4。同教会の構成員は、戦死した兵士の葬儀の周辺でピケを張り抗議活動をしていた。同教会の構成員は、ゲイやレズビアン、カトリック、軍人、合衆国に関する憎悪の見解を示す標章を持ち運ぶ。連邦最高裁は、陪審の評決を覆したが、評決は、マシュー・スナイダーの父親に与えた強い感情的な苦痛を根拠としていた。連邦最高裁は、当該の標章は、ゲイとレズビアンの軍務に関して当時の軍が用いていた「問うな、言うな」の規制や、カトリック教会の児童性愛スキャンダルを含む、「公衆の関心事」についての意見を伝達していたと結論づけた。連邦最高裁は、以下のように説明した。

言論は強力である。人々を行動に駆り立て、歓喜や悲しみの涙を流させるよう感動させ、まさに本件がそうであったように、強烈な苦痛を与える。我々は、この苦痛に、話し手を処罰することによって応じることはできない。国として、我々は、異なる方法を採用している。我々は、公共の討論を窒息させないようにするために、有害であっても、公共の問題についての言論は保護している。(30)

スナイダー判決の結論を、一部の人は、明らかに容易には受け入れられない。なぜわざわざ、こうした深刻に侵害的で侮蔑的な表現を保護するのだろうか。連邦最高裁は、「ヘイトスピーチ」であっても、重要な事柄について十分な情報を得て判断するために公衆が必要とする思想や意見に触れる場合がある、と結論づけた。人種や宗教、性的志向についての言論が、アファーマティブ・アクションや道徳問題、政府の政策といった公衆の関心事に関係するような場合、話し手と聴衆がそれらの事項について自由にコミュニケーションができるように保護がなされている。

これは、侮辱や嫌がらせのライセンスを話し手に与えているわけではない。あまり注目されていないが、連邦最高裁のスナイダー判決が同教会による侮蔑的な言論のコミュニケーションの限界も提示していたことは重要である。連邦最高裁は、当該の言論は公衆にとって重要ないくつかの事柄に関連すると解釈した。したがってそれは、そのなかのいくつかは傷害や他の法令のもとで提訴可能になりうるような、単純な中傷や侮辱にはならなかった。さらに、連邦最高裁は、抗議者たちが墓地そのものに干渉しないようにするために、政府の公務員は、墓地での抗議活動の時間や場所、方法を規制することができると明示した。

一般に「ヘイトスピーチ」規制法の執行は、言論の自由を保護する根拠のなかの二つ、真実の探究と市民自身による自己統治に抵触する。「思想の自由市場」の基本的な前提は、思想や見解は社会的に受け入れられるために競争しなければならない、というものである。連邦最高裁判事だったオリバー・ウェンデル・ホームズ・ジュニアの言葉によると、「真理の最良のテストは、市場の競争のなかで自身を受け入れさせるような思想の力である」[31]。連邦最高裁も述べているように、「虚偽の思想というものは存在しない」[32]。それゆえ、「ある意見がひどく有害なようであっても、我々は、その矯正のために、裁判官や陪審員の良心ではなく、その他の思想との競争に頼っている」[33]。ブランダイス連邦最高裁判事も指摘したように、「邪悪な助言に対する救済は、善良なそれである」[34]。それゆえ、侮蔑的で侵害的なコミュニケーションであっても、それが他者の身体的な安全を脅かしたり、騒乱を

＊4 〈ウェストボロ・バプティスト教会：裁判の当事者でもあるフェルプスが設立した、ごく小規模で原理主義的な宗教団体で、特に同性愛に対する強い敵意をもつことで知られている。スナイダーの葬儀に対するピケ活動では、「兵士が死んだことを神に感謝する」「神はアメリカ合衆国を憎む」といった、同性愛者の容認を進めるアメリカ軍への攻撃の他に、「聖職者は男の子をレイプしている」といった、カトリック教会への攻撃のメッセージが公道で掲示された。〉

引き起こしたりせず、思想や意見を表明するものである限り、思想の自由市場の一部である。

さらに、人種やジェンダー、宗教などの公衆の関心事についての許容可能な見解を命じる権限を政府に与えることは、民主的な自己統治を妨げる。政府が、社会的・政治的な危害のように思われるものを備えた特定の言論を禁止し、規制することは、規制や禁止の効果に立ち向かうために有権者や市民が民主主義のシステムのなかで頼りにしている、豊かな公共の討論や議論を妨げる。特定の単語やメッセージ、思想を検閲することによって、「ヘイトスピーチ」法や言論コードは、多くの問題、例えば、移民や社会正義、ジェンダーの平等などの様々な公衆の関心事に関連する公共の討論や議論を歪めるおそれがある。

政府が異論を弾圧してきた長い歴史は、「ヘイトスピーチ」法の政府による執行が、強力な萎縮効果を持ちうるということを証明している。侮蔑的な憎悪のコミュニケーションを「異論」の一形態とみなすことは、一見すると、いくぶん困難にも思える。結局のところ、異論は典型的にはマ︀イ︀ノ︀リ︀テ︀ィ︀の話し手や思想家と結び付いており、「ヘイトスピーチ」をまき散らす者たちは、人種的、民族的その他のマイノリティを中傷し、排除することによって、多数派の権力を守ろうと意図しているようにも思える。

しかしながら、「ヘイトスピーチ」を規制することは、いくつかの点で、異論者の権利にも影響する。憎悪をまき散らす人々が、マイノリティの権利を抑圧しようと望んでいる場合があることは事実だが、すべての「ヘイトスピーチ」がこうした効果を意図しているわけではない。例えば、広く定義された「ヘイトスピーチ」には、同性婚や、イスラム教徒とテロリズムとの関係、不法移民の地位や権利についてのマイノリティの見解を含めることができる。こうした事例では、政府による検閲を、マイノリティやその境界にある人々、不人気な見解の弾圧のために用いることもできる。

実際、「ヘイトスピーチ」規制法をもつ多くの国々では、こうしたことが起きている[35]。ポーランドでは、カトリックの雑誌が、女性の妊娠中絶をアウシュビッツ強制収容所での医学実験と比較したことが「軽蔑や敵意、悪意」を煽動するとして、一万一〇〇〇ドルの罰金を科された。オランダの政治家であるヘルト・ウィルダースは、コーランを「ファシスト」の書物と呼び、イスラム教を暴力的な宗教と描写した映画を製作したために、「公共政策や公共の安全、公衆衛生を危険にさらした」として、イギリスへの入国を一時的に禁止された。フランスでは、女優のブリジット・バルドーが、イスラム教徒がフランスを破滅させていると述べる書簡を内務大臣に送ったことで有罪とされた。カナダの人権審判所は、反・イスラム教徒の声明を公表し、デンマークの有名なムハンマドの風刺画を再掲載したことを理由に、複数の雑誌を標的とし、苦しめている。

「ヘイトスピーチ」法についての懸念としては、「それが保護しようとする、社会的に弱い立場にある、排斥されたマイノリティの集団の言論を窒息させるように執行」されるかもしれない、というものがある[36]。実際に、いくつかの先進民主主義諸国では、「ヘイトスピーチ」法の執行に関連してこうした問題が起きている。アメリカのカレッジのキャンパスでも同じようなことが起きており、そこでは、白人の学生たちが、アフリカ系アメリカ人の同級生の言論に対抗するために、キャンパスの「言論コード」を用いている。無神論者や不可知論者が、「ヘイトスピーチ」法に違反したとして処罰されるかもしれない。「#MeToo」運動に加わる女性も、男性を中傷する言論の責任を追及される場合には、そうなるかもしれない。「ヘイトスピーチ」法の規定は、人種差別主義や頑迷な偏見をさらに強化するためにも用いることが可能であり、多くのマイノリティの話し手や集団は、法規制に反対している[37]。

最後に、強力な政治的な党派が、政府を批判する言論を弾圧するために「ヘイトスピーチ」法を用いるかもしれない、という非常に現実的な可能性を考慮しよう。「憎悪」を伝達するということを根拠にして言論を弾圧する権限を与えられた政府は、自身に対する批判者を標的にすることもできる。例えば、ブラック・ライブズ・マターなどの社会正義を掲げる批判者たちは、白人や警察に対する憎悪を伝達するということを理由に、弾圧されるかもしれない。「ヘイトスピーチ」法は、政治的な異論や政府への批判を窒息させるために用いることもできる。

「ヘイトスピーチ」法の複雑な影響に関しては、多々論じるべきことがあるだろう。私の目指しているのは、侮蔑的な憎悪表現と結び付いた危害を認識すること、そして、こうした表現のほとんどを保護したままにしている基礎的な修正一条の法理と原理を説明すること、この二つである。

合衆国は、憎悪言論についての〈諸外国と比べて〉例外的な保護を放棄するつもりはなさそうである。そのため、アメリカの人々は、この例外主義のもとでの自由な言論や自由、そして平等の意味と格闘し続けなければならない。我々は、「ヘイトスピーチ」に対処するなかで、政治的共同体が被る損害を含めた、憎悪表現の有害な効果を認識することと、ほとんどの「ヘイトスピーチ」を保護する修正一条の原理を守ることを両立させることができる。我々がするべきではないにもかかわらず、トランプ政権が多くの場合にしてきていることは、これらの危害を否定することや、それを懸念する人々を「過激派」や「官僚たち」としてけなすことである。こうしたやり方は、アメリカ人やその他の人々を、人種やその他の形態の憎悪に駆り立てることを奨励し続けるだけである。

では、何ができるのだろうか。ストロッセンは、その著書のなかで、「ヘイトスピーチ」への検閲によらない様々なアプローチを検討し、提示している[38]。一つのアプローチは、修正一条の中核的な機能である対抗言論や異論を強化するものである。トランプ大統領の侮蔑的な発言は、ある政治的共同体が憎悪言論の効果に対処するうえで、対抗言論がどれほど有効かを実際に示している。候補者、そして、大統領としてのトランプの、アフリカ系アメリカ人やメキシコ人、イスラム教徒、障害者、女性などに関する発言は、世論からいっせいに批判されている。オバマ前大統領はしばしば、学生をはじめとする人々に、人種差別主義や品位を貶める言論には、それを非難する彼ら自身の声を用いて対応するように奨励していた。多くの人々がこのアプローチに従ってきている。

公衆による非難は、トランプ大統領によるコメントと結び付いた痛みやスティグマを除去しているわけではない。そしてこれまでは、少なくとも、トランプの考えや振る舞いを変えさせてはいないようである。しかしながら、ブランダイス判事が示したように、「邪悪な」助言を善良なそれと巡り合わせることによって、話し手は、彼らの不承認や結束、決意を伝えている。彼らは、人種差別主義や排外主義のコミュニケーションが社会的・政治的な議論の「通常の」構成部分であることが認められていた過去の時代にアメリカは逆戻りはしないということを主張するために前進している。トランプ大統領の発言に対する多くの異論は、憎悪表現と結び付いた危害や、公務員がそれらを引き起こし、悪化させたことの責任を負うべき程度についての新たな対話も開いている。路上やスーパーマーケット、マンションのロビーでの人種差別主義者や反・ユダヤ主義者との衝突を映したソーシャルメディア上の新しい動画は、多くの人々の憤慨の声や、ある種の公然の吊し上げを生み出している。

シャーロッツビルの事件の直後、白人至上主義者のデモに対して、その参加者よりもはるかに多くの抗議者や反対者がいる光景が全国でみられた。ただし、カウンター・デモが必須というわけではない。憎悪のメッセージを伝達する話し手を無視することも、ときには効果的な異論の形態の一つである。そのため、例えば、大学のキャンパスに招待されたオルタナ右翼の話し手や白人至上主義者と対決するよりも、学生たちは彼らを無視するべきかもしれない。期待されているような出来事を起こさないことで、憎悪を発する者たちは、乱暴で、暴力的な反応によって与えられる力を奪われる。

ソーシャルメディアの企業は、こうした対抗言論の機能を心によくとどめておかなければならない。この本〈原著〉がアメリカで出版された頃には、フェイスブックやツイッターなどのサイトは、特定の話し手たちに、過去に彼らが投稿した侮蔑的な内容に基づいて、そのプラットフォームの利用を禁止することを計画しているだろう*5。修正一条は、これらの民間企業の意思決定者には適用されないので、企業は検閲的なアプローチをとることができる。しかしながら、多くの研究が示しているように、このようなコンテンツに関しては、インターネットは非常に効果的な対抗言論や異論を可能にする[(39)]。動画や風刺文などの形態の対抗言論は、侮蔑的なコンテンツへの効果的な対応になることを示す研究もある。他の場所と同じように、ソーシャルメディア上でも、対抗言論は「ヘイトスピーチ」と闘ううえで検閲や弾圧よりもしばしば有効である。

いうまでもなく、「ヘイトスピーチ」は異論の一形態であると同時に、マイノリティの異論を弾圧する手段の一つでもある。すでに検討したように、侮蔑的な言論は、その標的を沈黙させ、屈服させるように脅迫する効果をもつ。ストロッセンの分析によれば、効果的な対抗言論は、対象となった聴衆のもつ力強さに依存している[40]。そのため、「ヘイトスピーチ」と効果的に闘うためには、学生や他の人々への教育や相談、訓練に取り組む必要がある。侮蔑的な憎悪表現と闘うための負担のすべてを、「ヘイトスピーチ」の標的のマイノリティに押し付けてはならない。社会の構成員は、平等と個人の尊厳に真にコミットしているのなら、こうした言論を非難し、その想定を否定するべきである。〈ヘイトスピーチの〉検閲に反対する者がとるべきなのは、この道だけである。

ストロッセンがまた述べているところでは、教育は、非常に効果的な形態の対抗言論になる[41]。教育は、学校や（ソーシャルメディアを含んだ）メディア、娯楽のなかで、マイノリティの正確な描写をするところに始まり、すべてに関わる。我々はまた、憎悪のレトリックの標的に、（実効的な程度までの）抵抗をすることや、そうした表現を提訴することも教えなければならない。同時に、人種差別主義の侮蔑的な言葉の使用があったときには、我々は、自己抑制や共感といった価値を教え込んでいくことに注目をしなければならない。以下でより詳しく検討していくように、政府は、これらのす

＊5　〈ソーシャルメディアとヘイトスピーチ：ツイッターは、人種や民族、出身地、社会的地位、性的志向、性別といった事情を理由とした暴力や攻撃、脅迫行為を助長する投稿を利用者に禁止し、投稿の削除の要請やアカウントの凍結などの措置をとることをポリシーとしている。フェイスブックの創業者であるマーク・ザッカーバーグは、表現の自由を重視する立場であったが、二〇二〇年六月に、トランプ陣営の選挙広告がナチス・ドイツのシンボルである赤い逆三角形を使用していたとして、フェイスブック上の広告を削除した。〉

べての局面で、建設的で肯定的な、非強制的な役割を果たすべきである。

まとめると、我々は、「ヘイトスピーチ」が引き起こす危害を否定するべきではないし、検閲や抑制を通じてそれらを解決するべきでもない。修正一条は、個人や政府の職員が、憎悪の視点や見解を伝達することを通常は許容するべきである。しかしながら、人民は、この種の表現に抵抗するうえで、無力ではない。実際、過去の歴史や最近の出来事が示しているように、対抗言論や異論は、品位を貶める侮蔑的な表現に対抗するための、唯一のものというわけではないけれども、最も効果的な手段である。

政府によるヘイトスピーチのもつ特別な問題

私は本書の様々な箇所で、政府による言論の規制と、政府自身の言論とのあいだに区別をしている。人種や宗教、移民などの事柄についてのトランプ大統領の見解は、彼がその公的な資格でそれを発しているときには、政府言論を構成する。彼がこうした事柄についての彼自身の見解を、公的な政策立案の機能の文脈以外で伝達するとき、トランプ大統領はほぼ間違いなく、私的な市民としての資格でコミュニケーションをしている。

通常は、私的な見解のコミュニケーションは、そうした発言に公的な意味での重要性や承認が伴わないために、他者の修正一条の権利の侵害についての懸念を引き起こさないと思われる。しかしながら、（第四章で検討した）トランプ大統領のツイッターのページへのアクセスに関する訴訟が示すところによれば、トランプ大統領の公的なコミュニケーションと、私的なそれとを分けて考えることは難しいかもしれない。トランプ大統領の口やソーシャルメディアのアカウントから発せられたときに、侮蔑的な憎悪の発言は、政府による「ヘイトスピーチ」の影響についての重要で繰り返し起こる懸念を引き起こしている。この点は、「ヘイトスピーチ」の議論に関するまた別の側面として、トランプ時代においては特別な検討に値する。

連邦最高裁が明らかにしてきているところによると、政府自身や特定の公務員が語るとき、修正一条は、彼らの発言を制限することはない[42]。政府はコミュニケーションをとる際に、対立する観点に寛容である必要はない、という意味である。もし、政府の公務員による憎悪のコミュニケーションや発言と思われるものに人々が異議を唱えるのであれば、彼らが対抗言論や異論に従事することは自由である。しかしながら、この究極的な救済は、法律上・憲法上のものというよりは、政治的なものである。つまり、トランプ大統領の人種や民族的な集団に言及する方法に疑問をもち、移民や国家の安全保障についての政策を偏狭として拒否する場合、有権者にはトランプを投票によって落選させるという究極の権限がある。

政府が内容差別に関する懸念に縛られずに、公衆の関心事について望むように語ることができるようにしておくことには、いくつかの正当な理由がある。通常は、公衆の関心事についての議論に関与することは、政府にとっては建設的な事柄である[43]。それは、経済政策や社会正義、移民などについての議論のなかで、重要な観点や発想を提示する。このような観点を抑圧したり制限したりすることは、公共の討論を妨げ、重要な観点を排除してしまうだろう。

しかしながら、歴史を振り返れば、人種差別主義や女性蔑視、偏狭な見解を政府もまた伝達してきている。例えば、人種分離の法律は、アフリカ系アメリカ人の劣等性を伝えていた。これらの法律は、人種分離を支持する政府の公務員の「ヘイトスピーチ」によって補強され、支持されていた。人種分離の法律は、修正一四条の平等保護条項のもとでの違憲訴訟の対象となり、その多くが最終的に無効とされた。しかしながら、公民権運動の時代においても、政府による人種差別主義のコミュニケーション、そのものが、いかなる憲法上の制約の対象になるのかを裁判所が判断したことはなかった。また、人種的な劣等性に関する公的な見解を表明する法律や政策と、特定の憲法上の権利の侵害との結び付きについて検討したこともなかった。

トランプ大統領の、白人至上主義やイスラム教徒、女性についての発言は、同様の懸念を引き起こしている。大統領のような政府高官が、その職務上の立場で、あるいは、その立場がはっきりしないような状況で、イスラム教徒の品位を貶め、人種や民族、ジェンダーに基づいた個人の侮辱を示すような発言をしたとする。これらの発言自体は、合衆国憲法のもとでの違憲訴訟の対象にはならないのだろうか。

政府が言論者であるときの免責は絶対的なものではない。例えば、連邦最高裁は、政府言論は、政府による特定の宗教への支援や中傷を禁止する、修正一条の国教樹立禁止条項によって制限されると指摘している[44]。国教樹立禁止条項は、政府が宗教に関して職務上の中立を守ることを求めている。これは、公的な政策や声明が、特定の宗教を取り上げることを逸脱だとして禁止している。そのため、トランプ大統領が、イスラム教徒に「テロリスト」というレッテルを貼り、すべてのモスクは政府による捜査の対象にならなければならないと提案し、イスラム教徒の難民や移民を標的にした「入国禁止令」を発するとき、トランプの発言は、少なくとも国教樹立禁止条項と関わる[45]。

もちろん、このことは、これらの発言によって攻撃されたすべてのイスラム教徒が、その信教の自由の侵害であるとしてトランプ大統領を提訴することができる、という意味ではない。とりわけ、憲法違反を主張してトランプ大統領を提訴するためには、当事者に具体的な損害などがあることが要請される。この憲法理論上の要請は、この手の訴訟の多くを前に進めることを妨げるだろう。トランプ大統領が発した侮蔑的な発言の、法律上・憲法上の重大性という論点もある。トランプ大統領による「イスラム教徒禁止令」や「入国禁止令」をめぐる訴訟では、連邦最高裁は、トランプ大統領のイスラム教徒やイスラム世界についての発言について、彼をやんわりと批判したが、最終的にはその政策を支持した[46]。トランプ大統領の発言はイスラム教徒にとって攻撃的で有害なものであるけれども、それらは究極的にはいかなる法律上・憲法上の効果をもたない。

その他の憲法上の権利はどうだろうか。例えば、修正一四条と修正五条によって保障されている平等権は、政府による「ヘイトスピーチ」に何かしらの制限を課すのだろうか[47]。何人かの研究者は、少なくとも表現的な〈効果をもつ〉法律についてはそうであると考えている。例えば、マイケル・ドルフ教授は、異性愛者ではない者は皆、公共の場所では、ピンク色の三角形のマークを視認できるようにして着用しなければならないと命じる法律〈ピンク・トライアングル法〉について考えることを読者に求めている[48]。この法律は、異性愛者ではないという自己認識を着用者に強制し、「第二級の市民であるという疑いようのないメッセージ」を伝えている[49]。ドルフは、こうした法律がもたらす危害はある程度は表現的なものだと記している[50]けれども、この想像上のピンク・トライアングル法によってもたらされる最も重大な危害は、従属である。つまり、もっぱらその個人が異性愛者ではないという性質を備えていることを理由に、第二級の地位を課している。これは、自由な言論の規定というよりは、平等保護の中心的な懸念である。このような理由で、マイノリティの第二級の地位を伝達するような法律や政策は、ある程度は、これらの規制が表現的な効果を備えているために、その標的にされた人々の平等の権利に関わる[51]。

ネルソン・テブ教授は、政府による「ヘイトスピーチ」の危害は、標的とされた人々の「完全かつ平等な市民的地位」を否定するところにあるとしている[52]。テブは、この危害は、平等や尊厳と自由な言論の懸念を内包すると主張している。彼は、言論の自由の研究者のなかには、民主主義の議論を歪曲するということを理由に、人種化された政府言論を非難する者がいるだろうと述べている[53]。テブは、人種化された政府言論は、「発話者を、政治生活における無視された、あるいは、ハンデを負った参加者にしてしまうことができる」と主張する[54]。彼の主張によれば、これは「表現の自由を含む、政治的な共同体に参加するための」基本的権利に影響を与える[55]。関連して、ウォルドロンも述べているように、侮蔑的な憎悪表現は、異論を含めた、政治参加を妨げることができる。この種の公式の表現は、政府の最も高いレベルから生ずるものであれば、政治的な議論や政治参加により甚大な被害を与えることもできる。

憲法の研究者たちも、政府に属する話し手による侮蔑的な憎悪のコミュニケーションがもつ憲法上の意味について、重要な問題提起をしている。我々は過去六〇年間、これらの懸念に正面から向き合ってこなかった。イスラム教徒や女性、障害者などについてのトランプ大統領の発言や政策は、政府による「ヘイトスピーチ」が宗教や平等、自由な言論などの権利に与える効果についての懸念を強調する。公職者による「ヘイトスピーチ」と結び付いた憲法上その他の損害についての理論を研究者が発展させ、訴訟の当事者はそれらの発言に裁判所の関心を向けさせることを続けていくことが重要である。

しかしながら、同時に、政府による、それも「純粋な」「ヘイトスピーチ」と我々が呼ぶものには、司法によって認められた制限は存在しない。すなわち、周縁化され、政治的に無力な集団の構成員の品位を貶め、彼らに憎悪を向けるように駆り立てる一方で、差別的な法律や政策とは関係がないようなコミュニケーションがそうである。入国禁止令の事例は、そうした法律や政策が存在する場合であっても、裁判所はその背後にある憎悪の感情を無視したり、軽視したりすることができることを証明している。

幸運なことに、政府言論という特別な問題に取り組むための別の方法が、それらが平等や市民としての政治的な地位についての懸念と関連する場面では存在している。現代はこの点を正しく認識することがいくぶん困難であるけれども、政府は、平等や市民的地位についての議論に建設的な貢献をすることができる。政治指導者たちは、人種やジェンダー、宗教の境界線によって公衆を分断するのではなく、平等を達成するために公衆を導き、教育することができる。そのため、政府言論が生み出す危害や、公職者による「ヘイトスピーチ」を検閲する可能性に注目するよりも、政府の別の役割を考察するべきだろう。我々は、建設的・向上的・教育的で、市民的地位を肯定するような政府言論を想像するべきである。

こうした、より肯定的で好意的な形態の政府の話し手の側に立ちながら、構想や提唱をする研究者たちもいる[56]。例えば、政治学者のコーリー・ブレットスナイダー教授は、政府は、市民が自由な言論と平等に関してリベラルな立場をとることができるように前向きに歩んでいくべきと主張している。ブレットスナイダーによれば、政府はそれを、強制力のある法律を通じてではなく、公的なコミュニケーションや選択の支援、子どもの教育などの、規制とは違う方法を通じて行うべきである[57]。

ブレットスナイダーの見通しは、「価値民主主義」と彼が呼ぶ概念に基づいている[58]。彼は、「適切な表現の自由理論のなかには、権利や正統な法律を支える根拠を公知のものにするうえでの、民主主義国家の本質的な役割も含まれる」と主張する[59]。それゆえ、ブレットスナイダーは、差別的な思想を表明する憎悪団体や反リベラルの組織にも自由な言論の保護を拡張する一方で、「人種差別主義者による攻撃から自由や平等の価値を擁護する」ための政府の権限も認める[60]。彼が指摘するように、「国家は、憎悪団体の権利を保護すべきだが、彼らの差別的な見解の非難もするべきである」[61]。

シャーロッツビルの事件と「ヘイトスピーチ」論争のさなかの、トランプ大統領の「両方の側」の〈人々を批判した〉公式発言は、この図式の初めの部分にしか注目していない。ブレットスナイダーによれば、政府は、「いくつかの保護された見解は自由な表現を正当化する根拠とはそもそも対立することの理由を明示する義務を負う」[62]。したがって、政府は「民主主義の説得」に従事するとき、「なぜ政府はそもそも見解の中立性を尊重するのかを説明する義務を負う」[63]。この対話が欠けていると、自由な言論の保護の真の意味が転化されてしまうかもしれないと、ブレットスナイダーは強調する。[64]公衆は、対抗言論や異論が徹底的に「ヘイトスピーチ」を打ち倒すだろうという希望をもちつつ、これは保護されていると理解するのではなく、政府がそこで採用されている見解を支持しているという誤った印象をもったまま、シャーロッツビルの事件のような出来事から目を背けるかもしれない。

繰り返しになるが、説得は、平等の信奉や他者の尊厳の尊重を市民に強制するわけではない。[65]ブレットスナイダーは、誤解を誘発し、潜在意識に働きかけるプロパガンダのコミュニケーションの禁止を含んだ、政府の表現についての「方法上の」限界が存在することを認めている。[66]彼は、「内容上の」限界もあるべきと提案しており、そのコミュニケーションが自由で平等な市民的地位の思想を促進する場合に限って、政府は自ら表現をする資格があるとしている。[67]

しかしながら、こうした制限の枠のなかでも、政府のもつ説得の権限は、潜在的には極めて広い範囲に渡る。例えば、政府は、人種の平等を促進するために、市民が人々の平等な市民的地位を尊重するように直接的なコミュニケーションを通じて説得をすることや、差別をする集団への助成を拒否すること、公民権運動の指導者の貢献を称賛するような学校のカリキュラムを採用することもできるだろう。[68]

これらの提案は、政治的に不適切で、本質的には強制であると感じる者もいるだろう。しかしながら、「価値民主主義」のアプローチは、私的な「ヘイトスピーチ」の抑制や検閲をしようとするものではない。[69]むしろ、人種差別主義者などが発する従属のメッセージの文脈を明らかにするために政府の声を補強する試みである。これは、何よりもまず、政府が、なぜそうした言論が通常は許容されるべきなのかということについて、市民を教育することを支援する。この方法では、政府言論は、そうした言論に伴う危害や、個人の尊厳や平等を尊重する規範的な根拠についての議論を促進することができる。

この政府言論についての建設的なアプローチは、我々の生きるこの時代が直面している否定的で侮蔑的な従属の声に替わる、より必要な代案を提供する。トランプ政権による入国禁止令を支持する判決のなかで、連邦最高裁は以下のように述べた。「合衆国の大統領は、彼と共にある市民に向けて語り、市民に替わって語るための特別な権限をもっている。我々の大統領は、わが国の基礎となっている信教の自由や宗教的寛容の原理を支持するために、この権限をしばしば用いている」(70)。

リンカンからケネディ、レーガン、ブッシュ、そしてオバマまで、大統領はその職務上のコミュニケーションを、平等や宗教などの憲法上の権利を向上させ、肯定するために用いてきた。この歴史から得られる色褪せない教訓の一つが、政府の言論は従属ではなく肯定の源となるというものである。大統領は、政体のための建設的な模範を示すことができる。トランプ時代の誤りを正すためには、大統領のコミュニケーションが、こうした市民的地位の肯定のモデルへと戻ることが必要である。

第六章　異　論

我々は、異論を不忠と混同するべきではない。忠実な反論が死に絶えるとき、アメリカの魂もそれとともに死ぬと、私は考えている[1]。

グレッグ・マガリアン教授が最近述べたように、「もし民主主義がノイズを発しなくなったら、それは死んでいる。」[2]。民主主義においては、異論はとりわけ重要なタイプの「ノイズ」である。ここまでみてきたように、トランプ時代の特徴とは、異論や民主主義の議論に対する数多くの深刻な攻撃である。プレスへの執拗な攻撃、忠誠の要求、異論と不忠を同じものとみなす誤り、愛国心などの正統性を押し付けようとする試み、パブリック・フォーラムや公務員への公衆のアクセスの制限、そして、「ヘイトスピーチ」の拡大である。この最終章は、これらの様々な攻撃と関係し、結び付いている。それらは共に、豊かな異論の文化を維持する必要性という、アメリカの民主主義の前提条件に深刻な脅威をもたらしている。

なぜ異論が民主主義にとって重要であるかを理解するために、我々は、まずはその概念自体について理解しなければならない。基本的なレベルでは、異論は、不一致のコミュニケーションである。一致とは正反対のものについて考えてみよう[3]。そうすると、例えば、特定の政府の政策に不満をもつ抗議者は、現状を代表するある政策に反対する——すなわち、異論を述べる。

しかしながら、異論は、この単純な例が提示するよりも、より深く、より文脈的な概念である。スティーブン・シフリン教授は、異論の三つの定義あるいは概念を提案している。彼は、異論を、「既存の風習や習慣、伝統、制度、権威を批判する言論」と定義する[4]。シフリンはまた、異論を、「一般には軽蔑されている見解」とも定義している[5]。最後に、シフリンは、異論を、「進歩的な変化を促進するという期待を伴って不当なヒエラルキーに挑戦するという社会的な実践」と特徴づけている[6]。ある論者は、シフリンの類型を、以下のように要約する。すなわち、「現状の批判としての異論、不人気な見解の表明としての異論、そして、社会の進歩的な変化の促進としての異論」である[7]。

修正一条は、これら三つの形態の異論をすべて保護している。しかしながら、キャス・サンスティン教授が述べているように、異論に対して憲法上の保護を与えているだけでは、十分とはいえない。我々は、サンスティンが「異論の文化」と呼ぶものを守る努力もしなければならない。サンスティンは、以下のように述べている。

よく機能する民主主義は、自由な言論の法的な保護だけではなく、自由な言論の文化をもっている。それは、精神の独立を奨励する。それは、言葉と行動の両方を通じて、支配的な意見に挑戦する意欲を与える。慣習的な知恵に従わないような人々に対しても敬意を表して発言の機会を与えるように、聞き手のなかにある種の一連の態度を奨励することもまた重要である。自由な言論の文化のなかでは、聞き手の態度は、話し手の態度と同じように重要である(8)。

サンスティンは、異論の概念について、二つの重要な点を付け加えている。第一に、当局による検閲や弾圧からの保護は、必要であるけれども、それだけでは十分ではない。実際、トランプ時代における異論への攻撃の多くは、法律や規制ではなく、公務員や市民が異論や異論者と関わり合い、反応をする方法に起因している。第二に、サンスティンも述べているように、異論の文化は、批判を許容するだけではなく、積極的に評価や奨励、促進する。

これまでの章では、シフリンによって描写された、現状への反対、不人気な見解のコミュニケーション、そして、政治的、文化的な変化を生み出すことを目的とした表現という、三つの異論の類型や形式のすべてに向けられた規制を検証してきた。さらに、異論の文化を守るうえでの重大な障害も明らかにしてきた。

第一章で検討したように、自由で独立したプレスは、多様なコンテンツを発信することで、自己統治や真理の探究に不可欠な情報に人々がアクセスすることを確保する。プレスは常に欠点のある組織体であるけれども、メディアは、「知的な異論」のための最良の情報源であり続けている(9)。組織メディアは、政府の濫用の場面での番犬としても活動している。記者個人やメディア各社に対する脅迫や不信、報復は、異論の文化に対する正面攻撃を構成する。

第二章では、どのような形態をとるにしても、「煽動」の概念は、公権力の濫用のチェックという絶対的に重要なものを脅かす、ということを示した。そうすることは、公職や公務員への忠誠を義務づけ、強要するための試みであり、政府がどのように機能しているのかについての信頼のおける内部情報を有しているかもしれない公務員を沈黙させるための試みである。マディソンがバージニア決議のなかに記したように、そうした取組みは、「公的な人物や規制を自由に検証する権利」を衰えさせるために、「万人に対する警告」を生み出すはずである。後述するように、これは悪質な情報カスケードや、完全な情報や正確な情報に基づかない意思決定――これには投票も含まれる――にも結び付く。

第三章では、愛国心や宗教などの個人の内心に関する事項について、政府や多数派による正統性を押し付けようとする試みについて検討した。これ以上に、異論の概念や異論の文化の維持と矛盾するものはないだろう。特に、国旗の焼却を処罰することについて、シフリンは以下のように述べている。

修正一条の理論の中心にある洞察が、異論が特別な保護に値するというものであるならば、国家は、国旗の焼却を処罰することはできないというべきである。もしアメリカが、自由な言論を象徴し、自由な言論が異論を象徴するのであれば、国旗は異論を象徴する。国旗を焼却した者を処罰することは、この観点からは、アメリカの意味と矛盾している。(10)

表現活動に解放された政府の財産である「パブリック・フォーラム」についての第四章での議論は、異論のための「呼吸空間」の維持は、異論の文化を守るうえで役立つということを示している。パブリック・フォーラムは、異論の民主的・社会的な機能の多くと結び付いており、この点は、この後さらに詳しく検討する。例えば、パブリック・フォーラムへのアクセスは、「異論者たちが、さもなければ盲目的な順応者になり、正当化できない［情報］カスケードのなかにいたかもしれない人々と相対することができる可能性を高める」[11]。公道や公園などの公共の施設へのアクセスは、雑多な聴衆へのアクセスや、（大統領や連邦議会の議員、州の官僚を含む）政策の結果に影響を与える特別な聴衆へのアクセスを促進する。パブリック・フォーラムは、異論者たちにとっては、聴衆が彼らの声を容易に聞こえなくしたり、彼らがいうべきことを避けたりすることができないために、特に重要である。さらに、このデジタル化時代では、政府のウェブサイトやソーシャルメディアの公式ページを含んだ、新しい種類のパブリック・フォーラムも、同様の目的に寄与するだろう。これらの空間へのアクセスを拒否することは、異論の文化をさらに衰えさせるだろう。

第五章での「ヘイトスピーチ」の議論では、異論の原理の複雑な適用と、異論の文化の論争的な側面を検討した。多くの人々が、人種や民族などのマイノリティに向けられた侮蔑的な憎悪言論は、修正一条の保護だけではなく、わが国の異論の文化にもふさわしくないと考えている。「ヘイトスピーチ」は、恐怖と脅迫の文化や風潮を生み出し、特にマイノリティの話し手による異論を萎縮させる。しかしながら、異論の文化を維持するためには、我々は、検閲の要求に抵抗し、誤解や間違いがあり、憎悪によって動機づけられている意見や思想であっても、そのコミュニケーションを許容しなければならない。異論の文化は、憎悪や分断の力に打ち勝つために、対抗言論などの非・検閲的な異論の方法に依拠している。すでに論じたように、政府は、異論を開放するだけではなく、憎悪や自由な言論、平等に関する議論に積極的に参加することで、重要な役割を果たすことができる。異論の文化は、公教育のなかで、異論の権利と責務を扱わせることもできるし、そうするべきである。

本書のなかで検討された様々な歴史的な事例が示しているように、異論は、アメリカの憲法や政治、文化の歴史の重要な一部である。トランプ時代においては、異論についての教訓や伝統、価値を思い出し、内面化するように、アメリカ人は求められている。独立した調査報道や、政治を担う公務員への批判に対する寛容、当局による正統性や専制的な多数派（そして政治に連なった少数派）への抵抗、公然の抗議のための呼吸空間、人種や民族、ジェンダー、宗教の事柄に関する見解の保護がなければ、アメリカの民主主義は成功しえない、ということは歴史が証明している。

異論は、市民に情報を与え、市民を教育する。権威主義に抵抗し、政党や政治家個人への盲目的な忠誠を避けるための力を市民に与える。現代においては、深刻な政治的でデジタルな分極化が新しい標準であり、対立する政治的な見解への不寛容が空前の高まりをみせ、そして、真実自体が、単なる個人の信条に関する事柄であると再定義されつつある。異論の文化を維持することは、アメリカ人がいま直面している最も重要な課題の一つである。

異論と民主主義

異論を促進し、異論の文化を維持するという課題は新しいものではない。我々の異論の文化は、革命期に起源があり、建国期に定着した。異論のなかで生まれた革命を目撃した建国者たちは、政府の濫用をチェックする自由で独立したプレスの必要性、より一般的にいえば、政治の変動や政府の改革を促進する異論の力を鋭く認識した。

これは、建国期以降の世代のアメリカ人が、常に革命における異論の教訓を自らのものとして活かしてきたといっているわけではない。実際には、特に戦時や国際関係が不安定なときには、通常は、その反対であるのが事実である。異論は検閲され、異論者は厳しく処罰された。第二章で検討したように、第五議会は煽動罪法を通過させ、それに署名したアダムス大統領は、彼や、彼が遂行した戦争を批判する者たちに対して煽動罪法を熱心に執行した。第一次世界大戦のさなか、連邦議会は、第二の煽動罪法を制定し、戦争に反対する異論者たちを熱心に追及し、訴追した。冷戦やベトナム戦争などの時期にも、異論者たちは、やはり訴追され、仲間であるはずの市民によって身体的に迫害され、投獄された。

時間が経つにつれて、連邦最高裁は、異論を維持し、保護することが民主主義にとって重要であることを認識しはじめる。ホイットニー対カリフォルニア州判決におけるブランダイス連邦最高裁判事の意見では、そしてこれは、修正一条に関する裁判所の意見のなかでも最も頻繁に引用されるものの一つなのだが、以下のように述べられている。「革命によって我々の独立を勝ち取った人々は、臆病者ではなかった。彼らは、政治の変化をおそれなかった。彼らは、自由を犠牲にして秩序を賛美することはなかった」[12]。そうして、ブランダイス判事は以下のように続ける。

我々の独立を勝ち取った人々は、この国の究極の目的は、人々が自分自身のもつ能力を自由に発達させることができるようにすることにある、と信じていた。そしてまた、その政府のなかでは、熟議の力が、専制の力に打ち勝つべきであるということを信じていた。その人々は、自由を、目的と手段の両方の意味で価値あるものとしていた。彼らは、自由は幸福の秘訣であり、勇気は自由の秘訣であると考えていた。彼らは、望むように思考する自由や、思った通りに発言する自由は、政治的な真実の発見や普及のための必須の手段であること、自由な言論や結社がなければ、議論は徒労に終わるであろうということ、それらがあれば、議論は、有害な思想の蔓延に対する適切な防護を通常は提供すること、自由にとって最も危険なものは不活発な人々であること、公共の議論は政治的な責務であること、そして、これはアメリカの政府の基本的な原理でなければならないということを信じていた[13]。

ブランダイス判事が言及した革命の経験は、並外れた度合いの公衆の異論によって強調されていた。革命期の研究者の一人が述べているように、アメリカ人がそのような憲法上の権利を承認するよりもずっと以前から、アメリカ入植者たちは、「新聞やパンフレットに始まり、歌や説教、スピーチ、詩、演劇、手紙、請願、リバティ・ツリーなどに至るまで、彼らが利用可能なあらゆる異論のための手段」を用いていた[14]。彼らは、現状への不満を示すうえで常に礼儀正しく、器用だったわけではない。実際、公衆の表現は、「博学で、学術的でもありえたけれども、しばしば、基準を超えるような下品なものでもありえた」[15]。

そうであるにもかかわらず、「煽動的な名誉毀損」の訴追に関する深刻な懸念も、しばしば辛辣で批判的な言葉を用いて合衆国憲法の批准について議論する人々を思いとどまらせるには十分ではなかった。これらの頑健な議論は、修正一条の批准に影響した。ホイットニー判決でブランダイス判事が述べたように、公衆の異論は、「過激派」や「破壊活動家」を取り巻く行為ではなく、市民の責務であると考えられていた。同様に、バージニア決議のなかでジェイムズ・マディソンが述べたように、異論は「他のあらゆる権利の唯一の効果的な守護者であるとまさに考えられてきているような、公的な人物や規制を自由に検証する権利や、その問題についての人々のあいだでの自由なコミュニケーションの権利」の一部であった[16]。

批判者を狩り出し、訴追することによって異論を弾圧するという政府のもつ傾向は、自由な言論とプレスの保護が、政府の役人を攻撃する人々にも及ぶことの主要な理由である。第一章でも検討したように、連邦最高裁は、ニューヨーク・タイムズ対サリヴァン判決のなかで、修正一条は、「政府や公務員に対する、激しく、辛辣で、ときには不愉快なほど鋭い攻撃」さえも保護している、ということを認めた。実際、連邦最高裁が述べているように、「修正一条の中心的意味」は、政治的な異論は保護されなければならない、ということにある。

ホイットニー判決におけるブランダイス判事の見解は、公衆の議論のための場所を開放し、力のない、社会の主流から取り残された、疎外された人々に声を与えることによって、異論の自由がアメリカの民主主義を育てたということも示している。シフリンは、以下のように述べている。

異論……は、多くの人々の自己実現にとって極めて重要な実践であり、そして、より重要なこととして、不正な支配階級への攻撃や、進歩的な変化の促進のための不可欠の仕組みでもある。我々が異論を保護することは、我々の国家のアイデンティティの重要な一部でもある。[17]

前述したように、革命と建国の世代は、政府の政策への反対や公務員に対する批判を伝えるために様々な表現の手段に頼っていた。騒々しく、ときには混乱を伴うような公衆のデモは、政治や社会の変化を引き起こす修正一条の力が最も初期に現れたものであった。異論者たちは、役人を模した人形を火あぶりにすることを含んだ、象徴的な形態の表現にも頼っていた。トランプ大統領の見解とは反対に、これらの抗議行動は、国民にとって「恥ずかしい」ものだとは考えられていなかった。反対に、それらは、合衆国の建国に不可欠だった。

進歩的な変化という点で、修正一条による異論の保護は、アメリカ革命から、奴隷制の廃止、女性参政権、公民権運動、そして、今日のＬＧＢＴの平等のための運動に至るまで、社会や憲法に関わる運動を促進してきている。これらの多くの事例が示しているように、そして、第四章でも検討したように、論争や主張、異論のための開かれた公共の場所——現在はソーシャルメディアの媒体を含む——を創出し、維持することは極めて重要である。[18] 集結した抗議者たちを「衆愚政治」の再来の一形態とみなすことは、アメリカの憲法や社会の歴史の極めて重要な一部に関する理解や認識が欠如していることを物語っている。

歴史は、民主主義国家やその指導者は、異論に対する保護を提供し、誠実さや寛大さを歓迎する場合に成功するということを示している。反対に、当局による正統性や政治的部族への追従は、抑圧や過激主義に結び付く。サンスティンが述べているように、「組織は、そのリーダーたちを厳しい審査の対象にし、活動の方向性が外部からの継続的な監視や評価にさらされている場合、要するに、社会の影響に由来する失敗のリスクを減らすために多様性や異論を用いている場合には、成功する可能性ははるかに高くなる」(19)。異論についてのこうした理解に基づけば、候補者だったときのトランプが好んだ、「私一人で解決することができる」という言回しは、民主主義の成功のための方法とは呼べないだろう。

異論の権利は、当局による正統性や、ジョン・スチュアート・ミル教授のいうところの「多数者の専制」――思考や信条、行為を追従させようとする社会的・政治的な圧力――に抵抗する人々に勇気と力を与える。忠誠の宣誓への署名を拒む教授会の構成員や、個人的な忠誠を誓うこと――それが大統領に対してであっても――に難色を示すFBIの局長を擁護する。異論の権利は、アスリートに、起立するべきと人々が考えるような場面で、抗議の意思で膝をつくための不屈の精神を与える。多くの人が神聖であると考える国旗を焼却して冒涜する者に、ある程度の自信を付与する。

トランプ時代では、異論は、再び忌避される言葉や好ましくない振る舞いとなっている。革命や憲法、民主主義の伝統は、歴史を理解していないか、あるいは、理解しているけれども、追従や正統性に基づいた新しい道を進もうとする公職者によって、切り離されてしまっている。異論の文化を維持するためには、公衆と公職者が、民主主義のルーツや批判と不服従の効用を信奉していなければならない。

異論の社会的な利益

こうした民主主義的な効用に加えて、異論は、多くの社会的な機能も果たしている。トランプ時代において、異論者たちのことを、自己中心的なデマゴーグや「衆愚政治」の当事者とみなすことは、異論と結び付いた様々な共通の利益を無視している。

異論者は、慣習的な知見に挑戦するが、そうした知見は、しばしば誤っていたり、ときには危険であったりする。サンスティンが述べているように、たった一人の異論者であっても、虚偽や不正、有害な「情報カスケード」——追従や集団浅慮と関係した悪い効果——を防ぐことができる[20]。矛盾を指摘し、嘘や誤った描写を明らかにすることによって、異論者は、より的確な意思決定に貢献する。

サンスティンも記しているように、異論は、集団の分極化という有害な効果を打ち消すためにも役立つ[21]。彼が説明しているように、「似たような考えをもつ人々は、仲間うちでの議論の後には、話合いを始める前よりも一層極端な考えになってしまう傾向がある」[22]。つまり、同質性の高い集団は、対立する見解に直面していないために、より極端な立場を選択する傾向がある。

トランプ時代では、これは深刻で拡大する問題となっている。党派的な忠誠や、偽情報の広がり、ソーシャルメディアのエコー・チェンバーなどが、一般的になっている。異論は、集団的な怒りや政治的な過激主義の水準の高まりを含む、追従の分極効果を打ち消すためにも役立つ。似たような考えの人々が集まる転々とした飛び地のなかでは、その構成員は、悪い動機をその集団の外にいる人々のせいにしがちである。そうした集団は、いかなる妥協も拒否しがちでもある。このような環境では、「ポリティカル・コレクトネス」という正統性や、排外主義の信奉が、ますます盛んになるかもしれない[23]。異論者たちは、こうした環境に、怒りや過激主義などの分極化の効果を妨げ、少なくとも、それらを減少させるような情報や観点をもたらす。

異論を促進することは、社会の主流から取り残された話し手や共同体の声を増幅するためにも役立つ。情報カスケードや集団の分極化と結び付いた情報の利点という観点からみると、社会は、マイノリティの見解や選好についての情報の流布から利益を得ている。トランプ時代が証明しているように、異論は、この点と関連する極めて重要な公衆の関心事であるナショナリズムや社会正義、人種差別、宗教などについての本質的な議論を生み出すことができる。「ヘイトスピーチ」の激増は、とりわけ、この形態の異論がマイノリティの声を萎縮させているような場合には、こうしたプロセスを複雑なものにしている。しかしながら、この章で後述するように、「ヘイトスピーチ」から生まれた異論であっても、いくつかの貴重な社会的な効用を生み出すことができる。

最後に、社会的な効用の点では、異論は、現代の我々の社会の深刻化する原子化の性質を和らげている。近時、我々はますます、文化的・政治的なデジタルの泡のなかに身を隠すようになっている。シフリンが述べているように、「異論者は転向者や仲間を求める」ために、異論は、原子化された個人主義ではなく、「交流する関係」を促進する[24]。そのため、異論者は、人々を自己満足の泡から出し、異なる思想や観点と関わり合わせようとする。とりわけ、分離主義や原子化の習性を強化するデジタル時代においては、異論は、人々をオープンな場所に引き出すという点で役立つだろう。

それゆえ、異論者の行動を社会が保護することが、極めて重要である。異論者は、追従の要請に直面したときに勇気を示す。異論者は、偽情報や悪い判断、嘘の可能性がある憶説に立ち向かう人々にとっての、良い模範となる。異論者は、広く行き渡った追従の否定的な効果を打ち消す。サンスティンが記しているように、「追従者は、フリーライダーである」[25]。反対に、異論者は、社会の構成員の仲間たちに多くの効用を与える。

明らかに、これらの民主主義的、社会的な価値は、異論者が実際に「正しい」とか、「正しい思考」の人々であるという主張とは、別次元のものである。実際、異論者も、間違いを犯すし、ことによると、危険であるかもしれない。サンスティンが述べているように、長大な、著名な異論者の「栄誉のリスト」がある一方で、ヒトラーやレーニン、アメリカの奴隷制の支持者といった、「不名誉のリスト」も存在する[26]。それゆえ、その効用を認めるだけではなく、我々は、異論と結び付いた潜在的なコストも認めなければならない。

しかしながら、誰がその「不名誉のリスト」に加えられているのかを我々が知っている理由の一つは、修正一条が、思想を提示する彼らの権利だけではなく、彼らに抵抗し、非難をする公衆の権利も保護したからである。異論者が、我々を誤った方向に導くこともできる、という事実は、彼らの見解を弾圧する根拠とみなされるべきではない。異論を保護するための主張は、真実についての一定の客観的な観念を前提としてはいない。むしろそれは、より抽象的な真実の観念を追求するときの異論者の役割を前提としている。そういうわけで、修正一条は、虚偽の異論——誤った意見——であっても、客観的に検証可能な事実に基づく異論の場合と同じように、その追求には価値がありうることを認めている。政治哲学者であるジョン・スチュアート・ミルが述べたように、虚偽の異論は、「誤りとの衝突によって生み出される、真理についてのより明晰な認識と活力のある印象」につながる可能性がある[27]。

第五章で検討したように、ある種の形態の「ヘイトスピーチ」に適用される場合、この主張は、複雑で論争的なものである。結局、この文脈では、両方の側——例えば、平等な正義の擁護者と人種優越主義の提唱者——に「異論者」が存在している。場合によっては、侮蔑的な憎悪表現のコミュニケーションを保護することは、人種的その他のマイノリティの言論の弾圧や妨害となりうる。しかしながら、修正一条は、人種差別主義の見解に公衆が直面することは、論争や意見の相違を鋭くさせ、単なる偏見から生まれた見解に人々が固執することを防ぎ、平等に関する我々の理解を深める、ということを教えている。この点で、「ヘイトスピーチ」やそれに対する公衆の反応は、悪質な情報カスケードや集団分極化などの解毒剤でもある。

どの言論が伝達されるべきではないほど軽蔑されるのかを定義すると自称されている、大学のキャンパスなどでの言論コードは、強制された正統性や公共の議論に対する不健全な国家的統制という懸念を生む。第五章でも検討したように、バージニア州のシャーロッツビルのデモ行進に関するトランプ大統領の発言に対する公衆の反応は、公衆は団結して白人至上主義の概念を批判し、誤りであると指摘することができると証明した。侮蔑的な憎悪の異論が保護されるのは、セッションズ司法長官が述べたような、それを抑制すると、その深刻な危害に耐えられない「スノーフレイク」に屈服するからではない。むしろ、その他の形態の異論と同じように、「ヘイトスピーチ」がある程度保護されるのは、それが平等や社会正義、真実の追求と関連する公共の議論を促進するからである。また、第五章でも述べたように、政府による抑圧がマイノリティの集団がもつ異論の見解を萎縮させ、検閲するという懸念もあるためである。

異論の過剰な管理

民主主義と自由な言論は、追従と総意ではなく、ノイズと意見の相違が存在するところで繁栄する。これまでのところ、トランプ時代の特徴は、大量の騒々しいノイズである。しかしながら、民主主義にとって最も重要なノイズは、指導者ではなく、人民から出てくる。人民が声を出し続けるためには、公共の討論や異論が過剰に管理されていないことを確認する必要がある。

異論者を規制し、制約し、脅迫し、侮蔑し、起訴するという提案はすべて、アメリカの異論の伝統が、再び危機にさらされていることを示す気がかりな証拠である。しかしながら、いまの時代を文脈に沿って明らかにするためには、我々は、自分たちの過去を誠実に評価しなければならない。

アメリカ革命という特筆するべき例外を除けば、史実のほとんどは、異論と分裂よりも追従と秩序を明確に優先したことを示している[(28)]。ジェフリー・ストーン教授ら研究者が示したように、これは戦時においては顕著な真実である[29]。ただし、いまの時代がそうであるように、これは平時においても同様に当てはまる。我々の国についてのナラティブ〈物語〉は、手に負えない無軌道な異論を吹聴しているけれども、歴史的な記録は、そうではないことを示している。

トランプ大統領は、ある種の批判や抗議、異論だけに満足するような、アメリカ人の精神のごく一部を巧妙に利用している。彼の「法と秩序」の経文は、長年のアメリカの対抗的なもう一つのナラティブ、すなわち、異論を手に負えない、危険なものと特徴づけ、公衆に論争を提示することを「衆愚政治」の証拠として扱うような言説と、共鳴している。

修正一条の伝統的な発想は、声高で、攻撃的な、破壊的な形態の異論も保護する、というものである。もちろん、この見方は、連邦最高裁の判例の文言のなかにも反映されている。例えば、テルミニエロ対シカゴ市判決のなかで、連邦最高裁は、言論は「不安な状況を引き起こし、現状への不満を作り出し人々を怒りに駆り立てたりするときであっても、その高次の目的に実際に最もよく仕えることができる」と記した[30]。さらに、「言論は、しばしば挑発的・挑戦的である。言論は、偏見や先入観を覆すことがあり、思想の受入れを強要するときには深刻な動揺をもたらすこともある」と述べている[31]。ニューヨーク・タイムズ対サリヴァン判決のなかで、連邦最高裁は、同様に、公共の問題についての討論は「抑制されず、頑健で、開かれている」べきであると記した[32]。

しかしながら、公衆の表現に関しては、連邦最高裁の修正一条の判例法理やアメリカ社会のなかでは、より保守的な見解がしばしば優勢である。不安を引き起こし、人々を怒りに駆り立て、現状への不満を作り出すような異論は、テルミニエロ判決やサリヴァン判決のなかでの修辞が示したような、支持や賛美を受ける地位を、実際には与えられていない。実のところ、アメリカの修正一条の判例法理は、より従順で安全な形態の異論が好まれることを、長いあいだ示してきている。この選好は、公務員の批判や公衆の抗議を含んだ異論が、アメリカの法と文化のなかで、近年はどのように管理されているのか、ということに反映されている。

戦争や国際紛争の時期には異論を保護することが明らかに重要であるにもかかわらず、第一次世界大戦の時代の連邦最高裁における言論の自由の事例は、政治的なパンフレットの頒布や政治的な演説以上のことはしていない話し手の長期間の収監を、一貫して支持した[33]。これらの話し手は、戦争の遂行と、より一般的な意味ではアメリカ社会に対する「明白かつ現在の危険」を引き起こした、と連邦最高裁は判示した。自由な言論とプレスの権利の広範な保護の手掛かりとなった、現在も著名なホームズ連邦最高裁判事の当時の反対意見は、これらの異論者がもたらした危険を一貫して控えめに見積もっていた。彼は、こうした人々のことを「愚かな」思想を伝達することを望む「とるに足らない匿名の人々」と述べた[34]。ホームズ判事は、異論を全面的に擁護したわけではない。対照的に、ホームズ判事による特徴づけは、社会の安定と政治の秩序に対して最小の脅威しかもたらさない言論や話し手こそが、修正一条の範囲と保護に最もふさわしく、その権利を最もよく行使する資格がある、ということを示していた。

公共の場所で発言する権利を支持した、初期の平時における判決でも、連邦最高裁は、それが実際に他者を怒りに駆り立てず、公共の秩序に対する脅威をもたらさない場合に限って、公然の異論を保護する意思をみせた。そのため、連邦最高裁はある事例で、治安妨害によるエホバの証人*1の信徒の有罪を覆したが、その理由の一つは、当該の信徒が「公道という、彼にはそこにいる権利があり、彼の見解を他者に平和的に伝達する権利を有する場所にいた」ということであった[(35)]。連邦最高裁によると、話し手の「振る舞いが、騒々しく、好戦的で、高圧的、攻撃的だった」という証拠はなかった[(36)]。彼は、いかなる「故意の無作法」も示さなかった[(37)]。話し手は、聴衆を「誹謗し、侮辱する」意図もなかった[(38)]。その他の初期の例のなかで、連邦最高裁は、「警戒心を解くような笑顔なしに人に向けられた口汚い言葉や罵り言葉（「けんか言葉」）は、自由な言論条項のもとでの保護を受ける資格はないと述べた[(39)]。この事例において、話し手であるエホバの証人の信徒は、群衆に襲撃されたときに、官憲を「ファシスト野郎」や「クソったれのチンピラ」と呼んでいた[(40)]。連邦最高裁は、この形態の異論は、保護された言論ではないと判示した。

確かに、これらの判決は、公衆の表現にとっての極めて重要な勝利だった。これらの判決は、例えば、話し手は、聴衆である公衆とコミュニケーションをとるために公道や歩道を使用する権利をもつ、ということを確立した。しかしながら、これらの判決は、公然の異論は、それが社会の秩序への深刻な挑戦をもたらさず、現実の混乱を引き起こさず、現状を脅かさない場合にのみ——言い換えると、異論がもたらそうとした結果を引き起こさない場合に限って——自由な言論条項によって保護される可能性がある、ということを明確にかつ一貫して指摘していた。

＊1 〈二〇世紀初頭のアメリカでは、エホバの証人の信徒は街頭での過激な宣教活動を行い、それによって他の市民との衝突を引き起こしたり、逮捕される事件が多発した。〉

慎重に管理された異論というこの概念は、二〇世紀の中盤になっても続いていた。ファイナー対ニューヨーク州判決[41]では、トルーマン大統領を含む政治家たちのことを「無能」と呼び、アフリカ系アメリカ人は「立ち上がり」、その平等の権利のために闘うべきであると主張した話し手に対する風紀紊乱行為による有罪判決を、連邦最高裁は支持した[42]。当事者のファイナーは、数名の見物人の反応のために逮捕されていたが、彼らは、ファイナーの言論によって明らかに興奮させられていた（これがもちろん問題であった）。この事件の記録によると、ファイナーの発言は、「若干の興奮を引き起こした」[43]。見物人の一人は、事件の現場で以下のように警察官に伝えた。「もしあんたがあのクソ野郎を捕まえないのなら、俺が行って自分で引きずり降ろす」[44]。見物人を逮捕する代わりに、警察官はファイナーを逮捕した――話すのをやめるように命じられたときに、ファイナーはそれを拒否したためである。連邦最高裁は、「市道における治安と秩序」という市の優先的な利益を引き合いに出し、有罪を支持した[45]。

管理された異論は、表現の自由と社会正義のための公衆の抗議の絶頂期であると多くの人が考えている、公民権運動の時代でも標準だった。公民権運動の抗議者たちは、公然の異論に関係する重要な修正一条上の勝利を勝ち取った。しかしながら、この運動は、平和的な方法の抗議に専念していた。暴力や混乱は主として、アフリカ系アメリカ人のための平等な権利に激しく反対していた官憲や私的な一団によって引き起こされていた。ファイナー判決に続くいくつかの公民権運動の事例では、連邦最高裁は、同判決と非常に似ている事実関係のもとでの治安妨害による有罪を無効とした。ただし、集会をしていた人々が危険のないデモや平和的な行進に従事していたことが重ねて強調された[46]。

公民権運動の時代に判示されたその他の判決は、異論者たちの権利に関して、類似した見方を採用している。例えば、連邦最高裁は、公民権運動の抗議者たちは、公立図書館の閲覧室のなかで無言の抗議に従事するための自由な言論の権利をもつと判示した。もっとも、いくつかの意見のなかに反映されているように、この形態の異論の保護であっても、連邦最高裁の意見は割れた[47]。抗議者たちが、立ったり座ったりすること以上のこと——声を潜めずに話をしたり、図書館の閲覧室をあちこち動き回ったり、「乱暴な態度」をとったり——をしていた場合には、結論は異なっていただろうということは明らかである。ベトナム戦争の時期には、連邦最高裁は同様に、公立の小中学校の生徒は、彼らの言論が「学習を実質的に中断させ、あるいは、他者の権利を侵害する」ことがない限りは、ベトナム戦争への無言の抗議のために黒い腕章を身に着けてもよい、と判示した[48]。

対照的に、公民権運動の抗議者が、学校や刑務所といった政府の施設に自己の主張をするために近づきすぎた場合は、連邦最高裁はちゅうちょせずに、治安妨害と風紀紊乱行為による有罪を支持した[49]。さらに、連邦最高裁は、軽食堂などの公共の施設における人種分離〈への抗議の事例〉では、いかなる修正一条上の違憲の主張も認めなかった[50]。

これは、連邦最高裁が、公然の異論を伝達し、政府を批判する修正一条の権利を認めなかったとか、実際にはいくつかの事例ではそうした権利を拡張した、といっているのではない。連邦最高裁は、話し手が、政府や公的な人物に対する活発な、ときには辛辣な批判に従事することができるように、不法行為法を作り直した[51]。これは、攻撃的な形態の異論も保護した。例えば、コーエン対カリフォルニア州判決では、裁判所の建物の廊下に入るときに「徴兵制などクソくらえ」〈"Fuck the Draft"〉という言葉の書かれたジャケットを着用した男性の有罪が覆されたが、注目するべきは、廊下にいた者のなかで、ジャケットによって怒りを引き起こされたり、妨害をされたりした者はいないことが、その理由の一部だったことである[52]。そして、すでに述べたように、連邦最高裁は、公道などの場所での異論の権利を支持したが、それは、提示しているものが、いかなる暴力的な反応や政府の機能の妨害という結果にも結び付かない場合に限られていた。

ブランデンバーグ対オハイオ州判決[53]という、違法行為の「煽動」についての基準を狭め、それによって、政治的な異論のための極めて貴重な呼吸空間を作り出した、記念するべき判決でも、ホームズ判事が彼の初期の反対意見のなかで言及した、「とるに足らない匿名の人々」に類するものが含まれている。ブランデンバーグ判決の事例では、クー・クラックス・クラン〈ＫＫＫ〉の構成員が、オハイオ州の田舎の農場でいくつかの十字架を焼却し、人種差別主義と反・ユダヤ主義のメッセージを参加者に向けて伝達した[54]。彼らは、政府に対する「復讐」といった大げさな話もしていた[55]。しかし、修正一条に基づく違憲訴訟に勝利したその他の公然の話し手たちと同様に、ＫＫＫの集団も、酷い内容の言い方はしていても、秩序があり、非破壊的で、明らかに脅威ではなかった。彼らの不満を伝えるために、彼らは、ワシントンＤＣやその他の場所への平和的な行進を要求した。

まとめると、異論の権利を自由にすると謳っているにもかかわらず、多くの修正一条の司法判断は、「不安の条件を作り出し」、「人々を怒りに駆り立てる」言論を含めるような異論の文化を容認してきてはいない[56]。確かに、いくつかの点では、「抑制されない、開かれた議論」というアメリカの自由な言論のナラティブは、実際には現実というよりは神話である。解釈上、修正一条は、許容される社会的・政治的な振る舞いについての一定の基準となる線を越えない話し手を主に保護してきた。社会の規範や感情を乱さないような沈黙の抗議や表現的行為は、通常、保護された言論として扱われた。しかしながら、平和的な公然の抗議の一部として徴兵カードを焼却することや、政治犯とされる囚人が収監されている刑事施設の隣で抗議をすること、検閲に対する政治的な論評の一部としてラジオで「汚い言葉」をいうこと、連邦議会議事堂のそばの公園で終夜眠ることには、修正一条の保護は与えられてきていない[57]。連邦最高裁は、これらの形態の異論は、過剰に「頑健で抑制されず、開かれている」と考えた。

平和的で秩序ある、破壊的ではない異論が好まれることは、異論——とりわけ、公共の場でのデモや陳列——が管理されている方法と通常は一致する。第四章でも検討したように、「パブリック・フォーラム」の法理は、集合的その他の形態の表現に対して開かれた場所を、狭く限定している[58]。この法理に従って、異論者は、表現の用途のために伝統的に開かれてきた公道や公園などの公有地にアクセスする権利をもつ。しかし、その他の公有財産は、表現活動に当然に開かれてはいないし、政府は、それらを他の用途のために使わせる広範な権限をもっている[59]。私有財産に関しては、修正一条は、異論者の利用の権利を認めることを所有者に対して一切要求していない[60]。

すでに議論したように、安全や秩序、平穏、上品な見た目を維持するために、政府は通常、それが表現の内容を標的としたものではない限り、パブリック・フォーラムにおける「時、場所、方法」に関する規制を課す権限を与えられている。それゆえ、話し手が異論をいうことを許されている場所や、異論をいうために用いることができる方法、異論をいうことが許された時間帯は、通常はすべて、政府による広範な管理の権限のもとに置かれている[61]。

トランプ時代においても、過去と同様に、公然の異論の様々な側面に影響を与える規制を含んだ詳細な許可要件が、パブリック・フォーラムの管理の共通した特徴である。デモや抗議運動をしようとする集団は小規模であっても、許可制や事前の通知要件、手数料、交通規制、時間帯や規模の制限、禁止行為などの様々な要件をしばしば掻い潜らなければならない。加えて、第四章でも説明したように、修正一条の法理は、通常は、政府が空間的なものを含んだ様々な手法を通じて異論をコントロールすることを、奨励していないけれども、許容している[62]。

もちろん、現代の修正一条の法理は、公然の異論に関して官憲がよく行使していたタイプの、制約のない自由裁量を禁止している。しかしながら、この法理は、異論の機会を少なくするような厳格な管理の仕組みを課しているために、全面的に批判されてきている[63]。異論者が表面上は修正一条の権利を有しているような場所においても、詳細にわたる規制が異論やその他の形態の表現を管理し、統制するために用いられている。第四章でも強調したように、公共の場所が次第に失われていることや、政府による統制——「命令と統制」の遂行などの侵害的な警察的手法を通じて行われるものを含む——のもとでの公共の場所の厳格な管理は、異論の見解の伝達を望む人々にしばしば異なる影響を与えている。州や自治体は、公然の抗議やデモに対する新たな制限の提案を続けている。彼らが最近そうしているように、そうした提案は、注目されたデモの後に増える傾向がある。

現代でも、合衆国は、公然の論争と公共の秩序のあいだのバランスに苦心して取り組み続けている。「法と秩序」という政策や、国旗焼却者を追放し、異論者を不忠な破壊活動家として取り扱う計画、控えめな異論を表に出すこと（セッションズの承認のための上院公聴会で笑った女性が頭に浮かぶ）さえも訴追することは、すべて、よく知られた歴史上のパターンの一部である。

厳格に管理された異論を好むことがアメリカ人の精神に染み付いていることを示す証拠がいくつもある。世論調査は、人々は言論の自由を一般的には支持している一方で、アメリカ人はある種の形態の異論について相反する感情をもっていることを示している。例えば、最近の調査では、合衆国の国旗を焼却した者はその市民権を失うべきである（トランプ大統領が流布しているような計画と偶然の一致ではない）とし、かつ、物議をかもしている話し手は、学生が彼らの存在に反応して暴力的な抗議を行う可能性がある場合には、大学のキャンパスに立入を禁止されるべきであると回答するものが多数派である[64]。

アメリカ人は歴史的に、異論の大規模な展示には警戒をしてきた。抗議運動に関する世論の変遷をたどっているある組織が述べているように、「大規模なデモに関する公衆の全般的な態度は、懐疑論から徹底的な非難に至る範囲のなかにあると思われる」[65]。これらの態度は、抗議運動にも向けられている。公民権や反戦、経済的正義のための運動はすべて、アメリカの公衆からは低い水準の支持しか受けてきていない。要するに、世論調査が示すところによると、アメリカ人は、混乱を引き起こし、怒りに駆り立て、不安にさせる類の異論よりも、管理された異論を好んでいる。

重要な点で、我々の法や政治、文化はすべて、異論を積極的に妨げている。秩序や追従、現状を好むことは、我々の法体系やアーキテクチャ、警察活動、公衆の態度に組み込まれている。トランプ時代が我々に再び意識させているように、これらは、もし我々が異論の文化を維持していくべきなのであれば、乗り越えなければならない巨大な、個人と集団にとっての障害物である。

真実と異論

異論と異論の文化に対する深刻な警告の兆候は、他にも存在している。ドナルド・トランプの選挙の以前でも、「真実」は、次第に伸縮自在な概念になってきていた。トランプ時代においては、真実をめぐる実際の闘いが勃発している。この「もう一つの事実」の時代に、ある大統領顧問は実際に、「事実は、事実ではない」と主張した。また、トランプ大統領自身も、聴衆に向けて、「あなたたちが見ているものや、あなたたちが聞いているものは、実際に起きていることではない」と宣言している。

真実は、異論と特別な関係がある。前述した民主主義的・社会的な効用を提供するためには、異論は、客観的な事実というベースラインについての一定の合意や、検証可能な正確な情報へのアクセス、現状についての信頼できる情報を必要としている。異論者が物事に反対するためには、現在と過去の状況についての正確な情報を必要とする。もし、しばしばそうした情報の発信源である政府が、これらの事柄の真実を隠し、独自の現実を作り出し、あるいは、あからさまな虚偽に従事するならば、効果的な異論は、不可能とまではいかないが、困難になる。外国の敵対者を含んだ外部からの力がアメリカ人の真実の探究のプロセスに干渉することは、異論を衰えさせ、民主主義を危機に晒す。

故意に嘘の情報を流し、そうしたことに寛容である政府は、説明責任を果たすことはより困難である。もし批判が単に「フェイクニュース」であるとして切り捨てられてしまい、「事実は事実ではない」のであれば、民主主義が依拠している自己統治や思想の自由市場のモデルは、適切に機能することができない。もし批判者が、ペテン師や党派の一味とか、「フェイクニュース」を言い触らす者であるとして貶められうるのであれば、果たして、集団の分極化や追従、悪質な情報カスケードが、激増し続けるだろう。

真実をめぐる闘いは、異論をめぐる闘いの一部、一分野である。もし党派的な人々が自分たちのためだけの真実を簡単に作り出すことができるなら、異論は、ますます社会から排せきされるようになるだろう。もし異論が何ものか――例えば、経済の状況や移民政策といったものへの反対――であると定義されるなら、我々には、就業統計や純移動のパターンといった事柄に関するある程度基礎的な合意が必要である。もし我々が良質な情報と悪質な情報とを区別することができなければ、異論は、民主主義的、社会的、あるいはその他の機能を果たすことはできない。

異論の文化を創出・維持すること

本書の各章が強調してきたように、現在の合衆国では、異論の保護と、異論の文化の維持に対する多くの深刻な挑戦が存在している。すなわち、すでに弱体化しているプレスの独立性や自由に対する攻撃や、「煽動」の概念の復活、愛国心などの事柄に関する当局による正統性を押し付けようとする試み、パブリック・フォーラムへのアクセスの制限、そして、「ヘイトスピーチ」の激増である。ある意味では、トランプ大統領は、異論や特定の異論者に公然と反対することへの支持を示している。

異論を衰えさせる試みをトランプは自慢しているため、我々は彼の動機や目的を想像する必要はない。むしろ、我々は、この反・異論の手立てに対処し、今後も異論の文化を維持するための積極的な計画を立てる必要がある。

シフリンは、そうした計画のいくつかの重要な要素をわかりやすく描写している。シフリンの提案のうちのいくつかは、この本の各章でもすでに検討されたり、示唆されたりしている。これには、異論の価値についての教育や対立する見解への検閲ではなく反論をするための能力についての教育を市民に施すこと、開かれた表現の経路を維持すること、異論に対する法的・文化的な障壁を最小化すること、情報の自由な流通を確保することが含まれている[66]。

我々はまた、「真実」という概念を、「もう一つの事実」や個人の「信念」といった観念から区別し、完全な主観性から救い出すための方法を見つけ出さなければならない。特に、我々は、政府が政治や信仰などの事柄に関して何が「真実」なのかを決定し、命じることを許すべきではない。

異論に味方をする手立ては、異論に対する寛容さを高めるだけではなく、その積極的な促進や奨励を目指すような目的をもつべきである[67]。しかしながら、すでに検討したように、我々は、寛容さの面でも多くのやるべきことを抱えている。修正一条の法体系は、破壊的ではない形態の異論を好むことによって、お膳立てをしている。世論調査は、多くのアメリカ人が、ある種の形態の異論は社会の秩序を脅かし、保護に値しないと考えていることを示している。判例と公衆の態度は、異論の文化を創出し、維持することを目的とする手立てに深刻な障害をもたらしている。この文化は、破壊的で、騒々しい、敵対的な表現に、十分な場所を与えるべきである。

少なくとも、人々が、自由にものがいえると感じていなければならない。現代は、追従への圧力が、しばしば強烈である。超・党派的な文化のなかでは、人々は、「立ち位置」を選ばざるをえないと感じている。異論者たちは、価値ある貴重な非追従者としてではなく、不忠な敵として扱われることをおそれている。

最近のラジオインタビューのなかで、ミシガン州のディアボーンに住む、あるイラク出身の男性は、トランプ大統領の出入国禁止令などの移民政策を支持せざるをえないと感じていると伝えている――彼や彼の家族はイスラム教徒であり、将来移民によるテロ攻撃があったときには、近隣住民が自分たちを非難するのではないか、とおそれているためである。この悪い冗談のような逸話は、追従の文化に寄与し、異論を弾圧する、深く複雑な底流に光を当てている。移民を悪者扱いするトランプ大統領のやり方は、多くの理由から問題がある――それには、地域の異論への下流効果も含まれている。

いくつかの場所では、人々は、熱心に異論に関わっている。フェイスブックやツイッターといったソーシャルメディアのサイトには、非常に大量の異論が含まれているが、その多くは、匿名性の仮面によって促進されている。第五章で検討したように、オンライン上での異論は、それ自体が粗暴な形態の異論である侮蔑的な憎悪言論に対する解毒剤の一つになりうる。

異論の文化がソーシャルメディアのプラットフォーム上で実際に栄えるかどうかは、それらの空間の所有者や管理者が将来的に話し手や表現をどのように規制するのかに左右される。ソーシャルメディアの事業者は、外国から発信される捏造されたコンテンツという問題を現在では認識している――これには、異論を捏造し、政治的な分断を悪化させる意図で頒布される「フェイクニュース」が含まれる。真実をめぐる闘いのこの局面で闘うための規制を採用することは、異論の文化の未来にとって、極めて重要になるだろう。

現実の世界でもそうであるように、サイバースペースにおける露骨な形態の検閲は、異論の文化を衰えさせるだろう。プラットフォーム事業者は近年、人権や憲法上の権利、表現の価値のバランスをとることに苦闘している。彼らは異論の文化の性質に多大な——場合によってはやっかいな——影響を与えている。ユーザーからの苦情申立てやアルゴリズムに基づいて話し手の遮断やコンテンツの削除をするソーシャルメディアのポリシーや運営は、当然に異論に影響を与える。世界規模のコミュニティでは、こうした対応をすることは、人権や憲法上の権利を順守するためには必要なことなのかもしれない。しかしながら、ソーシャルメディアの事業者は、彼らのプラットフォームがそのプロセスのなかで異論を検閲し、鎮圧している程度を考慮しなければならない。

ユーザーの振る舞いもまた重要である。現在でも、サイバー空間では、多くのサイバー仕分けやユーザーのサイロ化が進行している。すでに検討したように、これは、同質化した集団や情報カスケード、集団の分極化につながる。この意味では、ソーシャルメディアは、自己隔離や分極化に関わる社会的な風景を模倣している。もしソーシャルメディアがエコー・チェンバーを生み出すのなら、異論者たちは、耳を傾けてはもらえないだろう。

さらに、オンライン上の暴徒や荒らしは、これらの現実世界での対応物と同様に、異論を大幅に衰えさせる。実際、オンライン上の暴徒によってもたらされるコストは、実体的な場所での非難やその他の形態の報復と結び付いたコストよりも、はるかに深刻で長期にわたることになる(68)。ここでもやはり、異論者は、健全なサイバー上での異論の文化の発展に対する深刻な攻撃をもたらしている、オンライン上での非難や荒らしといった事柄に対抗するためのツールを開発する必要があるだろう。法律は、ここで一定の役割を担う。オンライン上での嫌がらせや脅迫的な言論を禁止することは、安全な環境と、追従しない者たちのためのいくらかの呼吸空間を作り出すことができる。

歴史が示すのは、異論を促進し、異論の文化を育成することは容易ではないということである。非合法で「やっかいな」ものとして批判するのではなく、異論の美徳を称賛するような政府言論を含んだ教育は、異論者により友好的な環境を作り出すためにある程度は役に立つだろう。しかしながら、トランプ時代では、明らかにそうした状況ではない。異論と異論者は再び、中傷され、低く評価されている——今回は、いくつかの戦時下の手立てのためではなく、彼らが現政権を批判する見解を表明したことがその主な理由である。

ブラジルやハンガリー、サウジアラビアなどでの出来事について、その消息をうかがってみると、恐怖の文化と、同調による異論の弾圧が行き着く場所を示している。反・異論の手立てにもかかわらず、合衆国は、このような悲惨な位置には、いまだ至っていない。修正一条は、異論者の権利を保護している。裁判所は、破壊的な異論を擁護はしていないとしても、広範な内容中立の原理をしっかりと支持している。法律上・憲法上は、異論の文化は、権威主義的な支配や徹底的な政府による弾圧によって鎮圧されることはない。

しかしながら、トランプ時代の重要な教訓の一つは、異論に価値を認めず、そのうえ、報復の脅迫を通じてそれを鎮圧することを望むような指導者たちは、異論の文化を深刻に衰えさせることもできる、というものである。ある文化の気風は、文化や政府の指導者たちによってその大部分は形作られている。トランプが大統領の地位にもたらした変化の一つは、彼が文化のリーダーと政府のリーダーの両方の立場を担ってきた、ということである。未来の指導者たちもまた、異論の文化に同じように影響を与えるような方法で、娯楽と統治をまたぐかもしれない。彼らの言葉と身振りは、異論がどのくらい寛大に扱われ、促進され、実践されるかという点で、重大な影響を与えるだろう。

異論について幅広く論じているジェフリー・ストーンは、合衆国における異論の文化を維持するための、彼独自の処方箋を提示している。これを改善するのは、難しそうである。戦時における政府による異論の弾圧を念頭に、ストーンは、以下のように述べている。

〔恐怖と自由のあいだの〕適切なバランスをとるために、この国が必要としているのは、正しいことと間違ったことをわきまえている政治的指導者や、その時代の怒りに対して断固たる態度で臨む連邦裁判所の判事、アメリカ人が自分たちをはっきりと直視できるように手助けをする弁護士会や学界の構成員、思慮深く責任感のあるプレス、自分自身の自由だけではなく他者の自由にも価値を認められるような見識ある寛容な市民、目撃した過剰を理解する知恵と危険にさらされている自由を守るための勇気をもった連邦最高裁の判事である。そして、我々はそれを見定めよう。(69)

まさに、トランプ大統領が好む言い方のように、「何が起きるのかを見守ろう」。もし歴史が何らかの指針であるのなら、アメリカの人民は、異論の行いに従事しつづけ、権威主義の衝動を監視するための自らの役割を果たしていくだろう。人々は、自分自身だけで異論の文化を支えることはできない。プレスによる自由で独立した情報の頒布を保護することや、追従を良しとしない者たちや抗議者たちのためのわずかな呼吸空間を維持すること、そして、異論がなくなれば民主主義は死ぬということを公衆が認識することを通じてのみ、それは実現するだろう。

訳者あとがき

本書は、Timothy Zick, *The First Amendment in the Trump Era*（Oxford University Press, 2019）を訳出したものである（なお、索引については訳出を省いたが、新たに訳注を付し、読者の便宜を図った）。

ここでは、著者の紹介をはじめ、本書の意味合いなどにも触れ、簡潔に記しておくことにする。

著者ティモシー・ジック（Timothy Zick）は、憲法・修正一条（言論の自由）を専門とし、アメリカ合衆国のバージニア州ウイリアムズバーグにあるウィリアム・アンド・メアリー大学ロースクールの政治・市民権ジョン・マーシャル教授（John Marshall Professor of Government & Citizenship at William & Mary School of Law）を務めている。ジック教授はインディアナ大学、ロースクールであるジョージタウン大学ローセンターをともに首席で卒業し、司法省や連邦の裁判所も含む法律実務を経験した後、教育研究の道に転じ、セント・ジョーンズ大学ロースクールを経て、現大学のロースクールに所属している。

本書に先立ち、ジック教授は言論・表現の自由に関する学術研究書を以下のように三冊刊行してきた。

① *Speech Out of Doors: Preserving First Amendment Liberties in Public Places* (Cambridge University Press, 2009)
② *The Cosmopolitan First Amendment: Protecting Transborder Expressive & Religious Liberties* (Cambridge University Press, 2014)
③ *The Dynamic Free Speech Clause: Free Speech & its Relation to Other Constitutional Rights* (Oxford Univercity Press, 2018)

①は屋外の公共の場所での言論を考察し、②は世界主義的な観点から越境する表現・宗教の自由を論じ、③は言論の自由条項と他の憲法的権利との関係を探究するものである。ジック教授はメディアにおいても修正一条問題につき頻繁に登場、解説し、「ウォール街を占拠せよ」行動について連邦下院の小委員会で証言もしている。

著者は本書の目的を、ドナルド・トランプの言明・行動・対応が、修正一条の価値と権利を疑問視し、脅かしてきた多くの場面を列挙することだと述べているように（序章）、この本では、原著のタイトル「トランプ時代における修正一条」のテーマのもと、アメリカ合衆国の言論・プレスの自由がいまどうなっているのか、特にトランプ政権により抗議や異論に対する攻撃をはじめ言論・報道の自由が脅かされ、危うい方向に向かっている姿の全貌がクリアに描かれている。訳書のタイトルを『異論排除に向かう社会――トランプ時代の負の遺産』としたゆえんである。

本書は修正一条、言論の自由に関わる精力的な研究を積み重ねてきた著者ならではの貴重な作品である。特に、本書では、より幅広い読者を意識し、専門用語や学術的な色合いを少なくするよう努力が払われていて（謝辞、序章）、日本も含め多くの読者に受け入れやすい工夫もなされている。いずれにしても、本書を読めば、序章でその全体像が見渡せるし、各章で自由で独立したプレス、煽動、反正統性原理、パブリック・フォーラム、ヘイトスピーチ、異論というキーワードを軸に具体的な実例を取り上げて詳しく辿ることができる。しかも、著者は言論・プレスの自由をめぐる争いを、組織プレスの衰退、デジタル化の進展、政治的二極化などの時代背景に照らして説明している。とともに、言論・プレスの自由をめぐる軋轢をトランプ時代だけに限らず、もう少し長い射程の物語、現代史として記し、トランプ時代のそれをその一部として歴史的に位置づけていて、読者の理解への手助けが得やすくなっている。

トランプ政権による言論・プレスの自由への攻撃はアメリカだけの特殊な現象であるわけではない。日本でも、特に安倍政権下で顕著なように、秘密保護法や共謀罪など示されるようなメディアや市民の言論に対する規制の広がり、市民の言論や取材の自由の制限および官邸による記者会見介入、市民社会における異論排除の傾向、権力やメディアのなかでの普遍的な忖度の広まりなど、多くの問題が山積され、言論・報道の自由は厳しさを増している。読者は日本の言論の自由や報道の自由を改めて考え直してみるうえでも、本書が示すアメリカでの経験は参考に値するのではないだろうか。

一一月のアメリカ大統領選を間近に控え、トランプ再選の有無いかんにかかわらず、本書が記した言論・プレスへの攻撃・挑戦というトランプの遺産は、著者が強調する自由で独立したプレスや、権力者への批判、抗議、異論という価値の重要性からすれば、十分噛みしめてしかるべき問題だと感じる。

多くの読者に本書を手に取ってもらえれば幸いである。

原著の翻訳は、五人の訳者が章を分担して訳出したが、中心になったのは田島以外の四人のアメリカ憲法研究者である。城野の世話役のもと、分担した訳稿をもとに全員で検討を重ね、文章や用語、訳注等の調整を進めた。ただし、コロナ禍の進展という事情やアメリカ大統領選が迫っているなかでの刊行という制約などから、慌ただしくかつ短期間に取り組まざるをえなかったことを率直に告白しておく。

最後に、あれこれの困難のなか企画の相談に応じてもらっただけでなく、編集も含め本書の刊行に尽力していただいた日本評論社の串崎浩社長には深く御礼を申し上げる。

二〇二〇年八月

訳者を代表して　田島泰彦

能力を損なわせているオンライン上での嫌がらせやストーカーなどの行為の傾向を分析している).

(69) Stone, supra note 29, at 557.

(52) See Cohen v. California, 403 U.S. 15, 25 (1971).

(53) 395 U.S. 444 (1969).

(54) Id. at 445.

(55) Id. at 446.

(56) Terminiello v. City of Chicago, 337 U.S. 1, 4 (1949).

(57) See United States v. O'Brien, 391 U.S. 367, 371 (1968) (公共の場での徴兵カードの焼却を有罪とした判決を支持した); FCC v. Pacifica, 438 U.S. 726 (1978) (下品な言論が放送される可能性がある場合に、ラジオの放送時間帯を制限する命令を支持した); Clark v. Cmty. for Creative Non-Violence, 468 U.S. 288 (1984) (国立公園での終夜キャンプの制限を支持した).

(58) Perry Educ. Ass'n v. Perry Local Educators' Ass'n, 460 U.S. 37, 45-46 (1983).

(59) Zick, supra note 18, at 25 (我々の表現のための地形——修正1条の諸自由の行使を可能にし、豊かにする公共の場所の総量——は、この数十年間で劇的に縮小している).

(60) See Hudgens v. NLRB, 424 U.S. 507 (1976) (修正1条は、民間のショッピングモールを利用する権利を与えていない).

(61) See generally Zick, supra note 18.

(62) Timothy Zick, "Speech and Spatial Tactics," 84 *Tex. L. Rev.* 581, 636 (2006).

(63) See Robert Post, *Constitutional Domains* 199 (Harvard Univ. Press, 1995) (パブリック・フォーラムの判例法理は、「実際には常識では理解できない」し、「注釈者たちからのほとんど全員一致の批判」を受けてきたと主張する).

(64) See Emily Ekins, "The State of Free Speech and Tolerance in America," *Cato Inst.* (Oct. 31, 2017), https://perma.cc/FK4D-PZCR (自由な言論に対する公衆の態度についてのケイトー財団による調査結果を伝えている).

(65) Roper Center for Public Opinion Research, "Going Too Far: The American Public's Attitudes toward Protest Movements," *Cornell Univ.*, https://perma.cc/2A7M-759Z (last visited Apr. 5, 2018).

(66) Shiffrin, supra note 4, at 112-13.

(67) See generally Lee C. Bollinger, *The Tolerant Society* (Oxford Univ. Press, 1988).

(68) See generally Daniel Citron, *Hate Crimes in Cyberspace* (Harvard Univ. Press, 2014) (オンライン上の議論に参加する女性やマイノリティの

Wartime from the Sedition Act of 1870 to the War on Terrorism（W.W. Norton, 2005）; Thomas R. Reed, *America's Two Constitutions: A Study of the Treatment of Dissenters in Times of War*（Farleigh Dickinson Univ. Press, 2017）.

(30)　337 U.S. 1, 4（1949）.

(31)　Id.

(32)　376 U.S. 254, 270（1964）.

(33)　See Schenck v. United States, 249 U.S. 47（1919）; Debs v. United States, 249 U.S. 211（1919）; Abrams v. United States, 250 U.S. 616（1919）.

(34)　Abrams v. United States, 250 U.S. 616, 629（1919）（Holmes, J., dissenting）; id. at 627.

(35)　Cantwell v. Connecticut, 310 U.S. 296, 308（1940）.

(36)　Id.

(37)　Id. at 310.

(38)　Id. at 309.

(39)　Chaplinsky v. New Hampshire, 315 U.S. 568, 573（1942）.

(40)　Id. at 569.

(41)　340 U.S. 315（1951）.

(42)　Id. at 330（Douglas, J., dissenting）.

(43)　Id. at 317.

(44)　Id. at 330.

(45)　Id. at 320.

(46)　See Edwards v. South Carolina, 372 U.S. 229, 238（1963）（公民権運動の抗議者を治安妨害で有罪とした判決を無効とした）; Cox v. Louisiana, 379 U.S. 536, 545（1965）（公民権運動のデモ参加者を有罪とした判決を無効とした）.

(47)　See Brown v. Louisiana, 383 U.S. 131, 143（1966）（公立図書館の閲覧室から、求められたにもかかわらず、退去しなかったグループを有罪とした判決を覆した）.

(48)　Tinker v. Des Moines Indep. Sch. Dist., 393 U.S. 503, 508（1969）.

(49)　See, e.g., Adderley v. Florida, 405 U.S. 39, 46（1966）（刑務所の敷地の周辺にいた公民権運動の抗議者を不法侵入で有罪とした判決を支持した）.

(50)　See, e.g., Garner v. Louisiana, 368 U.S. 157, 163（1961）（手続的デュー・プロセスに基づいて、座込みを治安妨害で有罪とした判決を無効とした）.

(51)　See New York Times Co. v. Sullivan, 376 U.S. 254, 270（1964）（州の名誉毀損法を無効とした）.

2003).

(4) Steven H. Shiffrin, *Dissent, Injustice, and the Meanings of America* xi (Princeton Univ. Press, 1999).

(5) Id. at 77.

(6) Id. at 42.

(7) Lawrence B. Solum, "The Value of Dissent," 85 *Cornell L. Rev.* 859, 872 (2000).

(8) Whitney v. California, 274 U.S. 357 (1927) (Brandeis, J., concurring).

(9) Sunstein, supra note 3, at 110.

(10) Id.

(11) Id. at 97.

(12) Shiffrin, supra note 4, at xii.

(13) Id. at 104.

(14) Stephen D. Solomon, *Revolutionary Dissent: How the Founding Generation Created the Freedom of Speech* 295-96 (St. Martin's Press, 2016).

(15) Id. at 296.

(16) Jack M. Rakove (ed.), *James Madison: Writings* 651 (Library of America, 1999).

(17) Shiffrin, supra note 4, at xii.

(18) See generally Timothy Zick, *Speech Out of Doors: Preserving First Amendment Liberties in Public Places* (Cambridge Univ. Press, 2009).

(19) Sunstein, supra note 3, at 148.

(20) Id. at 5-6; 25-26.

(21) Id. at 11.

(22) Id. at 112.

(23) Id. at 138-40.

(24) Steven H. Shiffrin, *The First Amendment, Democracy, and Romance* 91 (Harvard Univ. Press, 1990).

(25) Sunstein, supra note 3, at 12.

(26) Id. at 7.

(27) John Stuart Mill, "On Liberty," in *On Liberty and Other Essays* 21 (John Gray ed., 1991).

(28) See Tabatha Abu El-Haj, "All Assemble: Order and Disorder in Law, Politics, and Culture," 16 *U. Pa. J. Const. L.* 949 (2014).

(29) See generally Geoffrey R. Stone, *Perilous Times: Free Speech in*

立場をとるように説得するべきと主張する); Abner S. Greene, "Government Endorsement: A Reply to Nelson Tebbe's Government Nonendorsement," 98 *Minn. L. Rev.* 87, 88 (2013)(「若干の制限はあるものの、国家は、市民的地位をもつ人々の代表として、特定の公共善を実現するときや、国家が真実であると考えている事柄を教えるときに、特別な立場をとることができるし、そうするべきでもある」).

(57) See Brettschneider, supra note 56, at 88-89(強制と、政府による説得に課される方法上の制限について検討している).

(58) Id. at 71-72.

(59) Id. at 72.

(60) Id.

(61) Id. at 78.

(62) Id. at 81.

(63) Id. at 82.

(64) Id. at 85.

(65) See id. at 87(「価値民主主義の課題は、強制的な干渉から表現の権利を保護すると同時に、そうした権利によって保護された反・平等主義の信念を批判することにある」).

(66) Id. at 88.

(67) Id. at 89.

(68) See id. at 96(「より多くの学校が、同性愛者の平等な権利の保護にハーベイ・ミルクがした貢献について教え、称賛すべきである」と述べている); 131(「〈同性愛者であることを公言したスカウトを解雇した〉ボーイスカウトアメリカ連盟には、非営利組織としての税制上の優遇を与えるべきではない」と主張している).

(69) Id. at 79(国家は、「話し手としてすべての議論を行い、聞き手としてすべての議論に耳を傾けるために、市民の自由な言論の権利を保護」しなければならない、と指摘する).

(70) Trump v. Hawaii, 138 S. Ct. at 2417-28.

第六章

(1) この発言は、エドワード・R・マローのものである。

(2) Gregory P. Magarian, *Managed Speech: The Roberts Court's First Amendment* xi (Oxford Univ. Press, 2017).

(3) Cass R. Sunstein, *Why Societies Need Dissent* 6-7 (Harvard Univ. Press,

(44) See *Summum*, 555 U.S. at 648（「政府言論は国教樹立禁止条項に適合していなければならない」と指摘している）.

(45) See Elizabeth S. Anderson & Richard H. Pildes, "Expressive Theories of Law: A General Restatement," 148 *U. Pa. L. Rev.* 1503, 1531-51 (2000)（平等保護と国教樹立禁止による政府言論の制約に焦点を当てている）.

(46) See Trump v. Hawaii, 138 S. Ct. 2392, 2417-21 (2018)（トランプ大統領の発言の「意図」に関する証拠を検討したが、当該の発言は入国禁止令を無効にしないと判示している）.

(47) See U.S. const., amend. V, XIV. 修正14条の平等保護条項は、州の行為とコミュニケーションを制限している。修正5条のデュー・プロセス条項には平等保護の構成要素が含まれていると解釈されている。See Bolling v. Sharpe, 347 U.S. 497, 499 (1954).

(48) Michael C. Dorf, "Same-Sex Marriage, Second-Class Citizenship, and Law's Social Meaning," 97 *Va. L. Rev.* 1267, 1275 (2011).

(49) Id. at 1300.

(50) See Nelson Tebbe, "Government Nonendorsement," 98 *Minn. L. Rev.* 648, 657-58 (2013)（平等保護や自由な言論、デュー・プロセスの原理に基づく、政府の「不支持」原則を仮定している）.

(51) See Dorf, supra note 48, at 1293-98（性的志向に関する公的な立法に伴う平等の懸念を検討している）. See also Helen Norton, "The Equal Protection Implications of Government's Hateful Speech," 54 *Wm. & Mary L. Rev.* 159 (2012)（同性愛やゲイライツに関する政府言論は平等保護によって制約されると述べる）; Deborah Hellman, "The Expressive Dimension of Equal Protection," 85 *Minn. L. Rev.* 1 (2000)（同性愛に関する法律に伴う平等保護の懸念を検討している）.

(52) See Tebbe, supra note 50, at 650（政府の「不支持」原則は、「自由な社会における完全かつ平等な市民的地位の縮減を支持すること」を禁止する）.

(53) Id. at 666.

(54) Id. at 667.

(55) Id. at 667-68.

(56) See Fleming & McClain, supra note 43, at 4（国家は、「人々が自己統治のための道徳的能力を向上させ、その意味で、良い生活を送ることができるように」説得の権限を用いるべきと主張する）; Corey Brettschneider, *When the State Speaks, What Should It Say? How Democracies Can Protect Expression and Promote Equality* (Princeton Univ. Press, 2012)（政府は、非強制的な説得を通じて、市民が同性愛者の平等や権利についてリベラルな

Tradition under Stress: Freedom of Speech and the University," https://papers.ssrn.com/sol3/papers.cfm?abstract_ id=3044434 (Oct. 1, 2017).

(24) See generally Strossen, supra note 14. ストロッセン教授はまた、「ヘイトスピーチ」法に対する「手続上の」異議のうち、重要なものをいくつか検討している。そのなかには、この言葉は話し手に自身が法的責任を負う可能性を告知していないという意味で、違憲になるような曖昧さを伴わないヘイトスピーチの定義をすることが不可能である、というものが含まれる。この問題を含むいくつかの問題は、コミュニケーションのカテゴリーとしての「ヘイトスピーチ」には受容された定義が存在しないこととも関連している。

(25) Id. at 7.

(26) R.A.V. v. City of St. Paul, 505 U.S. 377 (1992).

(27) American Booksellers Ass'n v. Hudnut, 741 F.2d 323 (7th Cir. 1985), aff'd mem., 475 U.S. 1001 (1986).

(28) See Charles R. Lawrence III, "If He Hollers Let Him Go, Regulating Racist Speech on Campus," 1990 *Duke L. J.* 430, 450-51.

(29) 562 U.S. 443 (2011).

(30) Id. at 460-61.

(31) Abrams v. United States, 250 U.S. 616 (1919) (Holmes, J., dissenting).

(32) Gertz v. Robert Welch, Inc., 418 U.S. 323 (1974).

(33) Id.

(34) Whitney v. California, 274 U.S. 357 (1927) (Brandeis, J., concurring).

(35) See Strossen, supra note 14, at 7, chs. 4, 5, 7 (「ヘイトスピーチ」法の執行に関する研究について検討している).

(36) Id. at 15.

(37) そのため特に、過剰に憎悪表現の標的にされ、十分に代表もされていないマイノリティたちは、「ヘイトスピーチ」法が人種差別主義と闘うための適切なアプローチということに一律に同意はしていない。

(38) Strossen, supra note 14, ch. 8.

(39) Id. at 159-60.

(40) Id. at 163-68.

(41) Id. at 168-71.

(42) See Pleasant Grove City v. Summum, 555 U.S. 640, 647 (2009) (「政府が自ら表現的な行為に従事している場合には、自由な言論条項は適用されない」).

(43) See generally James E. Fleming & Linda C. McClain, *Ordered Liberty: Rights, Responsibilities, and Virtues* (Harv. Univ. Press, 2013).

令。https://www.whitehouse.gov/presidential-actions/executive-order-improving-free-inquiry-transparency-accountability-colleges-universities/（Mar. 21, 2019）.

(6) Jeremy Waldron, *The Harm in Hate Speech* 8-9（Harvard Univ. Press, 2012）.

(7) Brandenburg v. Ohio, 395 U.S. 444（1969）.

(8) Chaplinsky v. New Hampshire, 315 U.S. 568（1942）.

(9) Watts v. United States, 394 U.S. 705（1969）.

(10) Virginia v. Black, 538 U.S. 343（2003）.

(11) R.A.V. v. City of St. Paul, 505 U.S. 377（1992）.

(12) これらの事例については、前掲のウォルドロンの著書を参考にした。

(13) こうした様々な危害に関する議論についても、前掲のウォルドロンの著書を参照。

(14) But see Nadine Strossen, *Hate: Why We Should Resist It with Free Speech, Not Censorship* 124-25（Oxford Univ. Press, 2018）（一般に「ヘイトスピーチ」と関連するといわれている身体的な危害についてのいくつかの疑問点を表明している）.

(15) See Collin v. Smith, 578 F.2d 1197（7th Cir. 1978）. See also Phillipa Strum, *When the Nazis Came to Skokie: Freedom for the Thought We Hate*（Univ. of Kansas Press, 1999）.

(16) See Muller & Schwartz, supra note 2.

(17) See, e.g., Cass R. Sunstein, *#Republic: Divided Democracy in the Age of Social Media*（Princeton Univ. Press, 2017）.

(18) Muller & Schwartz, supra note 2, at 3.

(19) Waldron, supra note 6, at 65.

(20) Id. at 96.

(21) See, e.g., Toni M. Massaro, "Equality and Freedom of Expression: The Hate Speech Dilemma," 32 *Wm. & Mary L. Rev.* 211（1991）; Richard Delgado, "Words That Wound. A Tort Action for Racial Insults, Epithets, and Name-Calling," 17 *Harv. C.R.-C.L. L. Rev.* 133（1982）.

(22) See Mari Matsuda, "Public Response to Racist Speech: Considering the Victim's Story," 87 *Mich. L. Rev.* 2320, 2360（1989）.

(23) See generally Keith E. Whittington, *Speak Freely: Why Universities Must Defend Free Speech*（Princeton Univ. Press, 2018）; Erwin Chemerinsky & Howard Gillman, *Free Speech on Campus*（Yale Univ. Press, 2017）. See also Robert Post, "The Classic First Amendment

Contemporary Democracies (European University Institute, 1995); C. McPhail, D. Schweingruber & J. McCarthy, "Policing Protest in the United States: 1960–1995," in *Policing Protest: The Control of Mass Demonstrations in Western Democracies* (D. della Porta & H. Reiter eds., 1998); and L. Fernandez, *Policing Dissent: Social Control and the Anti-globalization Movement* (Rutgers U. Press, 2008).

(52) J. McCarthy & C. McPhail, "The Institutionalization of Protest in the United States," in *The Social Movement Society* (D. Meyer & S. Tarrow eds.) (Rowman & Littlefield, 1988).

(53) Geoffrey R. Stone, *Perilous Times: Free Speech in Wartime, From the Sedition Act of 1798 to the War on Terrorism* 457–58 (W.W. Norton, 2005).

(54) McCarthy & McPhail, supra note 52, at 96–100.

(55) Id.

(56) E. Maguire, "New Directions in Protest Policing," 35 *S.L.U. Pub. L. Rev.* 67, 83 (2015) (quoting A. Vitale, "The Command and Control and Miami Models at the 2004 Republican National Convention: New Forms of Policing Protests," 12 *Mobilization* 403, 404, 406 (2007)).

(57) Stone, supra note 53, at 460.

(58) *Packingham*, 137 S. Ct. at 1737.

(59) Id. at 1735.

第五章

(1) Matal v. Tam, 137 S. Ct. 1744, 1764 (2017) (quoting United States v. Schwimmer, 279 U.S. 644, 655 (1929) (Holmes, J., dissenting)).

(2) Karsten Muller & Carlo Schwarz, "Making America Hate Again? Twitter and Hate Crime under Trump," https://papers.ssrn.com/sol3/papers.cfm?abstract_ id=3149103 (Mar. 2018).

(3) ADL, "2017 Audit of Anti-S emitic Incidents," https://www.adl.org/resources/reports/2017-audit-of-anti-semitic-incidents#major-findings (Feb, 27, 2018).

(4) See, e.g., Will Carless, "They Spewed Hate. Then They Punctuated It with the President's Name," https://www.pri.org/stories/2018-04-20/they-spewed-hate-then-they-punctuated-it-president-s-name (Apr. 20, 2018).

(5) カレッジと大学における自由な研究と透明性、説明責任に関する大統領

Transformation," 10 *Const. Comment.* 133, 150-59 (1993).

(32) Perry Educ. Ass'n v. Perry Local Educators' Ass'n, 460 U.S. 37, 45-46 (1983).

(33) Kalven, supra note 1, at 11-12.

(34) NAACP（有色人種地位向上全国協会）がこのプロセスで果たした決定的な役割についての説明として、次を参照。Harry Kalven Jr., *The Negro and the First Amendment* (Univ. Chicago Press, 1956).

(35) Kalven, supra note 1, at 11-12.

(36) Id. at 23.

(37) Id.

(38) Id. at 13.

(39) Perry Educ. Ass'n v. Perry Local Educators' Ass'n, 460 U.S. 37, 45-46 (1983).

(40) See Hudgens v. N.L.R.B., 424 U.S. 507 (1976)（私有のショッピング・モールへアクセスする修正1条上の権利を表現者は有さないと判示した）.

(41) Ward v. Rock Against Racism, 491 U.S. 781 (1989).

(42) Kalven, supra note 1, at 12.

(43) See Robert Post, *Constitutional Domains* 199 (Harvard Univ. Press, 1995)（パブリック・フォーラムの判例法理は、「実際には常識では理解できない」し、「注釈者たちからのほとんど全員一致の批判」を受けてきたと主張する）.

(44) Whitney v. California, 274 U.S. 357, 372 (1927).

(45) Zick, supra note 3, at 21（「中絶医の隣道で表現するカウンセラー、請願を集める者、懇願者、寄付を集める者は、そのような場所に備わっている近接性と直接性から大きな表現上の便益を受けることを狙っている」）.

(46) Timothy Zick, "Speech and Spatial Tactics," 84 *Texas L. Rev.* 581, 636 (2006).

(47) Zick, supra note 3, ch. 4.

(48) See generally Geoffrey R. Stone, "Content Neutrality and the First Amendment," 25 *Wm. & Mary L. Rev.* 189 (1983).

(49) See Zick, supra note 3, at 25（「表現のための地形の地面、つまり、修正1条の自由の行使のために利用でき、またその自由の行使を実際に促進する公共空間の総量は数十年に渡って大きく縮小してきた」）.

(50) Id. at 36-43.

(51) 抗議活動への警察方法についての議論として、次を参照。Donnatella della Porta, H. Reiter & R. Reiner, *The Policing of Mass Demonstrations in*

来事を検討している); Monica Davey & Julie Bosman, "Protests Flare after Ferguson Police Officer Is Not Indicted," *N.Y. Times* (Nov. 24, 2014), https://www.nytimes.com/2014/11/25/us/ferguson-darren-wilson-shooting-michael-brown-grand-jury.html(ファーガソン市での抗議運動へとつながる出来事を説明している); Gregory Krieg, "Police Injured, More than 200 Arrested at Trump Inauguration Protests in DC," CNN (Jan. 21, 2017, 4:06 AM), https://perma.cc/5AZ4-445S(トランプの大統領就任式での抗議者の逮捕をめぐる出来事を検討している).

(16) See Harriet Agerholm, "More than 20 US States Have Cracked Down on Protests since Donald Trump's Election," *Independent* (May 9, 2017, 1:23 PM), https://perma.cc/MKU4-6RK8 (quoting UN report).

(17) Packingham v. North Carolina, 137 S. Ct. 1730, 1737 (2017).

(18) Gordon S. Wood, *The Creation of the American Public, 1776-1787* 320 (UNC Press, 1969).

(19) Id.

(20) Stephen D. Solomon, *Revolutionary Dissent: How the Founding Generation Created the Freedom of Speech* 99-100 (St. Martin's Press, 2016).

(21) Id. at 123-24.

(22) John D. Inazu, *Liberty's Refuge: The Forgotten Freedom of Assembly* 34-35 (Yale Univ. Press, 2012).

(23) Tabatha Abu El-Haj, "All Assemble: Order and Disorder in Law, Politics, and Culture," 16 *U. Pa. J. Const. L.* 949 (2014).

(24) Id. at 969.

(25) Id. at 969-70.

(26) David Rabban, *Free Speech in Its Forgotten Years, 1870-1920* (Cambridge Univ. Press, 1997), ch. 2.

(27) Davis v. Massachusetts, 167 U.S. 43 (1897).

(28) 307 U.S. 496 (1939).

(29) Id. at 515.

(30) Zick, supra note 3, ch. 2.

(31) エホバの証人の表現の自由に対する制約に関連する最初期の判例についての議論として、次を参照。Stephen Feldman, "The Theory and Politics of First Amendment Protections: Why Does the Supreme Court Favor Free Expression over Religious Freedom?" 8 *U. Pa. J. Const. L.* 431, 443-51 (2006); David Hildebrand, "Free Speech and Constitutional

Amendment Liberties in Public Places (Cambridge Univ. Press, 2009).

(4) Packingham v. North Carolina, 137 S. Ct. 1730, 1737 (2017).

(5) David A. Graham, "The Shaky Basis for Trump's 'Law and Order' Campaign," *Atlantic* (July 12, 2016), https://perma.cc/DQ7N-NQ4H.

(6) Nwanguma v. Trump, 903 F.3d 604 (6th Cir. 2018).

(7) Brandenburg v. Ohio, 395 U.S. 444 (1969).

(8) Maya Salam, "Case Is Dropped against Activist Who Laughed at Jeff Sessions's Hearing," *N.Y. Times* (Nov. 8, 2017), https://www.nytimes.com/2017/11/07/us/jeff-sessions-laughter-protester.html.

(9) 公園とは異なり、連邦議会の公聴会室は公衆の表現に開かれた「パブリック・フォーラム」ではない。しかし、妨害的でないくすくす笑いを起訴することは、公的な異論と無秩序に対する最低限の寛容の欠如を示唆するものである。

(10) See Timothy Zick, "Protests in Peril," *U.S. News & World Rep.* (Nov. 20, 2017, 1:00 PM), https://www.usnews.com/opinion/civil-wars/articles/2017-11-20/prosecuting-inauguration-day-protesters-puts-free-speech-in-peril.

(11) See Laurel Raymond, "Trump Still Silent Two Days after Protesters in DC Were Brutally Assaulted by Turkish Security," *ThinkProgress* (May 18, 2017, 3:59 PM), https://perma.cc/8Y5Y-PS34.

(12) Khaled A. Beydoun & Justin Hansford, "The F.B.I.'s Dangerous Crackdown on 'Black Identity Extremists,'" *N.Y. Times* (Nov. 15, 2017), https://www.nytimes.com/2017/11/15/opinion/black-identity-extremism-fbi-trump.html.

(13) Adam Goldman, "Trump Reverses Restrictions on Military Hardware for Police," *N.Y. Times* (Aug. 28, 2017), https://www.nytimes.com/2017/08/28/us/politics/trump-police-military-surplus-equipment.html.

(14) それらの例は以下の文献で報告されている。Christopher Ingraham, "Republican Lawmakers Introduce Bills to Curb Protesting in at Least 18 States," *Wash. Post* (Feb. 24, 2017), https://perma.cc/HTG5-NRVW and Traci Yoder, "New Anti-protesting Legislation: A Deeper Look," *Nat'l Law. Guild* (Mar. 2, 2017), https://perma.cc/P5UT-6MMV.

(15) See Alexander Sammon, "A History of Native Americans Protesting the Dakota Access Pipeline," *Mother Jones* (Sept. 9, 2016, 6:16 PM), https://perma.cc/RBU2-SESY (パイプラインでの抗議運動へとつながる出

て軍人を演じることを認める連邦法を無効とした).
(24) Johnson, 491 U.S. at 418.
(25) Id. at 419.
(26) Id. at 420.
(27) Id. at 432 (Rehnquist, C.J., dissenting).
(28) Public Support for Constitutional Amendment on Flag Burning (June 29, 2006), https://news.gallup.com/poll/23524/public-support-constitutional-amendment-flag-burning.aspx.
(29) United States v. Eichman, 496 U.S. 310 (1990).
(30) U.S. const., art. II, § 1, cl. 8.
(31) U.S. const., art. IV, cl. 3.
(32) See Harold Melvin Hyman, *To Try Men's Souls: Loyalty Tests in American History* (Praeger, 1982).
(33) Baggett v. Bullit, 377 U.S. 360 (1964).
(34) Elfbrandt v. Russell, 384 U.S. 11 (1966).
(35) Keyishian v. Bd. of Regents, 385 U.S. 589 (1967).
(36) Id. at 603.
(37) *See* Robert Post, "Do Trump's NFL Attacks Violate the First Amendment?," Politico (Sept. 27, 2017), https://perma.cc/3WMV-522K.
(38) See James E. Fleming & Linda C. McClain, *Ordered Liberty: Rights, Responsibilities, and Virtues* 4 (2013) (州は、自己統治にとっての道徳的能力を発展させることを助け、その意味で良い生を送れるようにするためにのみ、相手を説得する権限を行使すべきだと主張する); Corey Brettschneider, *When the State Speaks, What Should It Say? How Democracies Can Protect Expression and Promote Equality* 73 (Princeton Univ. Press, 2012) (州は「非中立的に表現し、自由と平等な市民権の促進をすべきだ」と主張する).
(39) See Whitney v. California, 274 U.S. 357, 375 (1927) (Brandeis, J., concurring) (「邪悪な助言に対する救済は、良い救済である」).
(40) John Stuart Mill, *On Liberty* (Longman, Roberts & Green, 1869).

第四章

(1) Harry Kalven Jr., "The Concept of the Public Forum," 1965 *Sup. Ct. Rev.* 1, 11-12.
(2) NAACP v. Button, 371 U.S. 415, 433 (1963).
(3) See generally Timothy Zick, *Speech Out of Doors: Preserving First*

(Cambridge Univ. Press, 2013).

(3) ここで私は、大統領のクリスマスやキリスト教を取り入れることが修正1条の国教樹立禁止条項に抵触するかについては脇に置く。この条項は、政府が特定の信仰を採用したり、是認したりすることを禁止するものである。

(4) Vann R. Newkirk II, *No Country for Colin Kaepernick, Atlantic* (Aug. 11, 2017), https://perma.cc/T5GE-X5QP.

(5) Eric Reid, "Why Colin Kaepernick and I Decided to Take a Knee," *N.Y. Times* (Sept. 25, 2017), https://www.nytimes.com/2017/09/25/opinion/colin-kaepernick-football-protests.html.

(6) Jeremy Gottlieb & Mark Maske, "Roger Goodell Responds to Trump's Call to 'Fire' NFL Players Protesting during National Anthem," *Wash. Post* (Sept. 23, 2017), https://perma.cc/QUP4-ES7R.

(7) See Samuel Perry & Andrew Whitehead, "What 'Make America Great Again' and 'Merry Christmas' Have in Common," *Huffington Post* (Dec. 20, 2018).

(8) Kathryn Casteel, "How Do Americans Feel about the NFL Protests? It Depends on How You Ask," FiveThirtyEight (Oct. 9, 2017, 5:58 AM), https://perma.cc/TE5J-KYEK.

(9) 319 U.S. 624 (1943).

(10) Id. at 640.

(11) Id. at 641.

(12) Id.

(13) West Va. State Bd. of Educ. v. Barnette, 319 U.S. 624 (1943).

(14) Wooley v. Maynard, 430 U.S. 705 (1977).

(15) Hurley v. Irish-American Gay, Lesbian and Bisexual Group of Boston, 515 U.S. 557 (1995).

(16) See Janus v. AFSCME, 585 U.S. __ , 138 S. Ct. 2448 (2018).

(17) See National Institute of Family and Life Advocates v. Becerra, 585 U.S. __ , 138 S. Ct. 2361 (2018).

(18) Talley v. California, 362 U.S. 60 (1960).

(19) E.g., Miami Herald Pub. Co. v. Tornillo, 418 U.S. 241 (1974).

(20) 491 U.S. 397 (1989).

(21) Id. at 414.

(22) Id. at 417.

(23) Id. See also Schacht v. United States, 398 U.S. 58 (1970) (「描写の仕方が軍隊の信用を貶めないようなもの」である場合に限って、俳優が軍服を着ている).

(32) Id. at 348.

(33) See, e.g., Watkins v. United States, 354 U.S. 178 (1957) (limiting congressional investigation powers). See also Arthur J. Sabin, *In Calmer Times: The Supreme Court and Red Monday* (Univ. of Penn. Press, 1999).

(34) Yates v. United States, 354 U.S. 298 (1957).

(35) See, e.g., Elfbrandt v. Russell, 384 U.S. 11 (1966).

(36) 376 U.S. 254 (1964).

(37) Id. at 279-80.

(38) See id. at 273-76.

(39) Id. at 276.

(40) Letter to Mrs. Adams, July 22, 1804, 4 *Jefferson's Works* 555, 556 (Washington ed.).

(41) *Sullivan*, 376 U.S. at 276.

(42) Id. at 273.

(43) Id. at 270.

(44) Sweeney v. Patterson, 128 F.2d 457, 458 (1942).

(45) *Sullivan*, 376 U.S. at 276.

(46) Brandenburg v. Ohio, 395 U.S. 444, 445-46 (1969).

(47) *Whitney*, 274 U.S. at 375 (Brandeis, J., concurring).

(48) Id. at 376.

(49) Id. at 375.

(50) See Stone, supra note 13, at 487-90 (監視プログラムに関する記述).

(51) New York Times Co. v. United States, 403 U.S. 713 (1971).

(52) Texas v. Johnson, 491 U.S. 397 (1989).

(53) See e.g., Laird v. Tatum, 408 U.S. 1 (1972); United States v. O'Brien, 391 U.S. 367 (1968).

(54) *Abrams*, 250 U.S. at 630 (Holmes, J., dissenting).

(55) Stone, supra note 13, at 557.

第三章

(1) West Va. State Bd. of Educ. v. Barnette, 319 U.S. 624 (1943).

(2) 修正１条の解釈に影響を与えてきた、知覚され現実的な外国の脅威について議論するために、次を参照。Timothy Zick, *The Cosmopolitan First Amendment: Protecting Transborder Expressive and Religious Liberties*

sees-sedition-in-google-s-algorithm（Aug. 29, 2018）.

(10) See Miami Herald Publ'g Co. v. Tornillo, 418 U.S. 241（1974）（批判的報道の対象となった候補者の反論を掲載することを新聞に義務づける州の反論権法を違憲無効とした）.

(11) ゼンガー裁判の物語は下記の書籍で語られている。Richard Kluger, *Indelible Ink: The Trials of John Peter Zenger and the Birth of America's Free Press*（W.W. Norton, 2016）.

(12) See Stephen D. Solomon, *Revolutionary Dissent: How the Founding Generation Created the Freedom of Speech*（St. Martin's Press, 2016）.

(13) See generally Geoffrey R. Stone, *Perilous Times: Free Speech in Wartime, From the Sedition Act of 1798 to the War on Terrorism* 5（W.W. Norton, 2005）. See also Thomas R. Reed, *America's Two Constitutions: A Study of the Treatment of Dissenters in Times of War*（Fairleigh Dickinson Univ. Press, 2017）.

(14) Stone, supra note 13, at 5.

(15) Id. at 80-81.

(16) Id. at 137.

(17) Id. at 191.

(18) Id. at 187.

(19) Id. at 188.

(20) Id. at 173.

(21) 連邦最高裁は以下の判断で、有罪認定および刑期を維持した。Abrams v. United States, 250 U.S. 616（1919）, Schenck v. United States, 249 U.S. 47（1919）, Frohwerk v. United States, 249 U.S. 204（1919）, and Debs v. United States, 249 U.S. 211（1919）.

(22) *Abrams*, 250 U.S. at 629（Holmes, J., dissenting）.

(23) Id. at 630.

(24) Id. at 224.

(25) See Gitlow v. New York, 268 U.S. 652（1925）; Whitney v. California, 274 U.S. 357（1927）.

(26) *Gitlow*, 268 U.S. at 376.

(27) Id.

(28) Id. at 377.

(29) 341 U.S. 494（1951）.

(30) Stone, supra note 13, at 4.

(31) Id. at 342（委員会のことを「トルーマン政権の大失態の一つ」と述べ

ウスのプレス施設への〉アクセスを、恣意的に、ないしやむにやまれぬ理由に満たない理由で拒否されてはならない、ということを求めている」).

(75) Solomon, supra note 29, at 297.

(76) Id. at 279.

(77) 自由で独立したプレスへの前向きなアジェンダとして、次を参照。 Lee C. Bollinger, *Uninhibited, Robust, and Wide Open: A Free Press for a New Century* (Oxford Univ. Press, 2010).

(78) See "Americans' Views on the Media: Ipsos Poll Shows Almost a Third of the American People Agree That the News Media Is the Enemy," https://www.ipsos.com/en-us/news-polls/americans-views-media-2018-08-07.

(79) *The Records of the Federal Convention of 1787*, ed. Max Farrand, vol. 3, appendix A, p. 85 (1911, reprinted 1934).

第二章

(1) 4 Annals of Congress, p. 934 (1794) (James Madison).

(2) New York Times Co. v. Sullivan, 376 U.S. 254, 270 (1964).

(3) Elizabeth Goitein, "In a Crisis, the President Can Invoke Extraordinary Authority. What Might Donald Trump Do with This Power?," *The Atlantic* (Jan./Feb. 2019), at 39.

(4) See Timothy Zick, *Speech Out of Doors: Preserving First Amendment Liberties in Public Places* (Cambridge Univ. Press, 2009). See also Ronald J. Krotoszynski Jr., *Reclaiming the Petition Clause: Seditious Libel, "Offensive" Protest, and the Right to Petition the Government for Redress of Grievances* (Yale Univ. Press, 2012).

(5) Krotoszynski, supra note 4, at. 7.

(6) Alan M. Dershowitz, "Trump's Bid to Silence Dissent Violates Sprit of First Amendment," *Boston Globe* (Jul. 25, 2018), (https://www.bostonglobe.com/opinion/2018/07/25/trump-bid-silence-dissent-violates-spirit-first-amendment/czPW9wyCBsSwkxIvvB5dvJ/story.html).

(7) Brandenburg v. Ohio, 395 U.S. 444 (1969).

(8) See, e.g., Florida Star, Inc. v. B.J.F., 491 U.S. 524 (1989) (適法に入手した真実の情報を出版することは修正1条によって保護されると判示した).

(9) Cass R. Sunstein, "The President Who Would Bring Back the Sedition Act," https://www.bloomberg.com/opinion/articles/2018-08-29/trump-

Grosjean v. Am. Press Co., 297 U.S. 233, 250 (1936)).
(54) Cox Broadcasting Corp. v. Cohn, 420 U.S. 469, 491 (1975).
(55) Id. at 492.
(56) Estes v. Texas, 381 U.S. 532, 539 (1965).
(57) Mills v. Alabama, 384 U.S. 214, 219 (1966).
(58) Leathers v. Medlock, 499 U.S. 439, 447 (1991).
(59) Minneapolis Star & Tribune Co. v. Minn. Comm'r of Revenue, 460 U.S. 575, 585 (1983).
(60) *Mills*, 384 U.S. at 219.
(61) New York Times Co. v. Sullivan, 376 U.S. 254, 275 (1964) (quoting 4 *Elliot's Debates on the Federal Constitution* 570 (1876)).
(62) Jones, "What the Supreme Court Thinks," supra note 46, at 255-56.
(63) See New York Times Co. v. United States, 403 U.S. 713 (1971) (ペンタゴン・ペーパーズの出版を禁じる差止命令を無効とした); United States v. Nixon, 418 U.S. 683 (1974) (ウォーターゲート事件での盗聴や隠蔽工作に関わるオーディオテープを隠蔽するための「大統領特権」の主張を否定した).
(64) Time, Inc. v. Hill, 385 U.S. 374, 388-89 (1967) (quoting 4 Elliot's Debates, at 571).
(65) Sheppard v. Maxwell, 384 U.S. 333, 350 (1966).
(66) Id. (quoting Report on the Virginia Resolutions, Madison's Works, vol. iv, 544).
(67) 283 U.S. 697, 718 (1931).
(68) Id. at 719.
(69) Solomon, supra note 29, at 297-98.
(70) Thomas Jefferson to Monsieur A. Coray, 31 October 1823, in *The Writings of Thomas Jefferson,* ed. H.A. Washington ch. 7, 323-24 (Taylor & Murray, 1854).
(71) E.g., Henry Monaghan, "Of 'Liberty' and 'Property,'" 62 *Cornell L. Rev.* 405 (1977); Richard Epstein, "Was *New York Times v. Sullivan* Wrong?," 53 *U. Chi. L. Rev.* 782 (1986).
(72) E.g., David Anderson, "Libel and Press Self-Censorship," 53 *Tex. L. Rev.* 422 (1975).
(73) New York Times Co. v. United States, 403 U.S. 713 (1971) (Douglas, J., concurring).
(74) See Sherrill v. Knight, 569 F.2d 124, 129 (D.C. Cir. 1977) (「ニュースの収集に対して修正１条のプレスの自由の保障が与えた保護は、〈ホワイトハ

2016).

(30) 376 U.S. 254, 270 (1964).

(31) Id. at 276.

(32) Id. at 273.

(33) Id.

(34) Id. at 277-78.

(35) E.g., Fla. Star v. B.J.F., 491 U.S. 524, 525 (1989); Hustler Mag., Inc. v. Falwell, 485 U.S. 46, 46-47 (1988).

(36) Citizens United v. FEC, 558 U.S. 310, 352 (2010) (「我々は絶えず、組織としてのプレスが他の話し手を超える何らかの憲法上の特権を有しているとの主張を否定してきた」).

(37) West, supra note 2, at 1069-70.

(38) Branzburg v. Hayes, 408 U.S. 665, 702-03 (1972).

(39) Jones & West, supra note 3, at 54.

(40) See Mary-Rose Papandrea, "Citizen Journalism and the Reporter's Privilege," 91 *Minn. L. Rev.* 515, 546 & nn.175, 176 (2007) (記者の特権的な資格を認める州法の引用を集めている).

(41) Jones & West, supra note 3, at 55-63.

(42) Id.

(43) Id.

(44) Lyrissa Barnett Lidsky, "Not a Free Press Court?," 2012 *BYU L. Rev.* 1819 (2012).

(45) See Amy Gadja, *The First Amendment Bubble* 55-60 (Harv. Univ. Press, 2015).

(46) RonNell Anderson Jones, "What the Supreme Court Thinks of the Press and Why It Matters," 66 *Ala. L. Rev.* 253, 255 (2014); RonNell Andersen Jones, "Justice Scalia and Fourth Estate Skepticism," 15 *First Amend. L. Rev.* 258, 264-65 (2017).

(47) Jones, "What the Supreme Court Thinks," supra note 46, at 266-68.

(48) Jones & West, supra note 3, at 59.

(49) Id.

(50) Id. at 60.

(51) Id. at 61-62.

(52) Id. at 49.

(53) Minneapolis Star & Tribune Co. v. Minn. Comm'r of Revenue, 460 U.S. 575, 585 (1983) (alteration in original) (citation omitted) (quoting

は、プレスの自由を言論の自由とは区別して保障する必要がある」).

(19) See First Nat'l Bank v. Belotti, 435 U.S. 765, 799-800 (1978). See also David Lange, "The Speech and Press Clauses," 23 *UCLA L. Rev.* 77, 88 (1975)(自由な言論とプレスを相互互換可能な条項として理解している).

(20) First National Bank v. Bellotti, 435 U.S. 765, 800 (1978) (Burger, J., concurring).

(21) See Timothy Zick, *The Dynamic Free Speech Clause: Free Speech and Its Relation to Other Constitutional Rights* ch. 3 (Oxford Univ. Press, 2018)(言論、プレス、集会、請願のそれぞれについて、「自由な表現」の権利の異なる側面として議論している).

(22) See C. Edwin Baker, "The Independent Significance of the Press Clause under Existing Law," 35 *Hofstra L. Rev.* 955, 956 (2007)(「いかなるものであれ、プレスの自由が、言論の自由を奪ってはならないというすべての市民に保障される権利とは区別される重要な内容を含んでいるということを、連邦最高裁はこれまで一度も明示的に認めたことはない」). See also Richmond Newspapers, Inc. v. Virginia, 448 U.S. 555 (1980)(公衆やプレスが審理の手続に参加する権利があるということに基づいて、一審の閉鎖審理命令を無効とした).

(23) 4 W. Blackstone, *Commentaries on the Laws of England* 151-52 (Oxford, 1769).

(24) See Leonard Levy, *Freedom of the Press from Zenger to Jefferson* lv-lvi (Bobbs-Merrill, 1966).

(25) See Patterson v. Colorado, 205 U.S. 454 (1907)(修正1条の保護は事前抑制の禁止に限定されると述べた).

(26) See Leonard Levy, *Legacy of Suppression: Freedom of Speech and Press in Early American History* 214-15 (Harvard Univ. Press, 1960)(「プレスの自由はどの州でも、宣言にとって重要なトピックであった」と述べている).

(27) See David A. Anderson, "The Origins of the Press Clause," 30 *UCLA L. Rev.* 455, 465 (1983)(初期の州憲法では、ペンシルベニア州においてのみ自由な言論条項が含まれていたと説明する).

(28) See Akhil Amar, *The Bill of Rights: Creation and Reconstruction* 20-26, 26-32 (Yale Univ. Press, 1998)(20-26頁で自由な言論と自由なプレスについて、26-32頁で集会と請願について議論している).

(29) See generally Stephen D. Solomon, *Revolutionary Dissent: How the Founding Generation Created the Freedom of Speech* (St. Martin's Press,

(9) David A. Anderson, "Freedom of the Press," 80 *Tex L. Rev.* 429, 430 (2002).

(10) See, e.g., Eugene Volokh, "Freedom of the Press as an Industry, or for the Press as a Technology? From the Framing to Today," 160 *U. Penn. L. Rev.* 459, 538-39 (2012)(プレス条項は、「産業としてのプレスのメンバーか否かにかかわらず、すべての話し手への平等取扱い」を保障してきたアメリカの歴史を通じて理解されるべきであると主張している).

(11) Id.

(12) See *Sullivan*, 376 U.S. at 256(「この事件で我々は、言論とプレスに対する憲法上の保護が、公務員が自身の公的な行為に対する批判を原因としてもたらされた名誉棄損訴訟において損害賠償を認容する州の権限が制限される範囲について、初めてとなる判断を求められた」。連邦最高裁は多数意見を通じて、「言論とプレスの自由」を定式化するいくつかの見解を用いた). See, e.g., id. at 265.

(13) See Melville Nimmer, "Introduction— Is Freedom of the Press a Redundancy: What Does It Add to Freedom of Speech?," 26 *Hastings L. J.* 639, 640 (1975). すべての研究者がこのような評価に同意しているわけではない。See, e.g., Jud Campbell, "Natural Rights and the First Amendment," 127 *Yale L. J.* 246 (2017)(自然法的な理解に基づき、言論の自由とプレスの自由は異なる権利保障を内包するものであると結論づけている).

(14) See, e.g., Branzburg v. Hayes, 408 U.S. 665, 704 (1972)(プレスをあからさまな特権を与えるための目的で定義することは、「より高次の秩序に関わる実践的・概念的な困難さを示す」と述べる).

(15) いくつかの広告代理店はこのような理由から、特別な「プレス」のための権利を求めることに警戒感を示している。See RonNell Anderson Jones, "The Dangers of Press Clause Dicta," 48 *Ga. L. Rev.* 705, 718-19 (2014). ソーニャ・ウェストが記述しているように、「エリートグループへの選好を避けようとする裁判官の願望は、理解しうるものではあるが、言論条項がプレス条項を取り込んでしまうことを認める方向に導いた」。West, supra note 2, at 1031.

(16) Address by Mr. Justice Stewart, Yale Law School Sesquicentennial Convocation, November 2, 1974, reprinted in Stewart, "Or of the Press," 26 *Hastings L.J.* 631 (1975).

(17) See generally Nimmer, supra note 13.

(18) See West, supra note 2, at 1033-41. See also Randall P. Bezanson, "Whither Freedom of the Press?," 97 *Iowa L. Rev.* 1259, 1273 (2012)(「我々

Univ. Press, 1992).

(12) See, e.g., Pleasant Grove City v. Summum, 555 U.S. 640, 647 (2009)(「政府が自ら表現的な行為に従事している場合には、自由な言論条項は適用されない」). See also Walker v. Texas Division, Sons of Confederate Veterans, 135 S. Ct. 2239 (2015)(州特殊ライセンスプレートは政府の言論の一形態と結論づけている).

(13) See Sonja R. West, "Suing the President for First Amendment Violations," 71 *Okla. L. Rev.* 321 (2018)(大統領の責任に反対する議論とありうべき返答を要約している). この立場をとる研究者には以下が含まれる。 Daniel J. Hemel, "Executive Action and the First Amendment's First Word," 40 *Pepp. L. Rev.* 601, 601 (2013); Nicholas Quinn Rosenkrantz, "The Subjects of the Constitution," 62 *Stan. L. Rev.* 1209, 1250 (2010); Gary Lawson & Guy Seidman, *The Constitution of Empire: Territorial Expansion and American Legal History* 42-43 (Yale Univ. Press, 2004); Jay S. Bybee, "Common Ground: Robert Jackson, Antonin Scalia, and a Power Theory of the First Amendment," 75 *Tul. L. Rev.* 251, 326 (2000).

第一章

(1) Rosenbloom v. Metromedia, Inc., 403 U.S. 29, 51 (1971), abrogated by Gertz v. Robert Welch, Inc., 418 U.S. 323 (1974).

(2) See Sonja R. West, "Presidential Attacks on the Press," 80 *Mo. L. Rev.* 915 (2018).

(3) RonNell Anderson Jones & Sonja West, "The Fragility of the Free American Press," 112 *Nw. U. L. Rev. Online* 47, 49 (2017).

(4) PEN America Center, Inc. v. Donald J. Trump, Civil Action No.18-cv-9433-LGS (S.D.N.Y 2019).

(5) Id., amended complaint at 1.

(6) Id. at 2-3.

(7) Id. at 1.

(8) See New York Times Co. v. Sullivan, 376 U.S. 254, 270 (1964)(修正1条の言論の自由とプレスの保護について、「公的な問題に関わる議論は抑制されず、頑健で、開かれているべきであるという公的な原理に対する国家による深いコミットメントを反映しており、その原理で保護されるもの、政府や公務員に対する激しく、苛烈で、場合によっては深い鋭い攻撃が含まれる」と説明する).

注　記

序　章

(1) Jenna Johnson & Mary Jordan, "Trump on Rally Protester: 'Maybe He Should Have Been Roughed Up,'" *Wash. Post* (Nov. 22, 2015), https://perma.cc/9632-GM49. 連邦控訴裁判所は後に、選挙運動集会中の1か所で発生した暴行への民事責任をトランプ候補には問わないと示した。See Nwanguma v. Trump, 903 F.3d 604 (6th Cir. 2018).

(2) Michael M. Grynbaum, "Trump Renews Pledge to 'Take a Strong Look at Libel Laws,'" *N.Y. Times* (Jan. 10, 2018), B3.

(3) Eli Rosenberg, "Trump Admitted He Attacks Press to Shield Himself from Negative Coverage," *Wash. Post* (May 22, 2018).

(4) See "Americans' Views on the Media: Ipsos Poll Shows Almost a Third of the American People Agree That the News Media Is the Enemy," (Aug. 7, 2018), https://www.ipsos.com/en-us/news-polls/americans-views-media-2018-08-07.

(5) See Marvin Kalb, *Enemy of the People: Trump's War on the Press, The New McCarthyism, and the Threat to American Democracy* (Brookings Institute Press, 2018).

(6) N.Y. Times Co. v. Sullivan, 376 U.S. 254, 270 (1964).

(7) West Va. State Bd. of Educ. v. Barnette, 319 U.S. 624 (1943).

(8) Texas v. Johnson, 491 U.S. 397 (1989).

(9) Keyishian v. Board of Regents, 385 U.S. 589 (1967).

(10) Knight First Amendment Inst. at Columbia Univ. v. Trump, 302 F. Supp. 3d 541 (S.D.N.Y. 2018).

(11) See generally Alexander Meiklejohn, *Free Speech and Its Relation to Self-Government* (Harper Bros., 1948); John Milton, *Areopagitica: A Speech for the Liberty of Unlicensed Printing* 45, ed. H.B. Cotterill (MacMillan 1959); Abrams v. United States, 250 U.S. 616, 630 (1919) (Holmes, J., dissenting)（自由な言論は「思想の自由市場」を促進すると述べている）. See also C. Edwin Baker, *Human Liberty and Freedom of Speech* (Oxford

【訳者紹介】

田島泰彦（たじま・やすひこ）　監訳、序章担当

元上智大学教授、早稲田大学非常勤講師。専門は憲法、メディア法。著書に『表現の自由とメディアの現在史——統制される言論とジャーナリズムから遠ざかるメディア』（日本評論社）、『秘密保護法　何が問題か——検証と批判』（共編著、岩波書店）、訳書に『スノーデン・ショック——民主主義にひそむ監視の脅威』（共訳、岩波書店）など。

森口千弘（もりぐち・ちひろ）　第1章・第3章担当

熊本学園大学准教授。専門は憲法、教育法。著書に『憲法を楽しむ』（共著、法律文化社）、『権力 vs 市民的自由——表現の自由とメディアを問う』（共著、花伝社）など。

望月穂貴（もちづき・ほたか）　第2章担当

早稲田大学比較法研究所招聘研究員。専門は憲法、安全保障法。論文に「戦争権限における大統領単独行動主義と司法審査消極論——Curtiss-Wright 判決の持つ意義と限界」（早稲田法学会誌68巻2号）、「安全保障政策への裁判所の参与——アメリカにおける海外派兵の司法的統制を中心に」（早大法研論集161・162巻）など。

清水　潤（しみず・じゅん）　第4章担当

白鴎大学法学部准教授。専門は憲法。著書に『法の支配のヒストリー』（共著、ナカニシヤ出版）、Andras Koltay and Paul Wragg eds., *Comparative Privacy and Defamation,* Edward Elgar Publishing（共著）など。

城野一憲（しろの・かずのり）　第5章・第6章担当

鹿児島大学教育学系講師。専門は憲法、主に表現の自由。著書に『教職のための憲法』（共編著、ミネルヴァ書房）、『図録　日本国憲法』（共著、弘文堂）、『表現の自由とメディア』（共著、日本評論社）など。

【著者紹介】

Timothy Zick　（ティモシー・ジック）

ウィリアム・アンド・メアリー大学ロースクール教授。憲法学が専門で、大学では言論の自由や信教の自由について講じる。

異論排除《いろんはいじょ》に向《む》かう社会《しゃかい》——トランプ時代《じだい》の負《ふ》の遺産《いさん》

2020年9月30日　第1版第1刷発行

著　者——ティモシー・ジック

監訳者——田島泰彦

発行所——株式会社日本評論社

〒170-8474 東京都豊島区南大塚3-12-4

電話　03-3987-8621（販売）　03-3987-8611（編集）

FAX　03-3987-8590（販売）

https://www.nippyo.co.jp/　振替　00100-3-16

印刷所——精文堂印刷

製本所——難波製本

装　丁——林　健造

検印省略

ISBN978-4-535-52508-5　Printed in Japan